體育教材：13

舉重運動教程

楊世勇　主編

全國體育院校教材委員會　審定

大展出版社有限公司

《舉重運動教程》
編委會成員

主　　編	楊世勇		
編　　委	楊世勇	謝　勇	張　婕
	熊維志	龍望春	張　琦
	黃明強	覃憲勳	林振敢
	楊棠勳	謝　莉	左　燦
	李靖文	張　平	

FOREWORD 前言

　　《舉重運動教程》是根據全國體育院校教材建設的總體目標，即逐步建立適應培養社會主義現代化建設者和接班人，面向未末、能反映當代體育科學技術水準，具有中國特色的體育教育教材體系的精神組織編寫的，編寫時我們力求做到以下幾點：

　　一、需要性：社會需要是科學發展的根本動力，教材建設也只有適應社會需要才能與時俱進，促進事業發展。從 20 世紀 60 年代開始至 80 年代，全國體育學院教材委員會曾多次組織編寫，並由人民體育出版社於 1961 年、1978 年和 1985 年先後出版了不同版本的體育院系通用教材《舉重》，極大地促進了舉重運動的發展和專業人才的培養。但是人的認識總是階段性的，實踐的無限性決定了人的認識的無限性。特別是進入 21 世紀以後，世界舉重運動迅速發展，新理論、新知識不斷湧現，因此在總結前人成果的基礎上，廣泛吸收最新理論與實踐成果，編寫適應時代需要的新教材已成為舉重運動教學和訓練的迫切需要。

　　二、科學性：既有充分的事實根據又有充分的理論依據，以科學事實和科學理論為前提。在教材編寫過程中我們力求做到：在繼承前人成果的基礎上，把舉重運動最先進、最新穎的研究成果吸納進教材，體現出時代特色；同時又充分考慮教材內容對培養學生素質和能力、適應社會需要等方面的作用。

　　三、應用性：理論來源於實踐，同時也要促進實踐的發展並接受實踐的檢驗。近 20 年來，在實踐領域，舉重技術、戰術水準得到迅速提高；在理論方面，對舉重運動的研究與認識亦達到了新的水準。因此，努力將這些成果引入到教材中是我們義不容辭的責任。在教材編寫中，我們力求處理好知識的先進性與教材穩定性的關係；處理好體育院校舉重普修、選修學生應掌握的基本知識、基本技術、基本技能與專修學生和舉重教練員、運動員應具備的多種專項舉重技能的關係；處理好舉重課教學與力量訓練課內容的關係，使之兼容並蓄，具有較廣泛的應用性。

　　四、完整性和可操作性：本教材內容包括舉重運動概述，舉重競賽技術，力量訓練理論與方法，舉重教學，舉重訓練，舉重競賽，舉重技術規則與競賽的組織，以及附錄部分的舉壇人物簡介、舉重專業英語摘要等，使之成為一本系統、完整的教材。同時，教材中也增加了一些相關實例，注重了層次性，使其達到在滿足體育

院校舉重和力量訓練課教學需要的同時，也能供舉重教練員、運動員、裁判員、管理人員以及有關項目力量訓練運用和參考。

本教材由成都體育學院組織編寫，楊世勇教授主編。編寫者除成都體育學院熊維志、龍望春、覃憲勳、謝莉、左燦、張平以外，特邀北京體育大學謝勇，上海體育學院張琦、林振敢，廣州體育學院黃明強，遵義醫學院體育部張婕，電子科技大學楊棠勳和西南大學體育學院李靖文參與了編寫工作。全書框架由楊世勇提出並做了最後的統稿工作。各章節的編寫如下：

第一章，楊世勇；第二章，楊世勇、張婕；第三章，楊世勇（第一、二、五節），楊世勇、張婕、謝莉（第三、四節）；第四章，張婕、楊世勇（第一、三節），熊維志（第二節），張琦（第四、五節）；第五章，謝勇（第一、九節），楊棠勳（第二節），林振敢（第三節），張平、林振敢（第四節），龍望春、楊世勇（第五節），楊世勇、左燦（第六節），覃憲勳、楊世勇（第七節），左燦（第八節）；第六章，楊世勇、張婕（第一、二節），黃明強（第三、四、五節）；第七章，楊世勇、熊維志、李靖文；附錄，楊世勇、張婕。

本教材採用了奧運會冠軍中國選手石智勇的抓舉技術圖片和白俄夢斯選手庫爾洛維奇的挺舉技術圖片；成都體育學院運動系學生吳鵬、游凡凌、高蘭、饒書賢分別做了部分技術動作示範，在此特做說明並致謝意。

在編寫過程中，我們還參考了大量相關著作和教材，在此也向作品作者深致謝意。

對教材中存在的不足，誠請讀者指正。

《舉重》教材編有組

CONTENTS 目錄

第一章 舉重運動概述

內容提要：

舉重是體育院校的專業課程之一，對於增強學生體質，發展力量，提高競技能力有重要作用。本章主要介紹舉重運動的定義、特點和價值；世界舉重運動的起源、傳播與發展；女子舉重的興起與發展；國際舉重聯合會、亞洲舉重聯合會；中國古代、近代、當代舉重運動的發展歷程及成就，舉重運動的現狀及發展趨勢。學習本章內容有助於學生更好地掌握舉重運動的基本理論，培養參與或從事舉重運動實踐的能力。

《舉重運動教程》，是面向全國體育院校體育教育、運動訓練、民族傳統體育等專業學生學習的通用教材，同時也可作為基層業餘體校舉重班、有關舉重運動隊教學訓練的參考用書。透過《舉重運動教程》的學習，使學生掌握舉重運動的基本理論、技術和技能，並能應用於指導舉重教學、訓練、競賽和相關工作。

舉重運動涉及多學科的知識。在學習本課程時，首先應學習和掌握舉重運動的定義、特點和價值；世界、中國舉重運動的發展歷程及成就；舉重運動的現狀及發展趨勢等，這對於科學地認識舉重運動具有重要意義，這也是本章重點闡述的內容。

第一節　舉重運動的定義、特點與價值

一、舉重運動的定義

舉重運動具有悠久的歷史，是在人類社會生存生活、生產勞動、娛樂活動等基礎上逐漸產生和發展起來的，並與軍事鬥爭和武藝的發展密切相關，是強身健體、發展力量、提高人體運動能力的重要手段。

百餘年來，世界各國對舉重運動的定義雖然有差異，但內容卻基本相同，即舉重運動包括舉起重物等基本動作，並具有發展力量、強身健體的功能。

綜合前人觀點，可以表述為：舉重運動（weightlifting）是透過多種方式和方法舉起重物，以增強體質，特別是以發展力量為目的的運動項目。

在漫長的歷史發展過程中，由於動作方式不斷增多，競賽活動日益發展，舉重

運動實際上分化成了以下 3 個相對獨立的運動項目。

第一，競技舉重（weightlifting）：又稱奧林匹克舉重，統稱舉重。它是按體重分級，以抓舉、挺舉為競賽手段，以舉起的最大重量為成績評定標準，以增強體質，特別是以發展身體力量為目的的競技運動項目。從 1896 年第 1 屆奧運會開始即成為正式比賽項目。領導競技舉重的世界性組織是 1905 年成立的國際舉重聯合會（International Weightlifting Federation，縮寫 IWF）。

第二，健美運動（Body building）：1946 年成立了國際健美聯合會（International Federation Body building，縮寫 IFBB），並定期舉行國際健美比賽。它主要使用與舉重有關器械或組合練習器等，採用與舉重有關的各種動作方式和方法進行訓練，以肌肉發達程度、體型的健美和身體的各種造型表演為內容進行比賽。

第三，力量舉重（Powerlifting）：是 20 世紀 70 年代初期從舉重運動中分化出來的一個競賽項目。1972 年國際力量舉重聯合會（International Powerlifting Federation，縮寫 IPF）成立，1973 年開始舉行世界力量舉重錦標賽。它以後深蹲、臥推、硬拉為比賽項目。

此外，把舉重練習作為發展力量的手段，運用於其他項目運動員體能訓練中，又發展和創造了一部分動作方式和方法，並逐漸形成了一部分相對集中的有關運動項目力量訓練內容。

綜上所述，廣義舉重運動包括競技舉重、健美運動、力量舉重 3 個運動競賽項目和其他運動項目力量訓練方法等 4 部分內容。

本教材主要論述競技舉重運動的內容，前有關項目發展力量的方法做適當介紹，對健美運動、力量舉重不在此闡述。

舉重運動方式多種多樣，發展至今已不下百餘種，但基本分為競賽動作（抓舉、挺舉）和輔助動作兩類。舉重器械包括標準槓鈴、普通槓鈴、啞鈴、壺鈴、石擔、石鎖、組合力量練習器等。練習舉重的目的是發展力量、增強體質。生產勞動中的搬運重物不在舉重之列。

總之，舉重是一項極有價值的體育運動，是其他運動項目發展力量的有效方法，是歷屆奧運會的競賽項目，也是我國體育院校的教學課程。

二、舉重運動的特點

第一，負重練習。練習舉重時人體要負擔重量，並且不斷增加，甚至達到最大負荷，這是舉重運動的基本特點。由於經常進行最大負荷的練習，在用力方式上表現出最短時間內最大用力的特性；在技術上以「近」「快」「低」「穩」「協調性」為技術原則，表現出節省化現象（因為只有技術上省力才能舉得更重），所以中樞神經系統機能變得強而集中，骨骼肌的化學成分也會發生相應的變化，如收縮蛋白含量增加等，同時肌纖維增粗，肌肉體積增大；而在呼吸方面則表現出了最大用力時憋氣用力的特徵。由於負重練習，訓練後不管是骨骼肌還是中樞神經系統，

都會出現比較深度的疲勞，因此要注意消除疲勞。

第二，按年齡、性別分組，按體重分級進行比賽。力量來源於肌肉，肌肉占體重的百分比越大，力量也越大。人生主要年齡階段肌肉重量占體重百分比分別為：出生時為 16.6%，3 歲時為 21%，6 歲時為 21.7%，8 歲時為 27%，12 歲時為 29%，15 歲時接近 33.3%。一般成年男子肌肉重量約占體重的 43.5%，女子占 35%。可見少年、青年的力量比成年人小，女子的力量比男子小。因此，舉重按年齡分為 13～17 歲的少年組，18～20 歲的青年組，20 歲以上的成年組；按體重將男子分為 8 個級別，女子分為 7 個級別，以體現合理性、公平性。

此外，人的力量大小與體重有密切關係。力量是肌肉收縮和舒張時表現出來的克服阻力的能力。一般來說，肌肉越發達，力量就越大。隨著體重的增加，肌肉的絕對重量也增加。例如 50 公斤體重的男子，肌肉重達 21～22 公斤，而 100 公斤的男子，肌肉則重達 43～44 公斤。所以體重越重，肌肉也越重，肌肉越發達，力量也就越大。而按體重分級，可以使體重大致相近、肌肉重量也大致相近的人在一起比賽，更加合理。

第三，對場地、器材、設備要求的靈活性較大。重大國際、國內比賽對場地器材設備要求較高，規定必須與舉重台、電子裁判燈光系統、計時鐘、電子顯示屏、投影儀、準備活動區、稱量體重室、興奮劑檢查室等才能進行比賽。而一般性的小範圍舉重比賽，只要有 4 公尺見方的木質舉重台或者 4 公尺見方的平坦地面，有標準槓鈴，有一塊小黑板就可以進行比賽了。而作為大眾性的舉重活動，只要有普通槓鈴，或用鐵管穿上廢齒輪，以及使用石擔、石鎖、啞鈴等器材或健身器材就可以進行鍛鍊。

三、舉重運動的價值

第一，促進人體健壯，增進身體健康，發展力量。經常練習舉重，能有效地增強骨骼、肌肉、肌腱和韌帶等運動器官功能，提高內臟器官及心血管系統和呼吸系統的機能；同時中樞神經系統的機能也在運動中得到了相應的改善。在發展身體素質方面，特別能有效地提高力量素質。這些都提高了機體對外界環境的適應能力和對疾病的抵抗能力，從而增進健康，增強體質，提高了工作能力。

第二，提高心理素廣，培養意志品質。舉重訓練需要長期堅持，持之以恆；需要克服困難，迎難而上，這就需要一定的毅力。運動員在一次訓練課中需要反覆舉起負荷很大的重量，這種重量有時要超過自身體重的一倍甚至兩倍以上。運動員的一次訓練課，要舉起幾千甚至上萬公斤的重量，而且要終年不懈，持之以恆。這些都可以培養勇敢、頑強、堅毅、果斷、不怕艱苦和勇於克服困難的意志品質。

第三，掌握基本勞動技能，提高身體的基本活動能力。長期進行舉重鍛鍊可使人體各部位力量顯著提高，人體機能顯著改善，從而掌握提、舉、負、運重物的基本勞動技能並提高身體活功能力。

第四，具有一定的醫療體育價值。槓鈴、啞鈴等力量練習器材和發展核心力量的有關舉重練習方法和手段，已經成為醫療和康復體育的一個重要手段，被用來幫助病人增強因創傷而消退了的肌肉力量，或者恢復肢體的功能，對因疾病、創傷或先天的肢體殘疾，也有顯著的療效。

⊪├ 第二節　國際舉重運動

一、舉重運動的起源、傳播與發展

（一）舉重運動的起源

原始社會初期，人們為了獵取食物和防止猛獸的侵害，不得不搬起或舉起很重的東西，或者拿起有一定長度和一定重量的木棍進行自衛。為了有足夠的力量，人類的祖先經常用舉重物來增強體質、發展力量和鍛鍊勇氣，這就是最初的舉重。

早在 2500 多年前的古希臘就已經有了舉重的記載。如能舉起牛的傳奇大力士公尺隆，以及古希臘神話中的大力神赫拉克列斯。希臘人最早利用專門器械來發展力量，增強體質，這種器械稱為「哈特利斯」（Halteres），用來鍛鍊和測驗人的體力。在雅典（公元前 8 世紀～2 世紀）的運動場邊曾有一個圓鐵球，只有能舉起這個鐵球的人才有資格參加運動比賽。

羅馬人在木棍的兩頭紮上石塊來鍛鍊臂力。在希臘和古埃及的雕塑中，都可以看到身材魁梧、肌肉發達，持粗大圓木棒或其他物體的力士雕像。

在古代蘇格蘭，舉起重物以顯示力量的運動也很盛行。具體做法是將 100 公斤重的石頭從地上提起來，然後放在 1.2 公尺以上的高台上，凡是能做到的人，便有權戴高帽子，這是代表成年的象徵。16 世紀末葉，英國的約翰·諾爾特布魯克還建議青年人用金屬的重物進行舉重練習，以增強力量。

在德國、西班牙、法國的一些地區，舉石頭也是一神很普及的比武力量的運動項目。在德國慕尼黑的阿普特科赫夫古堡中有一塊測驗人的力量的著名大石，重 400 磅（約 181.4 公斤）。1490 年的碑文上刻著：「巴伐利亞的杜克·克里斯托夫舉起了這塊石頭，並拋了出去。法國和西班牙巴斯克地區盛行的舉石運動稱「伊沙輪」（Easarone）。這種石頭形似圓輥，兩端有把手或把柄。比賽時，看誰舉得重或舉的次數多，獲勝者還能得到大筆金錢。巴斯克人創造的紀錄很高，曾有一位名叫阿圭里的大力士，能將 200 公斤的大石從地面提至肩上。

（二）舉重運動的傳播

競技舉重始於 17 世紀末至 18 世紀初，最初盛行於歐洲。當時在歐洲許多國家如法國、英國、瑞士、德國、奧地利等，已經開展了舉槓鈴和啞鈴的舉重活動。與

舉重有關的大力士比賽 1825 年就開始在巴黎出現，在倫敦和布魯塞爾始於 1840 年，在紐約始於 1868 年，在華沙始於 1873 年，在維也納和波士頓始於 1880 年，在彼得堡始於 1885 年，在慕尼黑始於 1895 年……

19 世紀在倫敦的一些音樂廳和馬戲團裏，經常有大力士表演各種舉槓鈴的動作，以及顯示肌肉力量的健美表演。19 世紀著名的大力士是德國的歐根・先道，被人稱為「世界健美之父」。他身高 174 公分，全身肌肉發達，力量驚人。可以把 269 磅（約合 121 公斤）的槓鈴，從肩部推至頭上，並雙臂伸直。當時，德國的薩遜、加拿大的路易士・賽、美國的諾奎士、愛沙尼亞的赫根斯密、俄羅斯的薩姆遜等大力士都具有超人的力量。

表現出非凡力量的也有女子，如美國的傑・波萊特夫人（1869－1923）、德國的凱蒂・桑德維娜（1884－1952）、比利時的阿特雷娜等。有資料記載，1911 年，桑德維娜曾將重約 130 公斤的圓球槓鈴舉過頭頂。[1]

當時的舉重具有表演性質，以後隨著舉重表演活動不斷增多，逐漸推廣發展為競賽。

（三）舉重運動的發展

19 世紀 80 年代初期，首先在英國隨後在美國，人們開始致力組織國際性的舉重競賽活動。

1882 年 1 月 19 日，英國的《體育生活》雜誌編輯部在倫敦的「爾奎爾里恩」劇場組織了一次「世界舉重冠軍賽」，加拿大的盧斯・希里獲得冠軍。

1883 年，來自美國、德國、瑞士、奧地利和澳洲的 15 位大力士在美國紐約展開了爭奪世界冠軍稱號的競賽。結果美國人戴維・肯尼迪摘得桂冠。

1891 年 3 月 28 日，首屆世界舉重錦標賽在倫敦的莫尼克咖啡館舉行，英國人夢托斯・利維獲得冠軍。

1. 競賽方式和體重級別的演變

以第 1 屆奧運會到 20 世紀 70 年代，舉重比賽的級別和競賽方式都有很大的變化，這些變化是隨著國際舉重運動的發展而逐漸演變的，並對訓練、競賽及其發展有深遠影響。

1896 年 4 月 6～15 日，在希臘雅典舉行了首屆奧運會。舉重被列為 9 個正式比賽項目之一，不分體重級別。比賽只設單手舉和雙手舉（實質上是挺舉）。英國人勞・埃利奧特舉起 71 公斤獲得單手舉冠軍；丹麥人維・瓊森舉起 111.5 公斤獲得雙手舉冠軍。

1899 年 4 月 4～5 日，第 3 屆世界舉重錦標賽在義大利公尺蘭舉行，有 3 個國家的 5 名選手參賽，並第一次採用雙手推舉、雙手抓舉、雙手挺舉的 3 項動作比賽。德國的安尼塞分別以 145 公斤、116.5 公斤、160.7 公斤獲得雙手推舉、雙手抓舉、雙手挺舉冠軍。安尼塞體重僅 85 公斤，上述成績在當時是相當驚人的。

　　從 1891 年的第 1 屆世界錦標賽和 1896 年的第 1 屆奧運會開始，到 1920 年止，國際舉重比賽分別沿著奧運會和世界錦標賽兩條線進行。世界錦標賽非常頻繁，有時一年舉行兩次，1898～1913 年共舉行了 16 屆世界錦標賽，然而卻沒有一個正規、系統的競賽規程可遵循，競賽動作和體重分級很不穩定，舉重器材也不規範，又經常和大力士表演結合在一起。當時的比賽動作有推舉、抓舉、挺舉、側舉、穹身舉、平舉、分手舉、大陸式舉等，並有單手舉、雙手舉之分。比賽時不僅比舉起的重量，有時也用固定重量比連續舉起的次數，參加比賽的人數也有限。1900 年、1908 年、1912 年的第 2、4、5 屆奧運會，均因參賽運動員少而沒有舉行舉重比賽。1904 年在美國聖路易舉行的第 3 屆奧運會上進行了舉重比賽，競賽動作還是單手舉、雙手舉。[2]

　　1905 年 6 月 10 日，國際舉重聯合會在德國杜伊斯堡成立。同年在柏林舉行的第 6 屆世界舉重錦標賽上，第一次按體重分為 3 個級別，即輕量級（體重不超過 70 公斤）、中量級（體重 70～80 公斤）、重量級（體重 80 公斤以上）。比賽舉法有左手抓舉、右手抓舉、雙手推舉、雙手挺舉 4 種。按體重分級比賽有利於體現公平和合理性，也有利於更多的人參與競賽。

　　1910 年在法蘭克福舉行的體育遊戲展覽會上，首次展出了片槓鈴（又稱貝格槓鈴）。片槓鈴的使用，是世界舉重發展史上的一個里程碑。

　　1910 年 6 月，在德國杜塞爾多夫舉行的世界舉重錦標賽上，增加了次輕量級（60 公斤級）。

　　1920 年在比利時安特衛普舉行的第 7 屆奧運會上，競賽動作改為單手抓舉、單手挺舉、雙手挺舉，並重新劃分了體重級別，增加了輕重量級，使體重級別達到了 5 級，即次輕量級（60 公斤級）、輕量級（67.5 公斤級）、中量級（75 公斤級）、輕重量級（82.5 公斤級）、重量級（+82.5 公斤級），並且在世界比賽中穩定了 26 年。同年在維也納舉行的第 20 屆世界舉重錦標賽上，產生了以隊為單位的團體比賽。

　　1922 年 4 月在愛沙尼亞塔林舉行的第 21 屆世界舉重錦標賽，競賽動作改為單手抓舉、單手挺舉、雙手推舉、雙手抓舉、雙手挺舉 5 項。

　　1923 年在維也納舉行的世界舉重錦標賽上，取消了雙手抓舉，競賽動作又改方 4 項。

　　1924 年在巴黎舉行的第 8 屆奧運會舉重比賽，又恢復到 1922 年採用的 5 種比賽動作。

　　1928 年在阿姆斯特丹舉行的第 9 屆奧運會上，競賽動作改為雙手推舉、雙手抓舉、雙手挺舉，並一直沿用到 1972 年。

　　1920～1946 年，體重級別一直穩定在 5 級。其中 1939～1945 年，因第二次世界大戰沒有比賽。

　　1947 年在美國舉行的世界舉重錦標賽上，增加了最輕量級（56 公斤級）。

1951 年在義大利米蘭主舉行的世界舉重錦標賽上，又增加了次重量級（90 公斤級），同時重量級的體重也改為 90 公斤以上，使級別增加到 7 級。在此期間，舉重技術也發生了巨大變革，優越的下蹲式逐步取代了箭步式，促進了成績的提高[3]。

1969 年於華沙舉行的世界舉重錦標賽，增加了次最輕量級（52 公斤級）和特重量級（+110 公斤級），同時重量級的體重限度也改為 90～110 公斤，使體重級別增加到了 9 級。從這屆世界錦標賽開始，對單項比賽（當時為推舉、抓舉、挺舉，1972 年以後方抓舉、挺舉）的優勝者也授獎。

1973 年國際舉聯取消了推舉比賽，使競賽動作只有雙手抓舉、雙手挺舉兩個速度力量性動作。

1977 年增加了 100 公斤級，使體重級別增加到了 10 級，並以各體重級別的最高限度作為級別名稱，分為 52、56、60、67.5、75、82.5、90、100、110、+110 公斤級。

為了使體重分級更加合理，1993 年國際舉重聯合會將男子級別改為 54、59、64、70、76、83、91、99、108、+108 公斤級。1998 年再將男子舉重由 10 個級別壓縮為 8 個級別，即 56、62、69、77、85、94、105、+105 公斤級。

2. 女子舉重的發展

20 世紀 40 年代，美國開始舉辦女子舉重比賽。20 世紀 70 年代後期，美國、加拿大、法國、英國、澳洲等國開始組織國際比賽。

隨著女子舉重的發展，國際舉聯於 1984 年將女子舉重正式列入比賽項目，並制定了 9 個級別標準，即 44、48、52、56、60、67.5、75、82.5、+82.5 公斤級。同年在美國舉行了第 1 屆世界女子舉重通訊比賽，有 12 個國家參加。

1986 年 3 月 23 日，在布達佩斯舉行了首屆國際舉聯女子舉重邀請賽，有 5 個國家的 12 名運動員參加。

1987 年，在美國佛羅里達州舉行了第 1 屆世界女子舉重錦標賽。有 22 個國家的 99 名運動員參加。中國隊獲 8 個級別的 22 枚金牌，並獲團體冠軍。

1993 年國際舉聯將女子體重級別改為 46、50、54、59、64、70、76、83、+83 公斤級。1998 年由 9 個級別壓縮為 7 個級別，即 48、53、58、63、69、75、+75 公斤級。2000 年女子舉重成為奧運會比賽項目。

2000～2012 年，在奧運會女子舉重比賽中，中國運動員共獲 14 枚金牌，占國際奧委會頒發女子舉重金牌的二分之一，創造了輝煌成就。

1987～2012 年，除奧運會年外，國際舉聯共舉行了 22 屆世界女子舉重錦標賽。其中，中國隊榮獲 21 次團體冠軍。

3. 舉重成績的提高

隨著舉重競賽方式的變革、級別的變化、器材的改進及競賽規則的不斷完善，參加世界舉重錦標賽和奧運會舉重比賽的國家和運動員不斷增加，國際舉重聯合會

的會員協會不斷增多，舉重訓練先後以自然發展階段、新技術階段、大運動量階段逐漸進入多學科綜合利用即科學訓練階段，舉重成績不斷提高。

例如，1896 年第 1 屆奧運會不分體重級別，雙手舉（相當於挺舉）冠軍丹麥選手瓊森的成績只有 111.5 公斤，到 1988 年 11 月 26 日，男子+110 公斤級挺舉世界紀錄提高到 266 公斤（由蘇聯塔拉年科創造）。1919 年重量級（+82.5 公斤級）的抓舉世界紀錄為 110 公斤，到 1987 年 9 月 13 日，+110 公斤級抓舉世界紀錄提高到 216 公斤（由保加利亞克拉斯特夫創造）[4]253。1998 年規定新的體重級別後，男子+105 公斤級且成績世界紀錄已經提高到 472（212+260）公斤（伊朗雷扎扎德創造），女子+75 公斤級總成績世界紀錄提高到 333（146+187）公斤（由中國周露露創造）。

在世界舉重發展的歷史上，湧現出了詐多具有代表性的著名男子舉重運動員。如 20 世紀 50 年代美國的科諾、安德森，70 年代蘇聯的阿列克謝耶夫（圖 1-1）、里格爾特、瓦爾達尼揚，80 年代保加利亞的魯謝夫，90 年代至 21 世紀初土耳其的蘇萊曼諾爾古、穆特魯，希臘的迪馬斯、卡基亞什維利斯，中國的占旭剛等。其中，蘇聯的阿列克謝耶夫曾先後 82 次打破世界紀錄，於 1972 年 4 月 15 日創造了+110 公斤級 3 項總成績 645（推舉 235＋抓舉 172.5＋挺舉 237.5）公斤的世界紀錄；1977 年創造了＋110 公斤級兩項且成績 445（抓舉 187.5＋挺舉 257.5）公斤的世界紀錄，並獲 1972 年、1976 年奧運會冠軍。土耳其的蘇萊曼諾爾古曾先後 40 餘次打破世界紀錄，獲世界舉重大賽金牌 48 枚，榮獲 1988、1992、1996 年奧運會冠軍，並在 1988 年創造了 60 公斤級 342.5（152.5＋190）公斤的世界紀錄。

在女子舉重發展的歷史上，中國、美國、保加利亞、泰國、俄羅斯、北韓、哈薩克斯坦都曾湧現過許多優秀運動員。中國運動員陳艷青（58 公斤級，圖 1-2）、劉春紅（69 公斤級，圖 1-3）都曾先後近 30 次打破世界紀錄，連續奪得 2004 年、2008 年奧運會冠軍。

圖 1-1　82 次打破舉重世界紀錄的阿列克謝耶夫

圖 1-2　兩屆奧運會女子舉重冠軍陳艷青

圖 1-3　兩屆奧運會女子舉重冠軍劉春紅

二、國際舉重聯合會

（一）國際舉重聯合會的成立

19 世紀末 20 世紀初，由於許多歐洲國家，如德國、法國、奧地利等都先後成立了舉重運動協會，國際間的比賽增多，形勢發展迫切需要成立一個世界性的舉重組織。1905 年 6 月 10 日，荷蘭、義大利、奧地利、瑞士、丹麥、德國 6 個國家在德國的杜伊斯堡共同創立了國際舉重聯合會，即 International Weightlifting Federation.簡稱 IWF[1]。總部設在匈牙利布達佩斯。

國際舉聯的宗旨是：促進世界舉重運動發展，加強各成員協會間的合作與友好聯繫，管理和協調世界範圍的國際舉重比賽等。

截至 2013 年 6 月底，國際舉聯會員協會已增加到 189 個，成為會員協會最多的國際單項體育組織之一。

國際舉重聯合會成立至今，有 7 人（匈牙利人塔特科斯、法國人羅塞、荷蘭人約翰尼斯、美國人俄特曼恩、芬蘭人布魯羅、美國人約翰遜、奧地利人肖德爾）擔任過主席；有 7 人（匈牙利人克薩拉迪、法國人約塞夫、法國人安德雷、法國人歐根、英國人斯泰特、匈牙利人阿讓、希臘人揚尼斯）擔任過秘書長。國際舉聯現任主席是匈牙利人阿讓，秘書長是中國的馬文廣。

歐洲、亞洲、非洲、中北美洲和加勒比地區、南美洲、大洋洲都成立了洲的舉重聯合會。洲的舉重聯合會均加入了國際舉聯。洲舉聯是一個獨立的聯合會，它有自己的章程，並獨立舉辦洲際比賽。

（二）國際舉重聯合會的組織機構

國際舉聯設有以下組織機構，其職能如下。

國際舉聯代表大會：是國際舉聯的最高權力機構，每年舉行一次會議。每個會員協會可派兩名代表參加，但只有一票表決權。代表大會通常進行下列工作：接收新會員；聽取秘書長和各會員一年來的工作報告；批准世界紀錄；在各委員會和執委會委員缺員時進行補選；確定世界錦標賽的地點；選拔世界錦標賽的裁判員等。在奧運會年的代表大會上，研究國際舉聯章程和比賽規則修改的建議，選舉執委會和各委員會的委員等。

執行委員會：負責國際舉聯的行政管理。由 1 名主席、6 名副主席、秘書長兼司庫和 8 名委員組成，是代表大會閉幕期間國際舉聯的領導機構，每年召開一次會議。

---

[1] 國際舉重聯合會 1905 年稱世界業餘運動員聯盟，1913 年改稱國際業餘重競技聯合會，1920 年改名為國際重競技聯合會，1947 年改名為國際舉重健身聯合會，1972 年 9 月 6 日改稱國際舉重聯合會，即 In-ternational Weightlifting Federation.簡稱 IWF。

技術委員會：由 1 名主席和 10 名委員組成，負責研究會員協會所提出的技術方面的問題，並附上研究後的處理意見，一併提交執委會和代表大會審核。技術委員會還負責舉辦裁判員學習班，向執委會推薦裁判員，以供任命為國際比賽和錦標賽的裁判員。

醫務委員會：由 1 名主席和 10 名委員組成，負責研究舉重運動對人類機體影響的有關問題，對世界錦標賽和奧運會的舉重比賽做興奮劑檢查，注意比賽期間的醫務，衛生保證等。

科研委員會：由 1 名主席和 10 名委員組成，負責協調、組織和領導舉重運動的科研工作。

審計委員會：由 1 名主席和 2 名委員組成，負責對財務方面的監督❷。

秘書處：在執行委員會領導下處理國際舉聯的日常事務，如編發國際舉聯新聞公報、技術規則、《世界舉重》雜誌、國際舉聯信函決議，負責會議、培訓和講學的組織以及國際舉聯網站（www.iwf.net）運作管理等。

國際舉聯主持的比賽有奧運會男子舉重比賽（始於 1896 年）、奧運會女子舉重比賽（始於 2000 年）、青少年奧運會男子女子舉重比賽（始於 2010 年）、世界大學生運動會男女舉重比賽（始於 2011 年）、世界男子舉重錦標賽（始於 1891 年）、世界女子舉重錦標賽（始於 1987 年），世界青年男子舉重錦標賽（始於 1975 年）、世界青年女子舉重錦標賽（始於 1995 年）、世界少年男子女子舉重錦標賽（始於 2005 年）、世界大學生男子女子舉重錦標賽（每年舉行），世界杯（國際舉聯）大獎賽等。國際舉聯還對地區性比賽進行監督。

三、亞洲舉重聯合會

亞洲舉重聯合會（Asian Weightlifting Federation 縮寫 AWF，簡稱亞舉聯）是亞洲奧林匹克理事會和國際舉重聯合會的單項國際性組織。1958 年成立於日本東京，總部設在秘書長所在國。其宗旨是協調和發展亞洲舉重運動，促進亞洲舉重事業發展，提高亞洲舉重運動水準。主要形式是代表大會和執行委員會。亞舉聯現有會員協會 40 個。

亞洲舉重聯合會舉辦的比賽有亞洲運動會男子舉重比賽（始於 1951 年）、亞洲運動會女子舉重比賽（始於 1990 年）、亞洲男子舉重錦標賽（始於 1969 年）、亞洲女子舉重錦標賽（始於 1988 年），亞洲青年男子舉重錦標賽（始於 1983 年）、亞洲青年女子舉重錦標賽（始於 1995 年）、亞洲少年男子女子舉重錦標賽（始於 1999 年）、亞洲俱樂部舉重錦標賽、東亞運動會舉重比賽、南亞運動會舉重比賽以及西亞運動會舉重比賽等。

---

❷ 國際舉聯經費來自會員協會的會費、比賽電視轉播費、國際舉聯指定的器材生廠商的交費，以及國際比賽組織者的交費等。

中國於 1974 年 8 月 31 日加入亞洲舉重聯合會。1989 年 12 月，時任中國舉重協會主席的陳鏡開被推選為亞洲舉重聯合會名與主席。亞舉聯現任主席是阿拉伯聯合酋長國的本·蘇丹，秘書長伊朗的阿里·莫拉迪。

第三節　古、近代舉重運動

一、古代舉重

我國的舉重活動有著悠久歷史，早在兩千多年前就有了關於舉重活動的記載。我國古代舉重的發展是與生產勞動、軍事鬥爭以及武藝的發展密切相關的，它是古代勞動人民強身健體、發展力量、提高武藝的有效手段。

我國古代的舉重活動內容豐富，形式多樣。主要有舉鼎、翹關、掇石礩、舉石擔、耍石鎖、舞刀、負重物等。儘管上述舉重手段和練力形式與現代競技舉重中的抓舉、挺舉和力量舉中的深蹲、臥推、硬拉的形式略有區別，但其用力性質和作用卻極其相近。

我國古代舉重大致可分為 3 個階段，即漢代及其以前主要是舉鼎，晉唐主要為翹關，明清主要為舉石。

「鼎」原是一種三足兩耳的金屬器血，是皇帝祭祖和烹飪的用具，又是處以「鼎鑊之罪」的刑具。後來逐漸變化，以至在太廟內、王宮的廚房裏都有鼎，這就便於用來鍛鍊身體。我國秦漢時期已流行舉鼎活動，掘《史記·秦本紀》載：「武王有力好戲，力士任鄙、烏獲、孟說皆至大官。王與孟說舉鼎，絕臏。八月，武王死，族孟說。」全文之意是說秦武王（公元前 312 年—公元前 307 年）雖為一國之君，卻很有力氣，喜歡舉鼎等活動，大力士任鄙、烏獲、孟說都因為舉鼎優勝被封官職。公元前 307 年，秦武王到洛陽觀賞東周王室九龍神鼎時與孟說比賽舉鼎，武王爭強好勝，力竭鼎落，砸斷了腿骨，至八月死去。孟說也因此慘遭滅族之禍。而楚霸王項羽更以「力能扛鼎」而聞名（《史記·項羽本紀》）。

漢代「百戲」中也有舉鼎活動。例如，張衡在《西京賦》、左思在《吳都賦》中都有對當時舉鼎活動的生動描述。漢代朝廷中還設有「鼎官」，負責舉鼎事宜，勝者封為「武力鼎士」。

漢代還出現了舉手鼎的活動。手鼎是一種專門練習力量的鼎，是從先秦時期的舉鼎較力中衍生出來的一科雜技項目，類似今天的「耍壇子」之類。考古發掘出的漢墓壁畫及漢畫像磚、畫像石，為我們留下了漢代舉重的生動形象。例如，河南南陽漢畫館中展出的漢代畫像石中的《百戲圖》上，其中有一人裸祖上身，左手搖著一個像鼓的東西，右臂平舉，臂上置一手鼎，表現了孔蠻有力的形象。

在范曄所著《後漢書》第 2765 ～ 2768 頁「逸民列傳第七十三·梁鴻篇」中，記載了孟光能「力舉石臼」的事。梁鴻和孟光在我國漢代被稱為夫妻相敬如賓的典

範。孟光雖是婦女，但是她力量大得可以舉起很重的石臼，這件事和她「舉案齊眉」的故事一同流傳下來。這是中國女子舉重的最早記載。

自晉以後，「翹關」逐漸取代了「舉鼎」。「翹」是「舉」的意思，「關」是指古時城門上的門關（門楗），「翹關」就是舉門關的意思。晉唐時期，它已是一種專門的舉重器械，同時也是當時流行的舉重活動。

但翹關這一活動的開始時間還要早得多。據《史記‧孔子世家》載：「孔子身長九尺有六寸，人皆謂長人而異之。」《呂姓春秋》載：「孔子勁拓國門之關。」還記載他「足躡郊兔，力招（通翹）城關」，可見翹關這一活動早在春秋時期就已經出現了。

晉朝時期，專門製成了一種作為舉重器械的鐵楗，因沿用先秦翹關之說，亦名之方「翹關」。晉朝許多皇帝曾屢次下詔書，要求州、縣官把能翹關的力士選入軍中當兵。《晉書‧成帝本紀》第 117 頁載：「咸和八年，今舉力人能舉千五百斤以上。」晉朝的 1 斤合現在的 222.73 克，1500 斤約合 334 公斤，要舉起這麼大的重量，必須具備超人的力量。可惜舉法及姿勢無從查考，但反映了當時舉重練力的情況。

到了唐朝，武則天立武舉，翹關被列為武考科目。據《新唐書‧選舉制》第 1170 頁載：「長安二年（武則天年號，即公元 702 年），始置武舉。其制有馬槍、翹關、負重、身材之選。翹關長丈七尺，徑三寸半。凡十舉後，手持關距出處無過一尺。負重者，負公尺五斛，行二十步皆為中第。」可見這時的翹關活動已經比較正規化了。

兩宋時期隨著舉重活動的廣泛開展，出現了特製的舉重器械——石礎。石礎兩端有拉手，以便抓握。當時舉石礎名叫「掇石礎」，其動作就如現代的硬拉。

南宋（公元 1127～1279）時期，京都的臨安城內就有「諸色藝人」表演掇石礎等展示力量的項目。據《武林舊事》六卷載，南宋時期著名的大力士有天武張、花馬兒（掇石礎）、郭介、端親、王君生、陸壽等。當時的掇石礎實際上就是將大石從地面提抱起來（或將其舉過頭頂）[5]。

明、清兩代沿用了唐朝的武舉考試制度，武舉考試改舉重科目，考試內容為舉石礎。

在明朝武考中，還有用百斤大刀繞身旋轉作為力量考核的項目。抗倭名將戚繼光命人鑄了一個 300 斤重的鐵人，令士兵肩負往來行走 1 里地為合格，以此來增強士兵的體能。

在明朝末期還出現了舉石擔以練力的活動。石擔為「以木貫兩巨石，舉而較之」（《都門瑣記》）。石擔是用兩塊扁圓形的巨石，中間鑿眼，穿上木棍，舉而較之。其形狀結構與現代國際舉重比賽中使用的槓鈴已經比較接近了，不同之處是槓鈴為鐵質。

清代的民間雜技中，也有與舉石擔有關的表演項目。例如「千斤石」亦名「雙

石」，即表演者足蹬一副或幾副石擔，石擔上再有人表演倒立技巧或疊立數人，以示神力。另一類舉石擔做「繞身」「盤肩」等動作，稱為「五花飛石」[6]。

清朝嘉慶年間《欽定武場條例》卷五「武鄉會試三場定式」中有這樣的規定：「武鄉會試頭場試馬箭……二場試步箭，合格後再試技勇。技勇以八力弓、八十斤刀、二百斤石為三號；十力弓、一百斤刀、二百五十斤石為二號；十二力弓、一百二十斤刀、三百斤石為頭號。弓必開滿，刀必舞花，石必離地一尺。」那時的舞刀實際上也是舉重的一種方式。

清朝時期還流行舉石鎖等活動。石鎖是長方形的石頭，上方鑿成握手，因形狀像古鍋鎖而得名。石鎖重量一般為 10～30 公斤，練習者透過單手舉、雙手舉、豎舉、橫舉、前舉、腳蹬、背花、頸花、頭花等舉法和拋接方法發展力量。

二、近代舉重

我國近代舉重一方面以石擔、石鎖等民族舉重的傳統形式廣泛開展，另一方面國際上流行的槓鈴舉重也逐漸傳入我國。

據《上海體育史話》1984 年第 1 期記載：1950 年，英美等國來華人士為了自身娛樂的需要，在上海建了「一座健身房，內有練習舉重、耍啞鈴、跳高、雙槓、爬桿、拳擊、擊劍等運動設備，以及三柱門球戲等」。又據 1919 年 9 月出版的《新青年》第 1 卷第 5 期記載：1909 年西洋人奧皮音和另一位俄國大力士就曾在上海表演舉重、啞鈴等。

20 世紀 20 年代中期，國際上流行的槓鈴舉重在上海、廣州等沿海大城市有了開展。在廣州沙面的外國領事館和汕頭等地的外資洋行的院子裏，也經常放置有鐵製的槓鈴。這些都促進了使用槓鈴的競技舉重在中國的傳入。

1929 年，上海精武體育會投置了一副鐵質槓鈴，開展競技舉重運動，成為現代舉重在中國開展的標誌。1930 年越竹光成立了「上海滬江大學健美會」，用槓鈴、啞鈴等器材開展舉重、健身運動，他還創辦了《健力美》雜誌，宣傳舉重健美運動。與此同時，在馬來西亞、新加坡和印尼等地的華僑中，現代槓鈴舉重有了較為廣泛的開展。

1935 年 6 月 25 日，中國加入國際舉重聯合會。

1935 年 10 月，中華民國第 6 屆運動會在上海舉行，舉重第一次被列為表演項目。實際參加表演賽的有 14 人，其中從馬來西亞歸國參賽的幾位僑胞推舉、抓舉、挺舉技術較好。這次比賽設 5 個級別。其冠軍成績於 1936 年 4 月正式公佈為第一批舉重全國最高紀錄。

1936 年 5 月 11 日，在上海舉行了舉重選拔賽，選出了黃社基、沈良、翁康庭代表中國參加第 11 屆奧運會。8 月 1～16 日，奧運會舉重比賽在德國柏林舉行，黃社基、沈良在 60 公斤級比賽中，成績分別方 255（70＋80＋105）公斤、242.5（72.5＋75＋95）公斤；翁康庭在 67.5 公斤級比賽中，推舉 77.5 公斤、抓舉 75 公

斤，挺舉失敗未取得總成績。

1948 年 5 月 6～8 日，中華民國第 7 屆運動會在上海舉行，舉重被列為正式比賽項目。有 23 名選手參加了 5 個級別的比賽。來自馬來西亞的華僑何麗英女士參加了舉重表演，成績為推舉 40 公斤，抓舉 47.5 公斤，挺舉 62.5 公斤。

三、國際賽事成績

各項國際賽事成績請見表 1、表 2。

表 1　中國舉重運動員獲奧運會冠軍統計

姓名	性別	級別	成績（公斤）	競賽名稱	日期	地點
曾國強	男	52 公斤級	235	第 23 屆奧運會	1984-07-30	洛杉磯
吳數德	男	56 公斤級	267.5	第 23 屆奧運會	1984-07-31	洛杉磯
陳偉強	男	60 公斤級	282.5	第 23 屆奧運會	1984-08-01	洛杉磯
姚景遠	男	67.5 公斤級	320	第 23 屆奧運會	1984-08-02	洛杉磯
唐靈生	男	59 公斤級	307.5	第 26 屆奧運會	1996-07-22	亞特蘭大
占旭剛	男	70 公斤級	357.5	第 26 屆奧運會	1996-07-24	亞特蘭大
楊　霞	女	53 公斤級	225	第 27 屆奧運會	2000-09-18	雪梨
陳曉敏	女	58 公斤級	242.5	第 27 屆奧運會	2000-09-19	雪梨
林偉寧	女	63 公斤級	242.5	第 27 屆奧運會	2000-09-20	雪梨
占旭剛	男	77 公斤級	367.5	第 27 屆奧運會	2000-09-20	雪梨
丁美媛	女	＋75 公斤級	300	第 27 屆奧運會	2000-09-24	雪梨
石智勇	男	62 公斤級	325	第 28 屆奧運會	2004-08-16	雅典
張國政	男	69 公斤級	347.5	第 28 屆奧運會	2004-08-17	雅典
陳艷青	女	58 公斤級	237.5	第 28 屆奧運會	2004-08-17	雅典
劉春紅	女	69 公斤級	275	第 28 屆奧運會	2004-08-19	雅典
唐功紅	女	＋75 公斤級	305	第 28 屆奧運會	2004-08-24	雅典
陳燮霞	女	48 公斤級	212	第 29 屆奧運會	2008-08-09	北京
龍清泉	男	56 公斤級	292	第 29 屆奧運會	2008-08-10	北京
張湘翔	男	62 公斤級	319	第 29 屆奧運會	2008-08-11	北京
陳艷青	女	58 公斤級	244	第 29 屆奧運會	2008-08-11	北京
廖　輝	男	69 公斤級	348	第 29 屆奧運會	2008-08-12	北京
劉春紅	女	69 公斤級	286	第 29 屆奧運會	2008-08-13	北京
陸　永	男	85 公斤級	394	第 29 屆奧運會	2008-08-15	北京
曹　磊	女	75 公斤級	282	第 29 屆奧運會	2008-08-15	北京
王明娟	女	48 公斤級	205	第 30 屆奧運會	2012-07-28	倫敦
李學英	女	58 公斤級	246	第 30 屆奧運會	2012-07-31	倫敦
林清峰	男	69 公斤級	344	第 30 屆奧運會	2012-08-01	倫敦
呂小軍	男	77 公斤級	379	第 30 屆奧運會	2012-08-02	倫敦
周璐璐	女	+75 公斤級	333	第 30 屆奧運會	2012-08-06	倫敦

表 2　台灣舉重運動員國際賽事得獎統計

國際賽事	地點	選手	性別	級數	抓舉	挺舉	總和	名次
2015年亞洲舉重錦標賽	泰國・普吉	陳士傑	男	+105kg	193	245	438	1
2015年亞洲舉重錦標賽	泰國・普吉	姚季伶	女	75kg	101	126	227	2
2015年亞洲青少年舉重錦標賽	卡達・杜哈	方莞靈	女	48kg	55	70	125	1
2015年亞洲青少年舉重錦標賽	卡達・杜哈	劉書純	女	53kg	64	71	135	2
2015年亞洲青少年舉重錦標賽	卡達・杜哈	胡曉曼	女	69kg	74	95	169	1
2015年亞洲青少年舉重錦標賽	卡達・杜哈	曾雅里	女	+69kg	73	98	171	1
2015年亞洲青少年舉重錦標賽	卡達・杜哈	張皓宇	男	56kg	93	120	213	2
2015年亞洲青少年舉重錦標賽	卡達・杜哈	莊盛閔	男	62kg	102	128	230	3
2015年亞洲青少年舉重錦標賽	卡達・杜哈	羅銘嘉	男	77kg	112	137	249	2
2015年亞洲青少年舉重錦標賽	卡達・杜哈	蘇天宗	男	85kg	113	141	254	2
2015年亞洲青少年舉重錦標賽	卡達・杜哈	羅鎬至	男	94kg	132	150	282	1
2015年亞洲青少年舉重錦標賽	卡達・杜哈	湯峻欽	男	+94kg	117	157	274	2
2015年世界青少年舉重錦標賽	祕魯・利馬	羅鎬至	男	94kg	135	172	307	2
2014年夏季青年奧林匹克運動會	中國・南京	江念欣	女	58kg	88	115	203	1
2014年亞洲運動會	韓國・仁川	許淑淨	女	53kg	101	132	233	1
2014年亞洲運動會	韓國・仁川	林子琦	女	63kg	116	145	261	1
2014年亞洲運動會	韓國・仁川	黃釋緒	女	69kg	108	125	233	3
2014年亞洲運動會	韓國・仁川	陳士傑	男	+105kg	191	233	424	3
2014年亞洲青年舉重錦標賽	泰國・曼谷	鐘芸伶	女	+75kg	106	120	226	1
2014年亞洲青年舉重錦標賽	泰國・曼谷	李浩然	男	105kg	151	181	332	1
2014年亞洲青少年暨青年舉重錦標	泰國・曼谷	潘莉真	女	+69kg	78	102	180	3
2013年夏季世界大學運動會	俄羅斯・喀山	郭婞淳	女	58kg	104	134	238	1
2013年夏季世界大學運動會	俄羅斯・喀山	洪萬庭	女	69kg	97	127	224	2
2013年東亞運動會	中國・天津	郭婞淳	女	58kg	102	135	237	1
2013年東亞運動會	中國・天津	洪萬庭	女	69kg	89	109	198	3
2013年亞洲舉重錦標賽	哈薩克・阿斯坦那	潘建宏	男	69kg	130	173	303	3
2013年亞洲舉重錦標賽	哈薩克・阿斯坦那	郭婞淳	女	58kg	102	134	236	1
2013年亞洲舉重錦標賽	哈薩克・阿斯坦那	林子琦	女	63kg	110	133	243	1
2013年亞洲青年舉重錦標賽	吉爾吉絲・比什凱克	高展宏	男	62kg	115	141	256	2
2013年亞洲青年舉重錦標賽	吉爾吉絲・比什凱克	羅坤鍠	男	62kg	108	138	246	3
2013年亞洲青年運動會	中國・南京	謝書胤	男	69kg	119	153	272	3
2013年亞洲青少年舉重錦標賽	卡達・杜哈	葉富貴	男	50kg	80	103	183	3
2013年亞洲青少年舉重錦標賽	卡達・杜哈	謝書胤	男	69kg	113	142	255	3
2013年亞洲青少年舉重錦標賽	卡達・杜哈	蘇映洋	男	85kg	115	150	265	3
2013年亞洲青少年舉重錦標賽	卡達・杜哈	江念欣	女	58kg	73	90	163	2
2013年亞洲青少年舉重錦標賽	卡達・杜哈	羅楹湲	女	69kg	82	101	183	1
2013年世界舉重錦標賽	波蘭・華沙	郭婞淳	女	58kg	108	133	241	1
2012年夏季奧林匹克運動會	英國・倫敦	許淑淨	女	53kg	96	123	219	2

國際賽事	地點	選手	性別	級數	抓舉	挺舉	總和	名次
2012年亞洲舉重錦標賽	韓國‧平澤	許淑淨	女	53kg	97	123	220	1
2011夏季世界大學運動會	中國‧深圳	唐啟中	男	56kg	105	131	236	3
2011夏季世界大學運動會	中國‧深圳	許淑淨	女	53kg	92	115	207	2
2011夏季世界大學運動會	中國‧深圳	何筱珺	女	63kg	94	117	211	1
2010年亞洲運動會	中國‧廣州	陳葦綾	女	48kg	85	105	191	3
2010年亞洲運動會	中國‧廣州	王雅珍	女	69kg	100	133	233	3

第四節　舉重運動的現狀與發展趨勢

一、舉重運動的現狀

現代舉重運動經過 100 多年的發展，由最初的單手舉或雙手任意舉，到雙手推舉、雙手抓舉、雙手挺舉，現今固定為雙手抓舉、雙手挺舉兩項競賽動作。男子舉重體重級別由最初的不分級別依次從 3 個級別增長至 10 個級別，1998 年至今穩定在 8 個級別，分別是 56、62、69、77、85、94、105 和+105 公斤級。女子舉重體重級別自 1998 年至今為 7 個，分別為 48、53、58、63、69、75 和+75 公斤級。

截至 2013 年，世界上有 200 多個國家或地區開展舉重運動，數千萬人參加舉重訓練和從事舉重運動，國際舉重聯合會的會員協會達到 189 個。世界性的舉重大賽包括奧運會舉重比賽、青少年奧運會舉重比賽、世界大學生運動會舉重比賽、世界舉重錦標賽、世界青年舉重錦標賽、世界少年舉重錦標賽、世界大學生舉重錦標賽、世界盃舉重賽，以及洲際運動會舉重比賽、洲際比賽和國際區域性舉重比賽等。

世界男子舉重強國目前有中國、俄羅斯、哈薩克斯坦、波蘭、土耳其、希臘、伊朗、韓國等。

自 1987 年國際舉重聯合會首次舉辦世界女子舉重錦標賽至今，女子舉重不斷發展，2000 年成為奧運會比賽項目。目前，中國女子舉重整體成績居世界領先水準，但哈薩克斯坦、俄羅斯、北韓、南韓、泰國等女子舉重水準不斷提高，並具備較強的競爭力。

二、舉重運動的發展趨勢

（一）舉重水準不斷提高

從 1907 年至 2012 年的 105 年間，共有 53 個國家和地區的選手 4420 次打破男子、女子、青年男子、青年女子世界紀錄。隨著舉重運動的不斷發展，新的科技成果、科學理論、訓練方法的不斷應用，舉重水準仍將會不斷提高。世界紀錄是有限性和無限性的對立統一。現代科技條件下人類不可能挺舉起 1000 公斤的槓鈴，但

只要有世界紀錄，人類就會不斷地接近它，並努力超越它。只是這種超越付出的艱苦努力更多，時間更長，代價更大。目前，男女世界紀錄遠未趨近於人體力量潛力的極限，未來的世界紀錄仍將會有較大幅度的提高。

（二）重視科學選材，注重內在發展潛力

現代舉重運動的迅速發展，對運動能力的要求越來越高，要在高水準的比賽中奪魁，光靠勤學苦練是很難達到目的的。因此，挑選具有天賦條件的童少年進行早期科學訓練，是減少淘汰率、造就優秀運動員的先決條件，是攀登世界高峰的重要前提。從 20 世紀 60 年代開始，舉重運動員逐步趨於年輕化。

據研究，到 20 世紀 80 年代，選材年齡基本穩定在 10～12 歲。男子舉重選手達到世界水準的平均年齡提前到 21 歲左右，女子為 20 歲左右。男子奧運會舉重冠軍的平均年齡由 27.9 歲提前到 24.5 歲[7]。對運動員的選材不僅注意外在的身體條件，更注重內在發展潛力，特別是血睪酮水準。科學地選拔具有天賦條件和內在發展潛力的選手，是奪取優異成績的重要基礎。

（三）突出專項訓練，加大訓練強度

20 世紀 60 年代末，保加利亞率先興起的多課次大運動量訓練❸，已被各國優秀運動員普遍採用。現代的大運動量不僅表現在多課次上，而且注意個人特點，精選訓練內容，集中訓練手段，突出專項訓練，堅持「少而精」的原則。

現在國際比賽的競爭越來越激烈，高水準運動員成績的差距越來越小。比賽強度越來越大，對運動員的要求越來越高，對訓練的要求也越來越嚴。

為適應比賽負荷，創造優異成績，目前優秀舉重運動員的訓練更加突出專項，重視訓練強度。注意「少而精，多課次，快節奏、高強度，大運動量」訓練。訓練負荷不斷加大，實戰性更強。

（四）舉重技術進一步完善，更加重視比賽成功率

1891-1972 年，奧運會舉重競賽技術先後有單手舉、單手推舉、單手抓舉、單手挺舉、雙手推舉、雙手抓舉、雙手挺舉。1973 年至今為雙手抓舉、雙手挺舉兩項。其中雙手抓舉從高立抓、分腿高抓發展到箭步抓、下蹲抓。雙手挺舉從挺肚皮的大陸式提鈴至胸（Continental style）、高翻、分腿高翻、箭步翻發展到下蹲翻。挺舉上挺由立定挺創新發展到箭步式分腿上挺、分腿半挺、下蹲挺❹。舉重技術的

---

❸ 其特點為每週訓練 9～12 次，每週 350～450 組，總重量10 萬～20 萬公斤，平均負荷強度 70%～100%。

❹ 20 世紀 80 年代由中國選手創新的下蹲式上挺技術，由於有悖於用力的「經濟性」原理，支撐穩定性差，長期採用易導致尾椎病變，不宜推廣。

每一次創新，都是圍繞最大限度發揮人體力量潛力進行的。共起於 20 世紀 50 年代，至今在舉重技術中占絕對優勢地位的下蹲抓、下蹲翻箭步挺技術，目前已處於穩定發展時期。今後相當長一段時間，舉重成績的提高仍將繼續圍繞挖掘技術潛力來促進運動員技術水準的提高。

20 世紀 70 年代至今，在世界舉重錦標賽上獲團體冠軍的國家比賽成功率均在 60%以上，有的甚至超過 70%。在勢均力敵的情況下，成功率高低已成為決定勝負的關鍵因素。成功率是衡量運動員競技水準發揮程度的重要標誌。

（五）多學科綜合利用，訓練日趨科學化

進入 20 世紀 80 年代以後，現代科技的迅猛發展以及高科技成果、新知識和新科技在體育領域的全面滲透與運用，對舉重水準的提高起到了極大的作用。新的理論、新的訓練方法和手段，極大地提高了舉重運動的系統化、科學化程度，使訓練的安排與控制更加精確、定量。

例如，運用生物力學定量分析運動員的技術動作，使之更趨於合理完善；運用生理生化指標的測試，監控運動員身體狀況；運用預測科學，研究運動成績的增長規律；採用先進的訓練儀器、設備和器材，改進訓練手段；運用電刺激儀，促進運動員力量的增長；運用多學科的綜合手段進行心理訓練和綜合監控；採用物理、心理、化學手段，促進體能恢復和增強機體功能；運用多學科科技攻關，從科技方面保證運動員成績的增長。此外，制定訓練模式、進行定量化訓練，以及定期的科研診斷、綜合評定等，已逐步成為現代舉重訓練中不可或缺的內容。

總之，多學科綜合運用越來越普遍，訓練的科學化程度越來越高。隨著未來科技的發展，訊息技術、生物工程技術和其他高科技領域的創新和突破，都有可能給世界舉重的發展帶來更大的進步。

思考題

1. 舉重運動的特點、意義是什麼？
2. 請說明舉重競賽方式的變化。
3. 請說明國際舉重聯合會及其組織機構。
4. 中國古代舉重歷經了哪 3 個發展階段？
5. 為什麼要按體重分級比賽？男女舉重分為哪幾個級別？
6. 台灣運動員創造了哪些舉重成就？
7. 中國運動員創造了哪些舉重成就？
8. 請簡述舉重運動的發展趨勢。

舉重競賽技術

內容提要：

本章重點闡述舉重競賽動作的近、快、短、穩、協調性技術原則，並對抓舉的預備姿勢、提鈴、發力、下蹲支撐與起立、放下槓鈴與呼吸 5 個技術環節進行分析，對挺舉提鈴至胸包括的預備姿勢、提鈴、發力、下蹲支撐、起立 5 個緊密銜接的技術進行系統闡述，對挺舉上挺的預備姿勢、預蹲、發力、箭步分腿支撐與起立、放下槓鈴和呼吸方法 5 個緊密銜接的技術細節進行系統分析。

舉重競賽技術包括抓舉和挺舉兩項。舉重競賽技術就是運動員最大限度地利用內力（運動員自身的體能）和外力（支撐面的反作用力，槓鈴彈性力和重力），舉起最大重量的技巧。

運動員在舉槓鈴的各個階段用力是否最有成效，是由身體各主要關節形成的適宜角度和槓鈴所處的相應位置決定的。整個動作過程只有符合生物力學原理，才能以有限的力量舉起更大的槓鈴重量。

第一節　競賽動作的技術原則

在舉重運動的發展過程中，舉重技術逐漸完善。經過長期的實踐研究，舉重界將競賽動作的技術原則歸納為近、快、低、穩、協調性。這五項技術原則相互聯繫，相互補充，缺一不可。

一、近

近，是指在舉槓鈴的過程中，人體重心和槓鈴重心的運動軌跡與兩腳構成的支撐面中心的垂直線應盡量接近。近，既可縮短身體各環節的阻力臂以達到省力的目的，又可使身體重心和槓鈴重心接近，從而為穩固支撐創造良好條件。

（一）近的意義

1. 有利於保持動作的平衡與穩定

物體重力的合力作用線離支撐面的中心越近，穩定性就越好，反之則越差。因

此，人體重心和槓鈴重心越接近兩腳支撐面，穩定性也就越好。如果在提鈴時重心超出支撐面邊緣，由於槓鈴重力和槓鈴加速度過程中的慣性阻力作用，對身體產生轉動力矩，會導致身體重心前移，破壞動作的平衡與穩定，這也是抓舉和下蹲翻時槓鈴前掉的一個重要原因。

2. 有利於發揮人體的最大力量

根據生物力學原理，在肌肉收縮過程中，不運動或運動相對小的那一端有穩定的支撐點時，就能較充分地發揮出肌肉力量。由於「近」可以使人體獲得穩固的支撐，更有利於發揮人體的最大力量。

此外，由於槓鈴距身體近，能有效地把人體的力量集中用到上舉的槓鈴上，避免產生無用的分力。

3. 有利於省力

運動員上舉槓鈴可以看作是一個槓鈴運動，其動力臂是固定的，槓鈴的重量為槓桿的阻力，阻力點在手上，槓桿的支點在髖關節中心。

根據槓桿公式：$L_1 \times F_1 = L_2 \times F_2$

公式中 L_1 為動力臂，F_1 為動力，L_2 為阻力臂，F_2 為阻力。

在上舉槓鈴過程中，阻力 L_1 和動力臂 F_2 均不變，則阻力臂 L_2 越小，所需動力 F_1 也就越小。由於 L_2 為阻力作用線到支點的距離，因此，只有當槓鈴貼近身體時，才能縮短 L_2，減小上舉槓鈴所需 F_1，達到省力的目的。

（二）近的運用

1. 運動軌跡應儘量靠近支撐面中心的垂直線

運動員在上舉槓鈴的過程中，人體重心和槓鈴重心的運動軌跡須思量靠近支撐面中心的垂直線。槓鈴重心的運動軌跡如圖 2－1 所示。

另外，運動員在提鈴時，支撐面的中心約在兩腳掌中心連線的中間。當槓鈴重力的合力作用線透過或接近支撐面的中心，提鈴時穩定性好；若橫槓離小腿過遠，槓鈴重力合力作用線超出了支撐面，即移到了足尖的前面，提鈴時由於槓鈴重力及慣性阻力的作用，身體產生轉動力矩，導致身體重心前移。

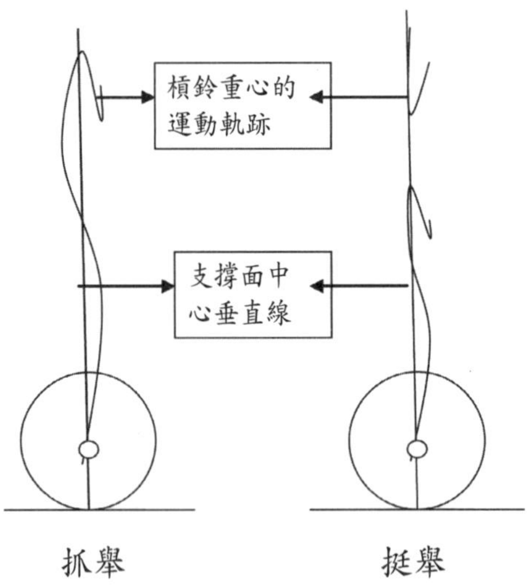

圖 2-1　槓鈴重心運動軌迎

2. 槓鈴重心靠近身體重心

槓鈴重心要儘量沿人體重心垂直線方向移動。當槓鈴離身體近時，能有效地把人體的力量集中用到上舉的槓鈴上，避免在水平方向產生分力，如圖 2－2 所示。

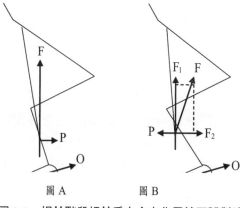

圖 2-2　提鈴階段槓鈴重力合力作用線正誤對比

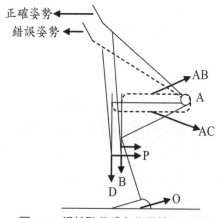

圖 2-3　提鈴階段重力作用線正誤對比

對槓鈴重力合力作用線 P 通過或接近支撐面中心點 0 時（圖 A），不發生或少發生向後水平分力，使人體力量集中用於向上提拉槓鈴；當槓鈴重力合力 P 作用線遠離支撐面中心點 0 時（圖 B），運動員為了防止提鈴時身體重心前移，勢必向後上方提拉槓鈴，即提鈴的力量 F 是向後上方，因而產生向後的水平分力 F_2。

3. 貼身用力

對槓鈴橫槓貼近身體時，才能縮短阻力臂，故省力；反之，阻力臂長則費力，如圖 2-3 所示。

O 為支撐面中心點。當重力 P 的作用線靠近身體時，為正確姿勢，槓鈴重力 B 為槓桿的阻力，阻力點 P 在手上，槓鈴的支點在 A；阻力臂為支點 A 到 B 作用線的垂直距離 AB。當重力作用線 D 遠離身體時，為錯誤姿勢，其阻力臂 AC 較 AB 更長，根據槓桿原理，在舉同樣重量時，勢必要用更大的力量。

二、快

快，一是指槓鈴上升速度快，在舉槓鈴過程中連續不斷地快速用力，使槓鈴加速上升，並在發力階段達到最大速度，以便獲得更大的加速力；二是指人體移動速度快，以便藉助槓鈴慣性上升瞬間，身體積極向下撐接槓鈴。

（一）快的意義

1. 有利於獲得更大的力量

根據牛頓第二定律 F=ma（F 為合力，m 為質量，a 為加速度），當槓鈴質量不變時，加速度越大，則其獲得的力量越大。而槓鈴的運動速度取決於運動員完成動作的快慢，因此，只有加快動作速度，在最短時間內提高槓鈴的上升速度，以提高加速度，才能獲得更大的力量。

2. 有利於槓鈴獲得更大的上升高度

在發力階段，只有當槓鈴重心超越了同向運動的身體重心，才能完成下蹲接槓

鈴的動作。

根據物理學公式 $s = \frac{1}{2}at^2$（s 為路程，a 為加速度，t 為時間），槓鈴上升的加速度大，則其上升的距離也就越大。因此，加大槓鈴上升的加速度，有利於槓鈴獲得更大的上升高度，為完成下蹲接槓鈴做好準備。

3. 為下蹲接槓鈴創造更多的時間

在發力結束後槓鈴在慣性上升過程中，運動員身體需要一定時間完成下蹲接槓鈴的動作。根據公式 $t = V/g$（t 為時間，V 為速度，g 為常量自由落體加速度），當槓鈴在發力結束後的速度越快，則槓鈴上升的時間也就越長，從而為下蹲接槓鈴創造更多的時間。

（二）快的運用

1. 加快肌肉收縮速度

槓鈴的運動速度取決於運動員完成動作的快慢，而完成動作的快慢又取決於肌肉收縮的速度。同時，研究表明，肌肉收縮速度越快，釋放的能量越多，做功就越大，舉起的槓鈴重量也就越重。因此，在完成舉重技術動作的過程中，要加快肌肉收縮速度。

2. 加大爆發力

爆發力也叫速度力量。力量越大，用力時間越短，則其產生的加速度越大，要使槓鈴產生向上的加速度以便達到最大的上升速度，就需要快速用力。因此，在提鈴發力及上挺發力階段，應加大爆發力。

3. 快速下降身體

槓鈴的快速上升為運動員下蹲接槓鈴創造了一定的高度及時間，運動員應在槓鈴重心超過身體重心時即刻下降身體，把握機會。

三、短

短，是指在保證最大用力的前提下，應盡量縮短槓鈴的行程。這就要求運動員在發力結束時，身體迅速做出下蹲動作，積極降低身體重心。

（一）短的意義

根據公式 $A = P \times h$（A 為功，P 為槓鈴重力，h 為槓鈴垂直運動距離），在槓鈴重量不變的情況下，槓鈴上升高度越小，則所需的功也越小。因此，身體重心降得越低，則需要提鈴的高度也就越低，也就減小了槓鈴垂直運動的距離，從而降低了所須做的功，保證利用有效力量舉起更大的重量。

（二）短的運用

要充分貫徹短的技術原則，一是要最充分地發力，二是要快速地降低身體重

心，三是要在保證最大用力的前提下儘量縮短槓鈴的行程。最充分的發力是前提，是根本；而降低身體重心並儘量縮短槓鈴的行程是為了進一步提高發力效果而採用的主動措施。

借慣性向上運動的槓鈴和積極下蹲的身體這兩個背向運動一要快，二要協調配合，同時根據運動員自身特點，採取相符合的下蹲方法，才能收到最佳效果。

四、穩

穩，是指在下蹲接槓鈴或上舉槓鈴的結束階段，動作準確到位，做出正確的支撐姿勢，穩固地承接和支撐槓鈴。

（一）穩的意義

支撐姿勢在提鈴至胸時，表現為胸部鎖骨和肩帶前部承接槓鈴；在抓舉和上挺時，表現為直臂支撐槓鈴。

穩固地承接和支撐槓鈴是舉重技術動作的最後一個環節，完成好這個環節才能使試舉動作獲得成功。它是以前各動作階段或動作環節有效工作的評定與最終表現。同時，穩也能提高試舉的成功率。

（二）穩的運用

1.加大穩定角

所謂穩定角，是指重力作用線和重心到支撐面邊沿相應的連線之間的夾角。如圖 2-4 所示：穩定角大，則穩度大；反之，則穩度小 [3]28。運動員的腳長是一定的，構成的支撐面是有限的，要增大穩定角只能儘量降低重心。

2.槓鈴重心投影點接近支撐面中心

在槓鈴重量很大時，如果投影點不正，即使擴大支撐面也很難穩定支撐。要使槓鈴重心投影點接近支撐面中心，特別要注意減小槓鈴上升結束時的水平分力。水平分力使槓鈴產生離開支撐面中心，並向水平方向移動的分力。

3.支撐動作準確到位

為了獲得穩固的支撐，還必須在由騰空轉入下蹲的瞬間做出正確牢固的

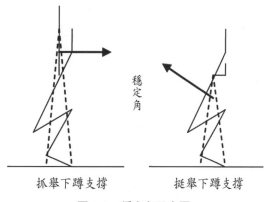

抓舉下蹲支撐　　　挺舉下蹲支撐

圖 2-4　穩定角示意圖

「支撐架子」。各部分肌肉和關節必須從放鬆狀態迅速及時地進入支撐固定工作狀態。

4.減少槓鈴回降距離

槓鈴回降不合理是支撐不穩和支撐失敗的重要原因之一。槓鈴回降會產生一定

的下砸力，如果回降距離過大，則可能由於承受不了過大的下砸力而導致試舉失敗。這種情況主要出現在抓舉的下蹲支撐和挺舉的提鈴至胸階段。

五、協調性

協調性是指在上舉槓鈴的過程中，身體各部分肌肉力量的大小和用力位置不同，在不同時機有節奏地用力和在相同時機集中協調用力，以產生最大的功效。

（一）協調性的意義

舉重是一個複雜的用力過程，在整個上舉槓鈴的過程中，身體各部位肌肉有的緊張，有的放鬆，有的做等張收縮，有的做等長收縮，還有的做離心收縮，不同階段身體各部位肌肉用力大小不同。

因此，只有在整個上舉槓鈴過程中，協調身體各部位肌肉不同時間的用力效果，才能完善技術動作，舉起更大的重量。

（二）協調性的運用

1. 協調用力先後順序

在舉重技術的各個階段，均有其主要的用力部位，不同肌群在不同的動作階段中用力的先後順序要協調，否則動作就不協調。

2. 肌肉的用力配合要協調

在舉重技術動作的每一階段中，除了以主動肌方主積極工作外，往往還有一些輔助肌群協助其收縮，這種主從之間的配合要協調。另外，當原動肌收縮時，其對抗肌就應做退讓工作或者放鬆，予以協調配合。

3. 協調不同肌群的不同用力方式

在上舉槓鈴的過程中，各個部位肌肉用力方式不盡相同，不同階段不同肌群的不同用力方式應協調配合。

五項技術原則中，近是基礎，快是關鍵，短是重要手段，穩是保障，協調性是優化條件。

┠┨第二節　抓舉技術分析

抓舉是運動員以快速連續不斷的動作將槓鈴從舉重台上舉起至兩臂在頭上完全伸直，它是舉重比賽的第一項競賽動作。

抓舉的技術特點是速度快，時間短，路線長，技巧性強。完整的抓舉技術是由預備姿勢、提鈴、發力、下蹲支撐與起立、放下槓鈴 5 個互相銜接的技術動作組成。此外，還有呼吸方法。

一、預備姿勢

預備姿勢的任務是為試舉做好準備，正確的預備姿勢能為提鈴創造有利的用力條件。在試舉之前，運動員首先走近槓鈴，在槓鈴前做好預備姿勢：兩腿靠近槓鈴橫槓（間距為 1～2 公分）站立，使槓鈴桿的垂直投影線落在蹠趾關節處；兩腳掌內緣（蹠趾關節處）的間距約為一腳寬（約同髖寬）。

圖 2-5　三屆奧運會冠軍蘇萊曼諾爾古的抓舉預備姿勢

站好之後俯身採用鎖握法握住槓鈴桿；握距因身體條件不同而有一定差異，一般採用寬握距。身體重心的垂直投影線落在腳的中央。軀幹平直，腰背肌肉收緊，兩臂放鬆，肩部下沉，頭微抬，目視前下方（圖 2-5）。預備姿勢的技術細節如下：

（一）站 法

站法指預備姿勢中兩腳的位置和姿勢。大致可以分為八字形、小八字形、兩腳平行等（圖 2-6）。

　　① 八字形　　　　　　　② 小八字形　　　　　　　③ 兩腳平行

圖 2-6　預備姿勢時兩腳的站法

1. 八字形和小八字形

是優秀運動員普遍採用的站法。其優點是既能使小腿較為靠近槓鈴，又能在發力時較充分地用上蹬腿的力量。

2. 兩腳平行的站法

多為歐洲運動員採用，其優點是最接近向上縱跳的開始姿勢，因而能最充分地發揮蹬腿力量。但由於平行站立時對膝部向兩側外展不利，預備姿勢時如果臀位低，小腿傾斜度大，必然要將槓鈴向外擠，移離身體較多。

所以，採用平行站法的運動員多數同時採用高臀位的預備姿勢。如果臀位較低，就要在第一步提鈴時將槓鈴向後拉很多，增大了水平移動的距離。

（二）站 距

預備姿勢時，兩腳間的距離會影響到下肢用力的效果。正常站距為與髖同寬（即兩腳間的距離以腳外緣為準，約同髖寬），窄站距比髖關節窄，而寬站距則是寬於髖關節。測試結果證明：採用正常和較窄站距對提鈴發力有利。假如站距較寬，兩小腿外緣與地面所成的角度不是直角，兩腳蹬地的反作用力就不能垂直向上傳遞，因而會削弱向上提鈴用力。

在做預備姿勢時，兩腳要近站，使兩腿靠近或貼近橫槓，目的是使槓鈴和身體的共同重心線接近支撐面中心。這樣才能支撐得穩固，有利於提鈴用力。

（三）握 法

運動員握桿可採用鎖握、普通握或空握（圖 2-7①②③）。在抓舉、挺舉中一般採用食指和中指壓住拇指的鎖握法。

鎖握時食指和中指能夠扣緊拇指，在上拉時橫槓不容易脫手，能大大增強提鈴的牢固性，並能使兩臂放鬆，從而顯著提高提鈴用力的效果。普通握法（拇指壓在食指和中指上）可用在後蹲、架上挺等輔助動作及力量練習的動作上。而空握法（五指並列握桿）一般只用於力量練習動作上。

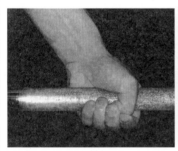 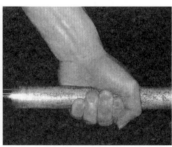 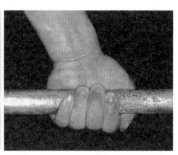

①鎖握　　　　　　②普通握　　　　　　③空握

圖 2-7　握法示意

（四）握 距

握距是指握槓時兩手之間的距離。握距通常有窄握、中握和寬握 3 種。當運動員上體前傾，兩手握槓屈臂拉起至上臂與肩平時，上臂與前臂夾角小於直角時稱窄握（圖 2-8①）；其夾角為直角者為中握（圖 2-8②）；其夾角大於直角者為寬握（圖 2-8③）。在 3 種握距中，普遍採用寬握。

寬握距有以下優點：

第一，增大上體的前傾度，加大上體伸展的幅度，延長力量作用於槓鈴的時間；第二，提鈴伸直身體時能使槓鈴處於較高位置，從而相對降低了上舉槓鈴的高度，體現了用力的經濟性；第三，下蹲中能在較低位置支撐槓鈴。

寬握距的缺點是支撐時阻力臂延長，從而削弱了兩臂的支撐力。

①窄握　　　　　　　　②中握　　　　　　　　③寬握

圖 2-8　握距示意

（五）身體各部位的角度和姿勢

1. 身體的角度

預備姿勢中身體有 3 處的角度是可變的，而且互有影響。這就是髖角、膝角和踝角。據統計，預備姿勢時膝角平均為 70°左右，踝角為 65°左右。髖角如果用上體傾斜與水平面所成的夾角表示，通常為 40°左右。上述角度在不同運動員中差異較大，這與臀位高低、槓鈴桿與小腿距離迫近等有直接關係。例如，臀部抬高時膝角和踝角都隨之顯著增大。

2. 臀位

預備姿勢時運動員的臀部要低於肩而高於膝。臀位分為高、中、低 3 種：高臀位指髖關節顯著高於膝關節，中臀位指髖關節稍高於膝關節，低臀位則指髖關節的高度等於（或低於）膝關節。臀位的高低是由伸膝、伸髖力量的大小和體型特點來決定，伸髖力量強而軀幹又短者採用高臀位有利：

一是提鈴時槓鈴貼身，使槓鈴重心更加接近支撐面中心；

二是使上體前傾角度增大，能充分發揮伸髖肌和軀幹伸肌的力量，並能加快提鈴的速度。

而軀幹長，伸膝力量強者可採用低臀位，由於臀位低，上體前傾角度小，這才縮短阻力臂、減輕腰部的負擔和充分發揮伸膝的力量有利。

膝部的夾角是由臀部位置的高低來決定的。高臀位膝部的夾角在 100°左右，低臀位膝關節的夾角則在 100°以下。

屈膝向腳尖的方向，有利於腰背肌自然收緊，在提鈴時能使內收大腿的肌肉參加工作。另外，還可使槓鈴重心更接近身體重心。預備姿勢時頭部要正直，眼視前下方，小腿緊貼或靠近橫槓。

3. 起舉方式

起舉是預備姿勢的延續，或者是從靜止狀態向提鈴動作的過渡。根據起舉時（即槓鈴離開舉重台之前的短暫時間）身體的狀態和動作，可以分為非運動式（靜止式）起舉、運動式起舉和即刻起舉。其中，運動式起舉又為方由上向下運動、由下

向上運動、多吹運動、微動等多種。優秀運動員中採用非運動式起舉者占較大比例。

二、提 鈴

提鈴的任務是利用伸膝、伸髖的力量給槓鈴一定的初速度，向上運動到適宜的高度，為發力創造最有利的條件。按照肌肉用力順序的先後，可以分成伸膝用力、膝髖並伸、伸髖引膝 3 個緊密聯繫的階段（圖 2-9）。

① ② ③

④ ⑤ ⑥

⑦ ⑧ ⑨

⑩ ⑪ ⑫

圖 2-9　62 公斤級奧運會冠軍石智勇的抓舉技術

（一）伸膝用力階段

預備姿勢做好後，由伸膝帶動下的提臀和升肩使槓鈴離開舉重台並基本沿垂直方向上升到膝部前下面。此階段完全依靠伸膝的力量來完成。動作過程中臀部向上抬起，肩帶向前上方運動，兩臂保持伸直，只起牽拉作用，膝關節角度增大，槓鈴上升距離 15～20 公分（圖 2-9③）。

（二）膝髖並伸階段

槓鈴從膝關節前下方上升到膝關節上方依靠繼續伸膝和開始伸髖的力量來完成。此階段槓鈴上升約 10 公分（圖 2-9④）。

（三）伸髖引膝階段

槓鈴由膝關節上方再上升到大腿上方三分之一處，即發力之前依靠繼續伸髖（向前下送髖）、展體和屈膝（膝部回降）來完成。在此瞬間，膝角由大變小，再度回屈；而髖關節的角度由小變大，使上體伸展（圖 2-9⑤⑥）。

引膝是指伸膝停止，膝角增至最大時，槓鈴桿越過膝蓋，連接不停地利用抬上體，即伸髖力量繼續提鈴，同時膝關節迅速回屈，膝蓋進入槓鈴下的動作。引膝起著承前啟後的重要作用。主要依靠繼續伸髖的力量使上體抬起，到發力時主要以展體為主完成提拉槓鈴的動作，此種提鈴稱為單節奏提鈴，有引膝動作的提鈴方式稱為雙節奏提鈴。

由於引膝和送髖的結果，使槓鈴重心和身體重心更加接近，從而減少了阻力臂。同時，由於膝部的前引和回屈，使本來已無能為力的股四頭肌重新得到了拉長，為小腿伸肌參與發力再次創造了最有利的力學條件。

引膝時腰背必須收緊，兩臂自然伸直牽引槓鈴。引膝階段結束時，槓鈴上升的距離達到大腿上部三分之一處或接近大腿根部（圖 2-9⑥），只有聯貫及時而協調地完成引膝動作，才能積極提高槓鈴向上運動的速度，提高發力時腿部肌肉收縮的效果。

提鈴時，槓鈴離開地面後上升的速度是逐漸增加的。離開地面最初的 2～3 公分速度只有 0.25-0.30 公尺／秒。到伸髖階段結束時（即引膝開始前），提鈴速度平均為 1.2～1.7 公尺／秒。

引膝結束時，要使身體各部分都處於快速用力的狀態，以便為發力創造最佳條件。

三、發　力

發力的任務是在最短的時間內，充分發揮全身最大的肌肉力量，使槓鈴獲得向上運動的最大加速度，以便將槓鈴提拉到下蹲支撐所需的高度和達到必要的上升

速度，從而在慣性的作用下贏得騰空分腿下蹲的時間，為下蹲支撐創造良好的條件。

發力是在提鈴的基礎上引膝動作結束的瞬間進行的。此時槓鈴提拉到大腿上三分之一處或大腿中上部（即抓舉的發力點）。發力的用力特點是在伸膝肌、伸髖肌、肩帶肌群、屈肘肌群和小腿屈足肌群以爆發性的用力收縮做急劇的蹬腿、伸髖、展體、聳肩、提肘和提踵動作的基礎上提槓鈴。發力首先從快速地蹬腿開始，並以此帶動伸髖和展體，從而使槓鈴獲得最大的向上速度，及時地聳肩提肘和提踵加力，使發力強度增大。由於上述連續用力動作使人體各部分強大肌群幾乎同時用力，短時間作用到槓鈴上的力最大，達到提鈴過程中的最大功率。習慣上把這種力叫作「爆發力」。

發力是抓舉技術的關鍵，而蹬腿和伸髖是發力的核心。發力時的提踵，可增大發力強度，提高槓鈴位置和起快速下蹲的過渡作用，這一動作必須十分短促，否則會影響下蹲的速度。

積極聳肩提肘除增強發力的強度之外，更重要的是控制槓鈴貼身運動和對身體起制動作用，使身體在充分伸展後及時轉入下蹲。

發力時必須保持挺胸直腰的姿勢，使伸膝伸髖的力量能直接作用於槓鈴。發力後整個身體完全挺直，上體微微向後仰，因為槓鈴必須透過身體前面向上運動，身體適度後仰既可補償體前的槓鈴重心，又可使整個發力構成強大的向上合力。

發力結束時，上體伸直，髖角最大，約為 190°（圖 2-9⑦）。發力的時間短暫，約為 0.17 秒。槓鈴上升的最大速度表現在發力結束階段，世界一流的優秀運動員可以達到 1.8 公尺／秒～2.2 公尺／秒，個別運動員可能超過 2.4～2.5 公尺／秒[8]112。

發力後由於槓鈴的快速上升，槓鈴借慣性繼續向上運動時，運動員兩腳開始離地並向兩側分開至重新落地這個短暫階段，稱為騰空階段（圖 2-9⑧）。發力後開始騰空但腳尚未離地，這一階段叫作有支撐騰空階段，腳離地這一階段叫作無支撐騰空階段。整個騰空階段的時間約為 0.14 秒。騰空時間短，表明下蹲動作快，對支撐用力更加有利，這是技術熟練、協調性好的表現。

騰空階段肩帶和上臂的力量要繼續積極作用於槓鈴，積極向上提鈴，對槓鈴的作用越有力，就能越快地下蹲。身體向下移動得越快，騰空的時間就越短，兩臂作用到槓鈴上的力量也越大。

四、下蹲支撐與起立

發力後，槓鈴主要靠慣性繼續向上運動，人體進入騰空階段（圖 2-9⑧）。此時，兩腳應立即迅猛地向左右兩側對稱地分開，身體迅速向槓下屈膝下蹲以縮短上舉槓鈴的距離。下蹲過程中，兩臂向上用力時，必須注意使肩帶和上體迅速前移至橫槓下面，並屈膝深蹲使身體重心下降（圖 2-9⑨⑩）。

在下蹲支撐時，兩腳向兩側對稱地分開至約與肩同寬，腳尖向外成倒八字形，同時及時地甩直兩臂在頭頂後側上方鎖肩支撐槓鈴。下蹲結束時，應儘量屈膝深蹲，頭稍抬，眼視前上方。

鎖肩是指當下蹲快結束，兩前臂甩直的一瞬間，兩臂迅速伸直在頭頂後上方並向外翻轉（解剖學叫內旋）甩直，同時使兩個肩胛骨向脊柱收緊。鎖肩可使肩帶和背部肌肉收緊，還可使尺骨鷹嘴進入肱骨的鷹嘴窩，使肘關節更加固定。

由於兩腳從騰空中落地，身體已開始承接支撐槓鈴，所以從承接支撐槓鈴到蹲至最低位置這一過程也叫制動過程。下蹲制動的時間（對地面達到最大壓力的時間）約為 0.3 秒（0.2～0.4 秒）。下蹲一開始是腳尖著地，而後是全腳掌著地。下蹲支撐時人、鈴先後下落，最後合在一起對地面產生很大的衝擊力（據郭廷棟、盧德明等的研究，此力達到人鈴合重的 1.52 倍）。

身體由騰空轉入下蹲後，槓鈴也從最高點開始回降。回降距離因運動員的技術水準、槓鈴重量及身高等不同而有顯著差異。據國內外的研究，抓舉的槓鈴回降距離平均為 14（10～20）公分。一般來說，技術水準越高，槓鈴回降距離越短，提鈴動作也越經濟省力。

世界優秀選手的槓鈴回降距離一般約為 14.9±10.9 公分。提鈴過高不僅是用力不經濟的表現（用合理動作可提起更重槓鈴），而且因槓鈴回降距離大，增大了下砸力，容易導致後續動作失誤。

鎖肩動作完成後，下蹲支撐就結束了（圖 2-9⑪）。這時應藉助下蹲時的反彈力起立。起立時可利用的反彈力來自兩個方面：

第一，人體各環節（特別是膝關節）的反彈力。下蹲時身體各環節被摺疊和被壓縮後的瞬間，隨之而來會產生一種反彈力，能增加起立時的力量。

第二，槓鈴桿的反彈力。在下蹲過程中降至最低位置時，槓鈴桿中間被托住，使槓鈴桿發生一定程度的彈性形變。槓鈴越重，在槓鈴桿應變係數的範圍內槓鈴桿的形變越大。當槓鈴桿在彈性形變的作用下回彈時，就將兩端槓鈴片向上彈起，抓住這一時機就能大為減輕起立時的負擔。

將上述兩股力結合起來，就能大大提高起立時用力的效果。

利用反彈力的技巧應當在槓鈴剛回降，身體還沒有完全蹲低時支撐住槓鈴，然後隨槓鈴一起下降，再隨槓鈴桿一起反彈，順勢起立。也就是說，只有膝關節的反彈動作與槓鈴桿的反彈同步，才能收到最佳效果。

起立時主要以腿力和腰背的支撐力為基礎，伸膝和伸髖動作協調配合。如果過多地伸膝，臀部就會高抬，上體更加前傾，從而使重心前移，槓鈴容易從前面掉下。最好是在起立時既伸膝又伸髖，使身體保持正直的起立。起立時腰背伸肌仍要繼續收緊，肩鎖緊，頭部稍抬，使槓鈴的支撐更加穩固。當起立到兩腿即將伸直時，兩腳可以分別從左右兩側向中間略為收近靠攏，兩腳站在與槓鈴和身體平面相平行的同一橫線上（圖 2-9⑫）。

五、放下槓鈴與呼吸方法

起立後，全身直立，兩臂伸直。裁判員發出放下的信號後，運動員先屈臂將槓鈴逐漸降低到胸前，稍屈膝蹲低，再向下翻腕將槓鈴靠近身體放下。放槓鈴要求平穩輕放，技術規則規定放槓鈴時兩手必須伴隨槓鈴下降，嚴禁隨意扔放槓鈴，否則將判為犯規。

一次抓舉動作的用力時間很短，而且是一氣呵成的，所以是在憋氣的狀態下進行的。在做預備姿勢時，運動員做正常呼吸，隨即憋氣使胸廓固定，然後在憋氣狀態下完成整個抓舉動作，直至起立站直，放下槓鈴後才開始換氣。

‖⊢第三節　挺舉技術分析

挺舉是舉重比賽的第二個競賽動作。其動作結構比抓舉複雜，完成動作的時間比抓舉長，舉起的重量比抓舉大。一個完整的挺舉技術由提鈴至胸和上挺兩部分組成（圖2-10）。

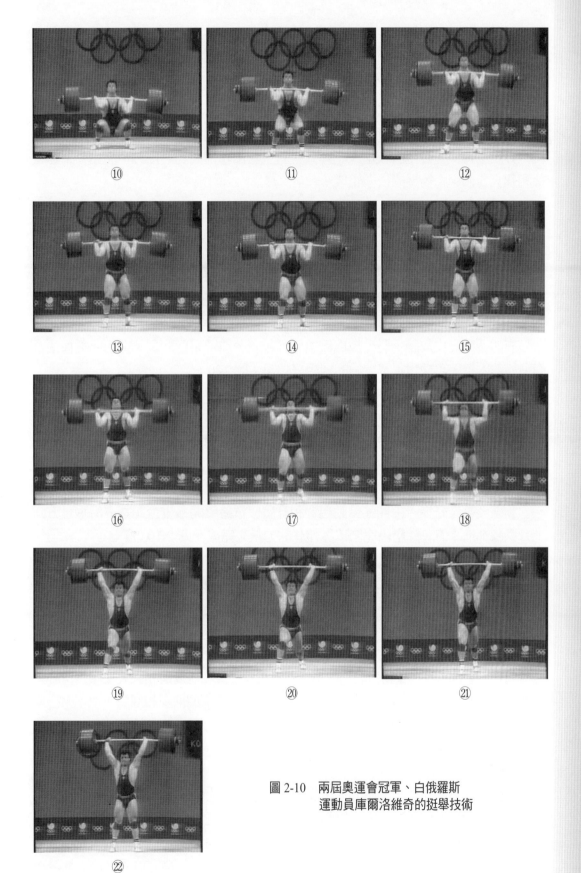

⑩　　　　　　　⑪　　　　　　　⑫

⑬　　　　　　　⑭　　　　　　　⑮

⑯　　　　　　　⑰　　　　　　　⑱

⑲　　　　　　　⑳　　　　　　　㉑

㉒

圖 2-10　兩屆奧運會冠軍、白俄羅斯
　　　　　運動員庫爾洛維奇的挺舉技術

一、提鈴至胸

提鈴至胸是指將槓鈴從舉重台提起（提鈴過程基本同抓舉）並置於胸上的動作。它包括下蹲式提鈴至胸和箭步式提鈴至胸兩種形式。

鑒於目前男女各級別挺舉世界紀錄均由採用下蹲式提鈴至胸的運動員創造，這裏只介紹下蹲式提鈴至胸技術。下蹲式提鈴至胸由預備姿勢、提鈴、發力、下蹲支撐和起立5個緊密銜接的技術組成。

（一）預備姿勢

兩腳站在橫槓下，腿部、上體和頭部的姿勢，以及握槓鈴的方法與抓舉的預備姿勢基本相同，不同的是握距比抓舉窄，提鈴時上體前傾度比抓舉小。挺舉的握距一般採用與肩同寬或比肩稍寬的距離較為合適。這種握距的優點是提鈴時兩臂與地面基本成垂直狀態（從正面看），分力較小，有利於提鈴和支撐。

有的運動員由於腕、肘、肩關節柔韌性較差，前臂相對略長，採用此種握法會有一定的困難，可採用稍寬於肩的握距來彌補（圖 2-10①）。

（二）提　鈴

提鈴的任務是為發力做好準備，用力方法與抓舉相同，按照肌肉用力順序的先後，和抓舉一樣也可分成伸膝用力、膝髖並伸和伸髖引膝3個緊密聯繫的階段。

1. 伸膝用力階段

預備姿勢做好後，由伸膝帶動起臀和升肩使槓鈴離開舉重台並基本沿垂直方向上升到膝部前下方。此階段完全依靠伸膝的力量來完成（圖 2-10②）。

2. 膝髖並伸階段

槓鈴從膝關節前下方上升到膝關節上方，依靠繼續伸膝和開始伸髖的力量來完成。

3. 伸髖引膝階段

槓鈴由膝上再上升至發力前依靠繼續伸髖、展體和屈膝來完成（圖 2-10③）。優秀運動員普遍採用有引膝動作的雙節奏提鈴。由於引膝和送髖的結果，使槓鈴重心和身體重心更加接近，從而減少了阻力臂。同時，由於膝部的前引和回屈，使本來已無能為力的股四頭肌重新得到了拉長，為小腿伸肌參與發力再次創造了有利條件。

（三）發　力

發力的任務是在最短的時間內，充分發揮全身最大的肌肉力量，使槓鈴獲得向上運動的最大加速度，為下蹲支撐創造良好的條件（圖 2-10④-⑥）。

發力是在提鈴的基礎上引膝動作結束的瞬間進行的，此時槓鈴提拉到大腿下三分之一處或大腿中部（即提鈴至胸的發力點，圖 2-10④）。發力首先從快速地蹬腿

開始，並以此帶動伸髖和展體，隨後是起踵和聳肩，並以聳肩帶動提肘繼續提鈴。由於上述連續用力動作使人體各部分強大肌群幾乎同時用力，短時間作用到槓鈴上的力最大，達到提鈴過程中的最大功率。習慣上把這種力叫作「爆發力」。

發力結束時，上體伸直，髖角最大，約為 190°（圖 2-10⑤）。發力的時間短暫，約為 0.12 秒。槓鈴上升的最大速度表現在發力結束階段，世界一流的優秀運動員可以達到 1.8 公尺／秒（輕級別）～2.0 公尺／秒（重級別）。

發力後由於槓鈴的快速上升，槓鈴借慣性繼續向上運動時，運動員兩腳開始離地並向兩側分開至重新落地這個短暫階段，稱為騰空階段（圖 2-10⑥）。發力後開始騰空但腳尚未離地，這一段叫作有支撐騰空階段，腳離地這一段叫作無支撐騰空階段。整個騰空階段的時間約為 0.10 秒。騰空時間短，表明下蹲動作快，前支撐用力更加有利，這是技術熟練、協調性好的表現。

（四）下蹲支撐

發力後，槓鈴主要靠慣性繼續向上運動，人體注入騰空階段。此時，運動員迅速分腿下蹲，兩臂在下蹲開始時以聳肩帶動提肘繼續向上提鈴，當槓鈴達到腰部高度的瞬間積極屈肘，並以橫槓為「軸」兩臂向橫槓下快速朝前轉肘，將槓鈴停放在鎖骨和兩肩三角肌上，重量由三點分擔。兩肘抬高，上臂接近水平位。腰背肌用力收緊，上體挺直，頭部抬起，總重心投影落在踝關節前面，約在腳掌中部（圖 2-10⑦⑧）。

由於兩腳從騰空中落地身體已開始承接槓鈴，所以從承受槓鈴到蹲至最低位置這一過程也叫制動過程。下蹲制動的時間（前地面達到最大壓力的時間）約為 0.3 秒（0.2～0.4 秒）。下蹲一開始是腳尖著地，而後是全腳掌著地。下蹲支撐時，人、鈴先後下落，最後合在一起對地面產生很大的衝擊力（據盧德明等的研究，此力達到人鈴合重的 1.91 倍）。

身體由騰空轉入下蹲後，槓鈴也從最高點開始回降。回降距離因運動員的技術水準、槓鈴重量及身高等不同而有顯著差異。據國內外的研究，提鈴至胸的槓鈴回降距離約為身高的 20%～25%，平均為 34（28～39）公分。

一般來說，技術水準越高，槓鈴回降距離越短，提鈴動作也越經濟省力。世界優秀選手的槓鈴回降距離一般為 20～30 公分。提鈴過高不僅是用力不經濟的表現（用合理動作可提起更重槓鈴），而且因槓鈴回降距離大，增大了下砸力，容易導致後續動作失誤。

（五）起　立

從深蹲持鈴起立到大腿成水平部位時，大腿部位形成的阻力臂最長，是起立中最困難的「極點」。為了突破「極點」，有利於下一步完成動作，應藉助下蹲時的反彈力起立。

起立時可利用的反彈力來自兩個方面：

第一，人體各環節（特別是膝關節）的反彈力。下蹲時身體各環節被摺疊和被壓縮後的瞬間，隨之而來會產生一種反彈力，能增加起立時的力量。

第二，槓鈴桿的反彈力。在下蹲過程中降至最低位置時，槓鈴桿中間被托住，兩端在慣性作用下會繼續下降一小段距離，使槓鈴桿產生彈性形變。槓鈴越重，在槓鈴桿應變係數的範圍內，槓鈴桿的形變越大。當槓鈴桿在彈性形變的作用下回彈時，就將兩端槓鈴片向上彈起，抓住這一時機就能大為減輕起立時的負擔。

將上述兩股力結合起來，就能大大提高起立時用力的效果。

利用反彈力的技巧應當在槓鈴剛回降，身體還沒有完全蹲低時接住槓鈴，然後隨槓鈴一起下降，再隨槓鈴桿一起反彈，順勢起立。也就是說，只有膝關節的反彈動作與槓鈴桿的反彈同步，才能收到最佳效果。單純依靠下肢伸肌的收縮力起立不但起立慢，而且消耗體力大。

起立時主要以強大的腿力和腰背的支撐力為基礎。起立時抬頭挺胸，腰部挺直、收緊，髖關節向前上方移動，膝關節向後上方移動，整個身體起立向上移動（圖 2-10⑨～⑫）。為了固定槓鈴，兩肘高抬。當起立到兩腿即將伸直時，兩腳分別向中間收近，兩手順勢由鎖握法改變為普通握法，左右腳對稱站直成上挺的預備姿勢（圖 2-10⑬）。

二、上 挺

上挺是將置於鎖骨上和兩肩三角肌上緣的槓鈴由預蹲和藉助於上挺發力，使槓鈴舉過頭頂至兩臂伸直支撐的動作。它包括箭步式分腿上挺、半蹲式上挺和下蹲式上挺等。下蹲式上挺技術由於有悖於用力的「經濟性」原理，支撐穩定性差，成功率低，長期採用易導致運動員尾椎病變等，故在此不做介紹。

本教材只介紹箭步式分腿上挺技術，它由預備姿勢、預蹲、發力、箭步分腿支撐與起立、放下槓鈴和呼吸 5 個緊密銜接的階段組成。

（一）預備姿勢

預備姿勢的任務是為預蹲和上挺發力做好準備。人下蹲起立後，首先要調整好呼吸和槓鈴的位置以及兩腳之間的距離，兩腳外側的距離應與臀同寬，兩腳尖微外分呈倒八字，腿伸直，腰背肌收緊，挺胸微收腹，使上體挺直，抬頭收下頜，兩臂放鬆，兩肘抬起與身體垂直軸成 30°～70°角，槓鈴和身體重心垂線應通過髖部落在踝關節前面兩腳的後三分之一處（圖 2-10⑬）。

兩肘抬高的程度應根據個人特點和體重級別確定。肘部高抬對上肢各關節的柔韌性要求較高，可使肩帶三角肌更多地承擔槓鈴的壓力，減輕槓鈴對胸腔和前臂的壓力，同時也有助於減小槓鈴重量相對於髖關節的翻轉力矩。

缺點是對上挺中發揮臂力不利，因為上臂抬至接近水平位，三角肌前部縮短，

不利於三角肌力量的充分發揮。

低肘位有利於上挺的用力，但胸部受壓較大。如果在不高抬時的情況下能夠穩固地承擔槓鈴，則可以把肘位降至上臂與軀幹夾角成 40°～60°，使兩臂在上挺時充分發揮力量。一般來說，輕級別運動員肘抬得高些較為有利；重級別運動員由於胸腔較大，身體廣量大，較易抵抗槓鈴重心在人體重心前面產生的翻轉力矩，故肘部位置可以適當降低。

（二）預蹲

預蹲的任務是為上挺發力創造最佳條件。能否用最大力量進行準確的上挺取決於預蹲動作是否正確。預蹲的主要目的是屈膝下蹲至一定角度，適當拉長腿部伸肌，積蓄彈性能，以便在上挺發力時利用牽張反射的作用，迅猛地收縮肌肉，產生強大的爆發力（圖 2-10⑭）。

預蹲是在上體、頭部及兩臂不改變原有姿勢的瞬間進行的。按用力性質，預蹲分為三小階段：

1. 初步預蹲

指運動員開始屈膝預蹲到槓鈴開始向下運動階段。如果槓鈴重量很重，槓鈴桿在預備姿勢中被兩端的槓鈴片壓彎，身體剛開始向下運動時，槓鈴還保持靜止慣性，而槓鈴桿中部由於失去了向上的托力恢復了原來形狀，然後兩端的槓鈴片才隨著下降。

2. 加速預蹲

指槓鈴開始向下運動至達到預蹲中的最大速度（0.8～1.1 公尺／秒）階段。

3. 預蹲制動

指槓鈴向下運動達到最大速度至膝關節達到預蹲中的最大彎曲程度（最小角度）階段。這時槓鈴向下運動發生制動，即顯著減速至零。預蹲制動階段越短，對支撐面的作用力就越大，轉入上挺發力越快，發揮力量的效果越好。

預蹲是逐漸加速的，大約在向下預蹲至整個距離的三分之二處（假如預蹲為 15 公分，便是預蹲至大約 10 公分處）達到最大速度，然後速度減慢，出現制動，越過最後三分之一的距離速度降至零。所以預蹲是變速運動，即從加速運動到減速運動。

4. 預蹲時要做到直、穩和適中

「直」是指在預蹲過程中，上體保持正直。預蹲直，軀幹固定，才能保證重心穩定，發力集中。

「穩」是指預蹲開始階段向下的速度要逐漸加快，而不要過快或過慢。預蹲的最大速度平均不超過 1.0 公尺／秒。預蹲過快往往會造成預蹲開始時槓鈴離胸，預蹲制動轉入發力時胸部承受壓力驟然增大而引起胸廓變形。預蹲所用時間一般為在初步預蹲和加速預蹲階段為 0.22～0.34 秒，在預蹲制動階段為 0.12～0.15 秒，整個預蹲過程為 0.40～0.48 秒。

「適中」是指預蹲屈膝要適宜，不要太深也不宜太淺。根據槓鈴重量和身高、腿力等，預蹲深度一般為 12～20 公分。預蹲的距離或深度以能快速地制動和有力地蹬腿為前提。預蹲的距離一般不超過身高的 10%（假設運動員身高 180 公分，預蹲時屈膝角為 110°，預蹲深度與身高的百分比為 9%，那麼預蹲深度即為 180×9%=16.2 公分。如果運動員身高 180 公分，預蹲時屈膝角為 100°，預蹲深度與身高的百分比為 10%，那麼預蹲深度即為 180×10%=18 公分）。

對優秀運動員的研究結果證明，預蹲的屈膝角度約為 110°。膝角大表明預蹲淺，距離短；膝角小則表明預蹲深，距離長。預蹲的屈膝角度還與勻槓鈴重量、身高和力量水準有關。

「直」是中心，「穩」和「適中」可使「直」得到保證。預蹲中若能做到這三點，就能為猛而集中的發力創造條件。

（三）發力

發力的任務是在最短的時間內全身爆發出最大的力量，使槓鈴獲得最大的上升速度並上升到必要的高度，為箭步分腿支撐創造條件。

上挺發力是在預蹲制動結束的瞬間，以快速有力的蹬腿帶動伸膝、伸髖、屈踝和伸臂使身體獲得一個足夠的支撐反作用力，透過軀幹和肩臂傳至橫槓，使槓鈴以最大的速度上升至兩臂在頭上伸直的動作過程。

上挺發力的主要力量來自伸膝、伸髖肌群快速有力地收縮，以及由伸膝伸髖帶動下的屈踝（起踵）、夾臀和伸臂（三者都是順勢用力）用力。在整個用力過程中，伸膝是向後上方的，而伸髖和屈踝是向前上方的，只有協調配合才能產生向上的最大力量。

兩臂在開始發力時要適當用力控制好槓鈴，發力結束的瞬間積極向上推槓，這樣既能在發力後加強槓鈴的慣性向上運動和兩臂的積極支撐，又能對人體起制動作用，即時轉入下蹲。

發力時上體應保持垂直，槓鈴位置固定，胸廓形狀不變，只有這樣發力才能由穩固的上體傳導，推動槓鈴向上運動。發力時還要用夾臀帶動兩腿極速蹬地，這樣才能使伸髖與蹬腿兩股力量協調地配合起來，提高和增大上挺效果。

發力要想達到最大效果，不僅要縮短制動的路程和時間，而且要迅速由預蹲中的制動轉換為上挺發力，轉換的速度越快，越能發揮肌肉潛能，垂直向上的反作用力也就越大。

優秀運動員從預蹲制動（預蹲至最低位置）過渡到上挺發力的時間僅為 0.03~0.07 秒，上挺發力後的槓鈴最大上升速度可達到 1.60~2 公尺／秒，發力動作的平均時間約為 0.20 秒（0.19~0.25 秒）。

為了在箭步分腿中固定支撐槓鈴，必須在發力中把槓鈴挺至一定高度。據測定，這一高度約為身高的 16% 左右（輕級別約為 15%，重級別約為 17%）。也就

是說，身高 150 公分的運動員要將槓鈴挺起 24 公分，身高 180 公分的運動員要挺起 30 公分以上才能將槓鈴支撐住。要將槓鈴舉這麼高，僅以 1.60～2 公尺／秒的上挺發力速度是辦不到的，而需要更大的上挺發力速度。

例如，身高 165 公分的運動員上挺發力最大速度達到 1.60 公尺／秒，挺起的高度也只有 16.7 公分。要達到支撐槓鈴所需要的高度（分別為 26 和 31 公分以上），上挺發力的最大速度必須分別達到 2.0 公尺／秒及 2.5 公尺／秒，這就需要分腿下蹲時的補充用力和身體在槓鈴下與槓鈴上升做相反方向的運動（圖 2-10⑮⑯）。

（四）箭步分腿支撐與起立

發力後，兩腿立即採用前後分開的箭步式下蹲，降低身體重心，縮短槓鈴行程，使兩臂在頭上伸直支撐槓鈴，然後收腿起立，兩腳對稱地站穩在一條橫線上，待裁判員發令後再放下槓鈴。箭步式分腿支撐與起立包括 3 個階段，即分腿騰空、箭步式分腿支撐、起立。

1. 分腿騰空

指上挺發力後膝關節伸至最大程度，兩腳離地抬起至重新落地這一階段。此段時間非常短暫，舉極限重量時平均只有 0.08～0.10 秒（圖 2-9⑰⑱）。這一階段的突出特點是兩臂迅速而積極地用力伸展。

身體在上挺發力後還有一定的向上運動慣性，此時槓鈴仍因慣性作用和手臂的用力繼續向上運動，兩臂此時從下向上有力地推動槓鈴，使身體不再向上而轉入向下運動，即轉入箭步分腿下蹲支撐階段。

2. 箭步式分腿支撐

騰空結束時兩腳落地，兩腿在矢狀面上以弓箭步的姿勢前後分開下蹲，兩臂支撐槓鈴並積極鎖緊肩關節。箭步式分腿下蹲應在上挺發力後借槓鈴快速上升的瞬間進行，此時由於開始起踵對支撐面的壓力已極大地減少，是分腿的最好時機。

同時，槓鈴在強大發力的作用下已經直上升，但上升高度由於槓鈴重量大而受到限制，最大高度已能達到額部。因此，即時積極地分腿下蹲和快速完成支撐鎖肩，才能進一步加大槓鈴上升的距離和提高發力效果，順利完成分腿支撐動作（圖 2-10⑲）。

分腿下蹲支撐的主要作用：一是降低上舉高度，鎖短槓鈴行程，減少上舉所做的功，以舉起更大重量；二是增大槓鈴相對於身體的運動速度。

由於上挺時槓鈴向上運動的最大瞬時速度可達 1.60～2 公尺／秒，分腿下蹲時身體向下移動的速度更快，從而使槓鈴相對於身體的運動速度大幅度提高，也就更能贏得時間支撐的槓鈴。

箭步式分腿下蹲時，兩腿前後分開的距離以腳尖為準，前出腿前移一腳掌左右（平均約為身高的 17.5%），以前腳掌著地內側蹬地支撐，腳跟朝外；後出腿後撤

兩腳至兩腳半左右（平均約為身高的 28%），以腳趾撐地。前腿儘量向前彎曲，後腿儘量蹬直蹬緊（實際上膝關節總是有些彎曲的），兩腳尖向內轉，這樣兩腳蹬地的用力方向指向中間，有助於維持身體平衡。箭步分腿後兩腳同時著地，腳尖內轉延中線兩邊撐地（圖 2-11）。

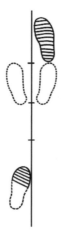

圖 2-11　箭步式分腿示意圖

分腿下蹲時前出腿小腿垂直於地面，膝腳為 90°~110°；後出腿以腳趾撐地，膝腳為 150°~170°（圖 2-12，郭廷棟，1990）。也是專家提出前出腿膝腳應大一些（大 10°左右），即小腿不與地面垂直，而是向運動員方向傾斜，與地面構成角度為 80°左右，能使支撐更穩，平衡更好（圖 2-12①，郭廷棟，1990）。

伊萬諾夫等（1981）的研究認為：分腿支撐的高度大級別與小級別的運動員有較大差異。大級別選手上挺的相對高度高於小級別運動員。大級別選手分腿下蹲較淺，身高下降距離約為身高的 12%；小級別運動員分腿下蹲較深，下蹲距離約為身高的 20%。大級別選手的膝腳大於小級別選手（圖 2-12②）。

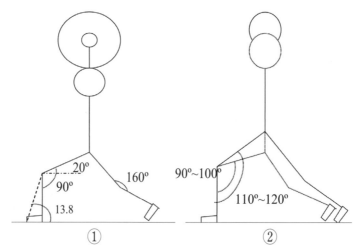

圖 2-12　箭步式分腿下蹲姿勢示意圖

（註：②中的虛線為小級別分腿下蹲姿勢，實為大級別分腿下蹲姿勢）

兩臂在分腿下蹲一開始就向身體後上方伸的同時，頭、肩、軀幹、臀部即時進入槓下。此時，兩上臂分別貼近耳旁，肩胛內收鎖緊兩肩，身體保持正直。從正側面看，兩臂完全伸直，腕、肩與上體同在一條垂直線上，牢固地鎖肩支撐槓鈴。

據盧德明等的研究，優秀運動員上挺發力後分腿下蹲過程中身體重心下降的平均速度為 1.21 公尺／秒，最大為 1.51 公尺／秒。下蹲過程中身體重心下降的加速度達 13.4 公尺／秒^2，超過自由落體下落的加速度 G（9.8 公尺／秒^2）。箭步式分腿時前腿踝關節向前分出的速度平均為 1.80 公尺／秒，後腿踝關節向後分出的速度平均為-2.43 公尺／秒。

3. 起立

由於重量大、重心高，起立時要特別注意支撐牢固和重心平穩。一定要在兩肩鎖牢槓鈴後在收腿起立。收腿時依班先收前腿（腳），然後後腿（腳）跟上，兩腳對稱地站穩在一條橫線上（圖 2-10⑳～㉒）。

頭部在下蹲支撐與起立過程中，應始終保持正直。低頭或抬頭，因姿勢反射的緣故，都會因影響身體姿勢及支撐牢固性而導致重心不穩。

（五）放下槓鈴和呼吸

完成上挺後放下槓鈴的方法是先直臂支撐槓鈴，然後屈膝再伸腿起踵，在起踵的同時屈臂將槓鈴從身體前面放下，當槓鈴接觸胸鎖部位時在屈膝以緩衝槓鈴的壓力，隨後翻腕將槓鈴平穩地放回舉重台上。

挺舉的呼吸方法是：提鈴前做一至兩次深呼吸，而後正常呼吸，提鈴發力和起力過程中憋氣，憋氣時吸氣量在三分之二至四分之三之間，當起立分腿接近伸直時，借調整槓鈴位置的瞬間做短促的呼吸，然後憋氣上挺，直至分腿支撐起立後再自然呼吸。挺舉過程中的憋氣有利於固定胸廓和提高腰背肌的緊張程度並形成穩固的支撐。

思考題

1. 競賽動作的技術原則及其相互關係是什麼？
2. 抓舉技術由哪幾個相互銜接的動作組成？
3. 簡述抓舉發力技術的概念、作用、發力點、用力順序。
4. 抓舉技術由哪幾個相互銜接的動作組成？
5. 抓舉提鈴技術包括哪 3 個階段？
6. 上挺預蹲為什麼要做到直、穩和適中？

第三章　力量訓練理論與方法

內容提要：

　　本章重點闡述力量的定義與分類、力的力學特點、力量發展的敏感期、影響力量提高的因素、肌肉工作的基本形式、力量訓練的要求、力量訓練的方法（最大力量的訓練、速度力量的訓練、力量耐力的訓練）、發展舉重專項力量的技術、發展一般力量的技術、核心力量訓練理論與方法等。掌握上述基本知識、技術、技能對於發展力量和科學地從事舉重運動有重要意義。

　　力量是舉重運動的首要素質，是取得優異成績的重要基礎。舉重離不開力量，力量是舉重運動員體能水準的主要指標之一。舉重運動員必須充分發展並表現出突出的最大力量，才有可能在比賽中奪取優勝。力量對舉重運動員其他素質的發展也起著重要的作用，是掌握技術和提高運動成績的重要基礎。

　　科學訓練不僅能提高力量水準，使肌肉粗壯、神經系統更靈敏，而且能動員更多的肌纖維參與運動，提高動員利用能量的能力。力量訓練對運動損傷和長期訓練造成的局部勞損也有積極作用。

⊪═第一節　力量素質概述

　　瞭解和掌握力量的概念、分類、特點，影響力量提高的因素，力量訓練的要求等內容，對於科學地進行力量訓練有非常重要的意義。

一、力量的定義與分類

舉重離不開力量。力量是舉重運動的首要素質，是取得優異成績的基礎。

（一）力量的定義

　　力量是人體運動技能的一種表現形式，是人體或身體某部分肌肉收縮和舒張時克服阻力的能力。肌肉在工作時克服的阻力包括外部阻力和內部阻力。外部阻力如物體重量、摩擦力以及空氣的阻力等；內部阻力是指肌肉的黏滯性、各肌肉間的對抗力等。

　　力量由三種因素產生，即主動肌的最大收縮力；主動肌和對抗肌、中立肌、支

持肌的協同用力；肌肉的牽拉角度，以及每個槓桿的阻力臂和力臂的相對長度。

力量來源於肌肉。正常成年男子肌肉重量與體重百分比為 43.5%，女子為 35%。男子運動員的肌肉更為發達，可占體重的 45%，而力量性項目優秀男子運動員肌肉比例可達體重的 46%以上。

科學研究已經證明，人體共有 630 塊肌肉，這些肌肉由 1300 萬～3000 萬根肌纖維組成，每根肌纖維可產生 100～200 毫克的力量，假如把全身 630 塊肌肉的肌纖維束成一捆，沿著同一方向用力，那麼可產生 20～30 噸力量[1]。

男子力量可達到以下幾個指標：抓舉 216 公斤，挺舉 266 公斤，深蹲 550 公斤，肩背負重 2840 公斤[2]。

女子抓舉 151 公斤，挺舉 188 公斤。

20 世紀初，比利時姑娘桑德維娜（馬戲團演員）能將重達 600 公斤的加農炮從卡車上扛下來。更有甚者，澳洲的大衛·希尼於 1994 年 3 月 9 日，在雪梨機場徒手拉動一架重達 115 噸的波音 767 飛機，並且拖行了 61.18 公尺，可謂力大驚人。

（二）力量的分類

在體育運動中，根據不同項目對力量素質的要求，以及力量表現的形式，可以將力量分為多種類型。例如，根據肌肉收縮的形式，可以將力量劃分為靜力性力量和動力性力量；根據力量與體重的關係，可以分為絕對力量和相對力量；根據力量表現的形式又可以分為最大力量、速度力量和力量耐力（圖 3-1）。

```
              ┌ 按肌肉收縮的形式劃分 ┌ 靜力性力量
              │                    └ 動力性力量
力            │
量            │ 按力量與體重的關係劃分 ┌ 絕對力量
的    ────────┤                      └ 相對力量
分            │
類            │                      ┌ 最大力量
              └ 按力量表現的形式劃分 ┤ 速度力量
                                     └ 力量耐力
```

圖 3-1　力量的分類

1. 靜力性力量

是指肌肉收縮時產生的力量，可以完成某些靜止不動的用力動作，或在整個動作中肢體不產生明顯位移的力量，又叫等長力量。例如直角支撐、平衡動作等所表現出來的力量就屬於靜力性力量。

2. 動力性力量

是指肌肉收縮或拉長時，使身體或身體某一部分產生位移或推動別的物體產生

---

[1] 實際上，人的肌肉是無法同時向同一方向收縮做功的。

[2] 深蹲和肩背負重成績為 20 世紀 50 年代末，美國著名舉重運動員安德森·保羅所創。

運動的力量，又叫等張力量。

動力性力量實際上又包括絕對力量、相對力量、最大力量、速度力量和力量耐力等，為闡述方便，特分別論述：

（1）**絕對力量**。是指不考慮運動員的體重因素，人體或人體某部分用最大力量所能克服最大阻力的能力。對從事系統訓練的運動員來說，絕對力量的提高與體重的增加可同步進行。絕對力量的發展水準對投擲項目（如鉛球）和按體重分級的舉重與摔跤等重競技項目，在很大程度上起決定性作用。

例如舉重、田徑的投擲項目等，都要求運動員有很高的絕對力量水準，如美國鉛球運動員伍茲（推鉛球成績為 22.20 公尺）的幾項力量指標分別為：臥推 230 公斤，深蹲 300 公斤，高立翻 180 公斤。實踐證明，男子推鉛球成績要突破 20 公尺，臥推力量指標必須達到 200 公斤以上。

（2）**相對力量**。每公斤體重所表現出來的力量稱相對力量，它主要反映運動員的絕對力量與體重之間的關係。衡量指標採用力量體重指數，即用每公斤體重的力量來表示：

$$相對力量 = \frac{絕對力量}{本人體重（kg）}$$

如果絕對力量不變或變化很小，但體重增加，那麼相對力量就會變小，這對於相對力量起較大作用的項目是不利的。運動實踐證明，體操運動員有關肌肉相對力量比例至少要達到 1.0 才可能完成吊環中的十字支撐動作，也就是說，運動員的絕對力量至少要能夠抵消運動員的自身體重。

另據扎圖奧爾斯基（1968）提供的材料，前跳高世界紀錄保持者瓦·布魯梅爾，在所有 20 世紀 60 年代的蘇聯跳高運動員中後蹲的相對力量指數最大，為 2.21（後蹲最大力量為 174 公斤，縱跳 104 公分），而格拉斯科夫和戴克的後蹲相對力量指數僅為 1.83 和 1.73。可見相對力量在許多運動項目中都是決定運動水準的重要指標。表 3-1 是 56、69、85 和 105 公斤以上級舉重世界紀錄創造者的相對力量比較。

表 3-1　四個級別挺舉世界紀錄創造者相對力量比較

序號	體重級別（公斤）	創造者	世界紀錄（公斤）	相對力量水準
1	56	穆特魯（土耳其）	168	3.00
2	69	張國政（中國）	197.5	2.87
3	85	張勇（中國）	218	2.56
3	105 以上	雷扎扎德（伊朗）	263	2.50

從各級別舉重世界紀錄的發展情況來看，隨著體重的增加，相對力量值下降。在舉重項目中，相對力量最大的運動員是 3 屆奧運會冠軍、土耳其人蘇萊曼諾爾古（圖 3-2），1988 年在漢城舉行的第 24 屆奧運會舉重 60 公斤級比賽中，他先後 6 次打破世界紀錄，總成績達到 342.5（152.5＋190）公斤，挺舉的相對力量指數達到每公斤體重 3.17，是世界上舉重運動員中相對力量最大的人。

圖 3-2　相對力量最大的運動員蘇萊曼諾爾古在抓舉比賽中

（3）**最大力量**。是指運動員以最大肌肉力量強力收縮，對抗一種剛好能夠克服的阻力時所發揮的最高力值。力值主要取決於肌肉橫斷面和肌纖維的分配及最強意志緊張的能力，即盡可能多地及時動員肌肉的眾多運動單位參加用力的能力。同時，最大力量的力值還隨工作肌群的關節角度而變化。

最大力量不是固定不變的，而是經常處在動態變化中，這就要求不斷發掘自身能力的極限。最大力量指標可以透過運動員一次所能舉起的最大重量[3]來表示。

（4）**速度力量**。速度力量也叫快速力量，指運動員在特定的負荷條件下所表現出來的最大動作速度。這種動作速度一般是指在最短時間內（通常在 150 毫秒左右）發揮肌肉力量的能力。所以，速度力量的訓練實際上是「動作速度」的訓練。

速度力量最典型的表現形式是爆發力，它是指在盡可能短的時間內，以最大加速度克服一定阻力的能力。爆發力是由最大力量與最大速度相結合組成。其公式為：

$$爆發力 = 力量 \times 速度$$

也可以寫成：$爆發力 = \dfrac{力 \times 距離}{時間}$

爆發力可在上舉物體、空間投擲物體或移動身體時表現出來。它的大小在於力量與速度的正確組合。如跳遠中的起跳力即為短時間與最大力量的組合，從而產生最大的起跳力，使身體在瞬間騰起。也可以用速度力量來表示爆發力：

$$I = F \cdot t$$

式中：I 為速度力量；F 為肌肉收縮力量；t 為肌肉收縮作用時間。

爆發力要求運動的初始速度不能為零，即意味著肌肉已處於收縮狀態。例如，短跑的加速階段，跳高、跳遠的加速階段。在投擲、舉擊、舉重、摔跤等許多項目中，爆發力具有極為重要的作用。另外，起動力和反應力（包括彈跳反應力和擊打

[3] 最大力量與絕對力量的性質有相似之處，這裡只是按照現象分類的方法分別。

反應力）也是速度力量的組成部分。

（5）**力量耐力**。是指運動員在克服一定外部阻力時，能堅持儘可能長的時間或重複儘可能多的次數的能力。

根據不同的分類原則和標準，儘管力量可以分為上述類型，但在運動訓練中最有意義的動力性力量主要是最大力量、速度力量和力量耐力。因此，動力性力量的訓練實際上主要指最大力量、速度力量和力量耐力的訓練。

二、力的力學特點

根據牛頓第二運動定律，力（F）等於質量（m）乘以加速度（a），即 F=ma。由此可見，力量的增加可以由改變質量或加速度兩個因素中的任何一個而獲得。質量或加速度的改變會造成力量的變化，這對力量訓練具有特別重要的意義。力學中常用的兩個公式可以說明這一問題。

公式一：

$$F_{max} = m_{max} \cdot a$$

公式二：

$$F_{max} = m \cdot a_{max}$$

其中：F_{max} 為最大力量；m_{max} 為最大質量；a_{max} 為最大加速度。

在公式一中，可以由最大質量發展力量；在公式二中，可以由最大加速度發展力量。在運動員發力的大小與其發力的速度之間保持著一種負相關；同樣，在運動員發出的力與其發力時持續的時間之間也存在著一種負相關，即一種因素得到加強的同時，另一種因素相應受到削弱。因此，速度和時間都直接影響著力量的效果。

希爾·羅爾斯頓和博姆帕等人（1975）對力量與速度間的負相關研究表明（圖3-3），在運動員最大用力情況下，質量低則加速度高；而質量增加（投擲棒球、推鉛球、舉重）則加速度降低，直至運動完全終止（或超過人的最大力量、質量時的肌肉靜力性收縮）。

力的大小與質量的大小直接相關。這種相關只是在移動物體的質量與所加的力都剛剛開始增加時成直線形並行；隨著質量的繼續增加，所用的力將不會出現同等程度的增加。因此，運動員作用於鉛球的力將大於他在舉起槓鈴時所用的力。

費洛列斯庫等人（1969）指出，如果將一個 7.26 公斤的鉛球推出 18.19 公尺，運動員將付出 5.07 千瓦的力，而如果抓舉舉起 150 公斤的槓鈴，則只需付出 3.16 千瓦的力。

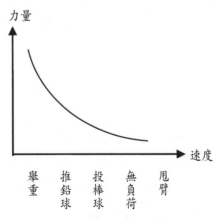

圖 3-3　力量——速度曲線
（博姆帕，1975）

三、力量發展的敏感期

(一)力量發展敏感期的概念

力量發展的敏感期，是指力量素質在兒童少年有機體自然生長發育的基礎上，在某些特定的年齡階段發展較快，呈現出發展的最佳時期。力量發展的敏感期是選材的重要依據。舉重訓練必須及時利用這一時期，充分發展專項需要的力量，為創造優異成績奠定堅實基礎。

兒少力量素質發展的敏感期是：女子 11～15 歲，男子 12～16 歲。其主要依據是：

第一，在兒少自然生長發育的過程中，從 12 歲起肌肉總量急遽增加。例如：女孩肌肉質量增加得特別急遽的時期是 11～13 歲；男孩是 12～14 歲，到 14～15 歲時，其肌肉特性與成年人的差異已經縮小。

兒少時期主要年齡階段肌肉重量與體重百分比分別是：出生時為 16.6%，3 歲時為 21%，6 歲時為 21.7%，8 歲時為 27%，12 歲時為 29%，15 歲時接近 33.3%。成年男子為 43.5%，女子為 35%。

第二，「肌纖維縱向劈裂學說」也為此提供了依據。學者們研究發現，成年動物（包括人）的肌肉細胞已喪失了合成脫氧核糖核酸及再分裂的能力，而年輕動物則保持著這種能力。後者肌肉發達時，肌肉單元數和毛細血管數都有所增加，肌纖維密度明顯增大，這是力量訓練使肌纖維產生「縱向劈裂」引起的[9]。

(二)絕對力量

女子絕對力量的增長可分為以下 4 個階段：10～13 歲，力量增長很快（特別是屈肌），絕對力量可提高 46%；13～15 歲，增長速度下降，只增長 8%；15～16 歲，增長 14%；16～21 歲，增長 6%。

男子絕對力量增快的年齡是性成熟期（12～16 歲），平均增長 57.5%；17～20 歲增長速度下降，為 36.6%；21～22 歲只增長 9.6%；25 歲左右達到成人所能表現的最大力量[10]。

(三)相對力量

男、女相對力量的增長較平緩，如從 12～14 歲，每年只增長 2%～3%。造成這種現象的主要原因，是體重增長較快，在身高增長的最快時期肌肉橫斷面積增加較少，在身高增長速度減慢時肌肉的增加又相應使體重增加。

(四)速度力量

7～14 歲速度力量增長很快，14 歲後男子仍以較快速度增長，而女子增長幅度

相對較小。到 16～17 歲增長速度開始緩慢下來，這種現象與男、女進入青春成熟期內分泌腺開始急遽分泌有關（延烽，1990）。

（五）力量耐力

女子在 7～13 歲前直線上升，13 歲以後開始緩慢發展，14 歲以後甚至出現下降現象，這是因為性成熟期的到來使力量耐力受到較為嚴重的影響。男子 7～17 歲，力量耐力則基本上表現出直線上升趨勢。

四、影響力量提高的因素

（一）神經衝動的強度與頻率

扎圖奧爾斯基（1968）的研究表明，進行大強度力量訓練時，中樞神經系統傳出神經衝動的次數，可以由休息狀態下的每秒 5～6 次，上升到舉起最大重量時的每秒 50 次。

維丹斯基（1885）的研究也令人信服地證明：肌肉收縮的最佳效果，不是由於肌肉，而是由於這種神經衝動的合理頻率的提高，促使運動員情緒高漲（即興奮性提高），從而引起調動肌肉工作能力的較多的腎上腺素、去甲腎上腺素、乙醯膽鹼及其他生理活性物質的釋放，使力量增大（沃羅比耶夫，1967）。

因此，中樞神經系統的機能狀態可以直接影響肌肉力量，並對力量素質的發揮和發展起著頭等重要的作用（多勃雷夫，1983）。如果中樞神經系統傳出的神經衝動強度大、頻率高，則肌肉所產生的力量就大。

（二）血睪酮水準與血皮質醇水準

血睪酮水準與力量素質有直接關係。血睪酮水準高，有利於提高血液蛋白合成及肌肉蛋白合成，以達到提高肌肉力量、訓練水準及競賽成績的目的。

歐陽孝等（1992）的研究證明：一般男子正常睪酮水準在 20.97 納摩〔爾〕／升左右，優秀舉重運動員均在 27.97 納摩〔爾〕／升以上，甚至超過 34.97 納摩〔爾〕／升。如奧運會冠軍曾國強為 35.66 納摩〔爾〕／升，9 次打破世界紀錄的何灼強血睪酮竟為 55.24 納摩〔爾〕／升。

胡賢豪等人（1994）的研究也證明：女子舉重運動員的血睪酮為 2.05 納摩〔爾〕／升，明顯高於一般女性（1.43 納摩〔爾〕／升）。

此外，歐陽孝等（1992）的研究還表明，舉重運動員的血皮質醇水準也較高：安靜休息狀態為 545 納摩〔爾〕／升（n=23），比其他項目運動員平均值高（471 納摩〔爾〕／升）（n=104），比正常人（276±66）納摩〔爾〕／升（n=12）高出 1 倍。這說明血皮質醇水準與力量素質也有重要關係。

（三）肌肉的形態組織結構

1. 肌纖維類型

肌肉力量的大小取決於不同類型肌纖維的百分比。肌纖維類型分為紅肌纖維（慢肌纖維）、白肌纖維（快肌纖維）、中間型肌纖維。快肌纖維的無氧代謝能力比慢肌纖維大得多，因為快肌纖維中 ATP-CP 酶的活性比慢肌纖維大 3 倍，比酵解酶活性大兩倍。

快肌的纖維粗，收縮速度快，達到最大張力的時間只需慢肌纖維的三分之一，其收縮的力量也要比慢肌纖維大得多，所以，快肌纖維最適於做短距離、高強度的運動。慢肌纖維的有氧代謝能力比快肌纖維強。

因為慢肌纖維有氧氧化酶系統活性高，毛細血管的數量、線粒體的大小和體積、肌紅蛋白的含量等均大於快肌纖維，所以，慢肌纖維適合於耐力運動。力量素質主要由快肌纖維決定，快肌纖維百分比高，力量則大。

2. 肌肉的生理橫截面

絕對肌力的大小取決於肌肉的生理橫截面。肌肉的生理橫截面為該肌肉所有肌纖維橫截面的總和。每根肌纖維的橫截面增粗，則肌肉的生理橫截面也相應增粗，收縮力量就隨之增大。國內外有關學者的大量實驗研究證明，力量訓練後肌肉體積增大取決於下列因素：

①每根肌纖維中的肌原纖維數量增加（戈德斯平克，1964）。

②肌纖維中毛細血管的密度增加（福克斯，1976）。

③肌肉中蛋白含量增加（戈登，1967）。

④肌纖維數量增加（埃傑頓，1970）。

所有以上變化的結果，都使肌肉生理橫截面積普遍增大，肌肉橫截面每增加 1 平方公分，可提高力量 6～12 公斤（博姆帕，1975）。

3. 肌纖維的數量與長度

肌纖維數量多，則收縮力量大。關於肌纖維的數量，目前有兩種觀點：

一種認為，人出生後 4～5 個月肌纖維的數量就已確定；

另一種認為，訓練後肌肉肥大，除肌纖維增粗外，還由於肌纖維的縱向分裂作用造成肌纖維數量的增加。

關於肌纖維長度，美國人達登的研究證明：一個人力量的大小，取決於肌肉的體積。肌肉體積的發展潛力，又主要決定於肌肉長度（指肌肉兩頭肌腱之間的長度）。

例如：有兩個人，一個人的肱三頭肌長 20 公分，另一個人長 30 公分，後者長度等於前者的 1.5 倍，後者橫截面的潛力等於前者的 1.5^2=2.25 倍，肌肉力量的潛力等於前者 1.5^3=3.375 倍。訓練前兩人手臂肌肉體積差不多，經過訓練，後者的肌肉體積和力量要大得多。肌肉的長度是遺傳的，不受後天訓練的影響。

（四）肌肉的反應特性

1.肌肉的內協調能力

運動單位是指一個運動神經元同它所支配的一組肌纖維。一個運動單位包括3～100根肌纖維，一塊肌肉最多可包括700個運動單位。

當肌肉工作時，每塊肌肉內所包含的運動單位並非全部參與工作，而是一部分運動單位處於相對休息狀態。

肌肉內協調能力的好壞，取決於能否調動更多的運動單位參加工作。動員參加工作的運動單位數量越多，則力量越大，反之則小。肌肉的內協調能力受中樞神經系統的支配和肌肉內部對中樞神經傳入的衝動所產生的反應強度的應答。

2.肌肉對於神經衝動的反應力

通常訓練刺激引起的肌肉的反應只有肌肉潛力的 30%左右（庫茲涅佐夫，1975）。因此，採用相同的方法或相同的負荷進行訓練，只能使得部分肌肉適應訓練。為了使肌肉提高適應程度或達到最高適應程度，則必須採用更大強度的刺激，因為力量只是在較大肌緊張的情況下才得以發揮的（多勃雷夫，1983），只有最大刺激才能產生最大效果。

可見，系統訓練的要求就是逐步提高神經衝動的同步效應，以及對抗肌配合主動肌完成大強度活動的能力，從而使力量得到提高。

3.營養系統供能狀況

肌肉工作時營養的供應直接影響到肌肉力量的發揮。力量首先與肌肉中儲備的能量物質有關。在肌肉發揮力量的工作過程中，有機體經過腎上腺交感神經系統來實現中樞神經系統的營養影響。而在較長時間的工作過程中，營養系統的工作還依賴於有氧代謝能力。有氧代謝能力強，才能及時排除肌肉工作時產生的代謝產物，使肌肉更好地工作。

（五）發揮肌肉潛力的能力與技術

肌肉潛力是指所有參加運動的肌肉所產生的力量的總和。庫茲涅佐夫（1975）和巴羅加（1978）的研究認為，運動員所能舉起重量的潛力應比目前的舉重成績高2.5～3倍。也就是說，根據這一推測，105公斤以上級舉重運動員應能舉起800公斤的重量（當然遠遠高於目前的世界紀錄）。發揮肌肉潛力的能力，是運動員同時動員眾多肌纖維（包括肌肉中心部位及四周部位肌纖維）參與工作的能力。訓練有素的運動員具有充分發揮肌肉潛力的能力，可發揮出更大的肌肉力量。

如果肌肉具有舉起100公斤的潛力，由於生理上的限制，也只能舉起潛力的30%的重量（巴羅加，1978），即30公斤。因此，從理論上看，具有800公斤潛力的舉重運動員，實際上只能舉起240公斤的重量。

如果利用技術作為媒介，透過一定的專項訓練，提高發揮肌肉潛力的能力，運

動員的成績則有可能提高到最大潛力的 60%～80%。也就是說，105 公斤以上級舉重運動員應能舉起 640 公斤的重量；跳高運動員應能躍過 2.70～2.80 公尺的橫桿。實現這一目標的可能性，取決於能否使儘可能多的肌纖維同時參加運動的能力（庫茲涅佐夫，1975）。

此外，年齡變化、骨槓桿的機械效率、海拔高度、紫外線照射、鉀鈉代謝水準、生物節律、心理因素，以及外界刺激（如溫度、氣味、聲音、光亮等）對肌肉力量發揮均有程度不同的影響。

五、肌肉工作的基本形式

（一）動力性向心克制性工作

肌肉在做向心克制性工作時，其長度逐漸縮短，隨著肢體關節角度的變化，肌肉在縮短過程中張力也發生改變。因此，掌握好發揮最大肌力時的關節角度，可收到事半功倍的訓練效果。克制性工作是力量訓練的主要形式。

（二）動力性離心退讓性工作

離心退讓性工作時，肌肉被拉長，例如負重伸肘關節、負重慢速下蹲等，這時阻力是在運動過程中起作用的力。國內外許多學者的研究認為，肌肉在做離心收縮時可以產生更大的張力。

實驗證明，肌肉做離心收縮時所產生的張力比同一肌肉做向心收縮時所產生的張力大 40%。也有的學者認為，肌肉做離心收縮並不比做向心收縮所獲得的效果大，並很難運用於比賽實踐。儘管看法不一，但離心退讓性力量訓練方法作為力量訓練的一種補充手段仍是極為有益的。

（三）靜力性等長工作

靜力性等長工作是肌肉在對抗固定阻力時的收縮形式。靜力性等長工作時，肌肉張力發生變化，但其長度基本不變，在整個動作過程中肢體不產生明顯位移。

靜力性練習比動力性練習能夠動員更多的肌纖維參與工作，能夠有效地發展最大力量和靜力性耐力。

（四）等動性工作

「等動」就是「恆速」的意思。等動性工作時，在整個關節活動範圍內，肌肉始終以某種張力進行收縮，而收縮速度始終恆定。

由於等動性工作對肌肉長度和張力都有影響，因此，等動力量練習的優點是集等長和等張之所長，避免了兩者之不足，使運動員肌肉在各個關節角度上基本均等，且都有足夠刺激，從而使每個關節角度上的力量都得到提高。肌肉的 4 種收縮

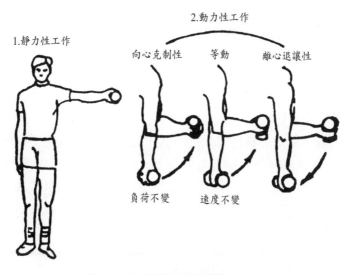

圖 3-2　肌肉的 4 種收縮形式

（依福克斯《實用運動生理》，人民體育出版社，1984）

形式如圖 3-4 所示。

六、力量訓練的要求

（一）要掌握正確的呼吸方法

由於憋氣有利於固定胸廓，提高腰背肌緊張程度，因而可以提高練習時的力量。極限用力往往要在憋氣的情況下才能進行。有人進行背力測定研究發現，憋氣時的背力最大，為 133 公斤；在呼氣時為 129 公斤；而在吸氣時力量最小，為 127公斤。雖然憋氣可提高練習時的力量，但用力憋氣會引起胸廓內壓力提高，使動脈的血液循環受阻，因而導致腦貧血，甚至會發生休克。為避免產生不良後果，力量練習時必須注意以下幾點：

第一，當最大用力的時間很短，但有條件不憋氣時就不要憋氣。尤其在重複做不是用力很大的練習時，應儘量不憋氣。

第二，為避免用憋氣來完成練習，對剛開始訓練的人，所給予的極限和次極限用力的練習量不要太多，並讓其學會在練習過程中完成呼吸。

第三，在完成力量練習前不應做最深的吸氣，因為力量練習時間短暫，吸的氣並不會立即在練習中產生作用。相反，深度吸氣增加了胸廓內的壓力，此時如再憋氣就可能產生不良變化。

第四，由於用狹窄的聲門進行呼氣，幾乎可達到與憋氣類似的同樣大的力量指標，因此做最大用力時，可採用慢呼氣來協助最大用力練習的完成。

（二）要系統安排力量訓練

根據用進廢退原理，力量訓練應全年系統安排。研究表明，力量增長得快，停止訓練後消退得也快；如果停止了力量訓練，已獲得的力量將會按增長速度的三分之一消退（海丁格爾，1961）。

儘管如此，但一部分力量仍會保持很久，甚至會永遠保持下來。根據優秀運動員的訓練經驗，每週進行 1～2 次力量訓練，可保持已獲得的力量。每兩週進行 4～6 次力量訓練，力量可望獲得增長；每週進行 3～4 次力量訓練，力量可獲得顯著增長（萬德光，1988）。力量訓練不宜在疲勞的狀態下進行，否則就不是發展力量，而是發展耐力了。

（三）運用「超負荷訓練」以獲得超量恢復

優秀運動員的力量訓練是建立在「超負荷訓練」的基礎之上的。所謂「超負荷訓練」，就是指要求肌肉完成超出平時的負荷。「超負荷訓練」通常會引起肌肉成分，特別是肌蛋白的分解。「超負荷訓練」會促成超量恢復的產生。

超量恢復是指人體機能能力和能力儲備由負荷後暫時下降和減少的狀態恢復到負荷前水準的過程，在此過程中，能源物質的補償在一段時間內超過原有的水準。在超量恢復的整個過程中，肌肉的成分會重新組合，肌蛋白含量得到提高，從而使肌肉更加粗壯有力。在一定範圍內，運動負荷越大，消耗越劇烈，恢復過程就越長，超量恢復也就越明顯。

正是由於運動訓練能引起超量恢復效應，使得運動員競技能力的提高成為可能並為之奠定了物質基礎，所以運動訓練中的恢復，並不是滿足於回到先前水準的恢復，而是要追求超量恢復。為此，要經常不斷地安排「超負荷訓練」，以引起超量恢復，達到迅速發展力量的目的。

（四）力量訓練手段和專項動作應力求一致

大多數運動項目的動作結構、用力方向、參與肌肉的用力形式及工作方式、關節角度等均不相同，各有其自身特點。因此，發展力量時要努力做到一般力量訓練和專項力量訓練相結合。為此，在安排力量練習時，必須對所從事的專項進行全面深入的分析研究。

例如：透過對專項技術的影片分析，瞭解專項動作結構、關節角度、環節運動的幅度；透過肌電研究瞭解主要肌群的用力特點、工作方式；透過計算瞭解採用什麼負荷最有利於發展專項力量和一般力量。

（五）要針對運動員個人特點進行訓練

由於運動員的年齡、訓練程度、健康狀況、技術和戰術風格、訓練水準、身體

素質等均存在鮮明的個體差異性，因此力量訓練的安排必須根據運動員的個人特點因人而異，區別對待。

另外，青少年時期脊柱正處於生長發育階段，因此，力量訓練必須根據漸進性和適應性原則，進行科學合理的安排，以促進力量水準的迅速提高。

（六）要針對女子生理特點進行訓練

女子肌纖維比男子纖細，肌肉重量約占體重的 35%，而男子大約為 43.5%；女子單位面積肌肉為男子的 96%，但肌肉絕對力量僅為男子的 60%～80%，爆發力為男子的 42%～54%。此外，女子的骨骼也比男子纖細，骨重量為男性的 60%左右，骨骼的抗斷、抗壓和抗彎能力均比男子差。

這些特徵決定了在力量項目上女運動員難與男運動員相比，因此，在力量訓練時應當考慮女子的生理特點，制定切實可行的計畫，特別注重肩帶、上肢、腹部和骨盆等薄弱環節的肌肉力量訓練。

（七）要針對兒少發育特點進行訓練

在兒少時期，速度力量的發展比絕對力量發展快一些，並且早一些。7～13 歲是速度力量發展的敏感期。男孩絕對力量自然增長的敏感期為 12～16 歲，此後，增長速度減慢，到 25 歲左右達到最大力量水準。女孩 11～14 歲，絕對力量增長速度很快，三年中可提高 46%，14～16 歲增長速度下降，16～17 歲回升，17 歲以後再度下降，到 20 歲左右基本達到最大力量水準。

兒童時期骨骼系統中軟組織多，骨組織內的水分和有機物較多，無機鹽少，骨骼彈性好，不易折斷，但堅固性差，易彎曲，因此，兒童時期不宜進行大強度力量訓練。

在這個期間可適當進行發展力量耐力的訓練，透過小負荷，特別是克服自身體重的練習，如做俯地挺身、仰臥起坐、反覆下蹲等練習，使全身肌肉力量得到適當發展，增加肌肉中毛細血管和肌紅蛋白的數量，改進輸氧功能。12 歲以後可逐漸增加力量訓練，並以動力練習為主，少用或不用靜力性練習，特別要儘量避免出現憋氣動作，以免胸內壓的突然變化而影響心臟的正常發育。

兒少力量訓練應循序漸進，系統規劃，注意全面發展和提高相關力量水準。

第二節 力量訓練的方法

根據肌肉收縮形式，力量訓練主要分為動力性力量訓練和靜力性力量訓練兩大類。動力性力量訓練方法主要由強度（負荷重量）、組數、每組重複次數、每組間歇時間等要素組成，這些要素與發展力量的關係如表 3-2 所示，並包括眾多的內容（圖 3-5）。

隨著現代訓練理論的不斷發展，動力性力量訓練已成為競技運動中發展運動員力量最主要和最基本的形式。下面著重從最大力量的訓練、速度力量（快速力量）的訓練和力量耐力的訓練三方面，探討和闡述力量訓練的基本理論和方法。發展各種力量的具體方法如圖 3-6 所示。

表 3-2 強度、組數、次數與發展力量的關係

項目 標準 目的	強度（重量） （%）	組數	每組重複 次數	完成動作 速度	每組間歇時間 （分鐘）
發展最大力量 （絕對力量）	85～100	6～10	1～3	快到適中	3
發展速度力量	70～85	6～8	3～5	極快	3
發展小肌群力量或 增大肌肉體積	60～70	4～8	6～12	適中到慢	3～4
發展力量耐力	60% 以下	2～4	12 次以上	適中	3～4

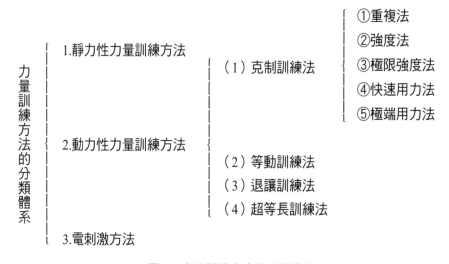

圖 3-5 力量訓練方法的分類體系

一、最大力量的訓練

最大力量是指運動員以最大肌肉力量和意志收縮，對抗一種剛好還能克服的阻力時所發揮的最高力值。這個力值主要取決於肌肉的生理橫截面和及時動員儘可能多的肌纖維參加用力的能力，以及最大意志緊張的能力。同時，最大力量的力值還隨工作肌的關節角度而變化（萬德光，1988）。

最大力量的訓練特點，是所有的或絕大多數的運動單位都參加運動（施羅德，1969）。因此，發展最大力量必須頻繁地採用最大或超最大刺激。發展最大力量的

```
發展力量的具體方法 ┬ 1.發展最大力量（包括絕對力量、 ┬ （1）重複法
                 │    相對力量）的訓練方法      ├ （2）強度法
                 │                           ├ （3）極限強度法
                 │                           ├ （4）退讓訓練法
                 │                           ├ （5）靜力性練習法（大強度）
                 │                           └ （6）電刺激法
                 │
                 ├ 2.發展速度力量 ┬ （1）爆發力的訓練 ┬ ①快速用力法
                 │    的訓練方法  │                └ ②超等長練習法
                 │              │
                 │              ├ （2）起動力的訓練 ┬ ①各種短距離跑的練習
                 │              │                └ ②超等長練習
                 │              │
                 │              └ （3）反應力的訓練 ┬ ①超等長練習法
                 │                               ├ ②退讓練習法
                 │                               └ ③模仿練習法
                 │
                 └ 3.發展力量耐力的訓練方法 ┬ （1）極端用力的方法
                                         ├ （2）等動練習法
                                         └ （3）循環練習法
```

圖 3-6 發展力量的具體方法

（改編自楊世勇等《體能訓練學》，2001）

訓練方法，主要有重複法、強度法、極限強度法、退讓練習法、靜力性練習法、電刺激法和極端用力法[4]等。這些方法不僅能有效地增大肌肉橫截面和發展最大意志緊張的能力，而且也是發展絕對力量、相對力量的主要方法，對速度力量（包括爆發力）和力量耐力的發展也有極為重要的作用。

（一）重複法

重複法也叫持續不斷地重複用力的方法[5]，還稱為大強度重複刺激法，即要求在規定的大強度範圍內，重複次極限緊張直至精疲力竭，也就是每個重量每一組都要做到力竭，甚至還要堅持再做 1～2 次。

---

❹ 極端用力也是發展力量耐力的有效方法。

❺ 保加利亞學者多勃雷夫把這種方法稱為「有效組數練習」。

其負荷特徵（表 3-3）是以 75%～90% 的強度進行練習，每組重複 3～6 次，負重量的大小應隨肌肉力量的增加而逐漸加大。因為訓練時增加試舉重量和重複次數就是力量提高的標誌，所以當運動員能重複更多次數時，便表明力量有了提高，即應增加負荷重量。重複法不僅能加強新陳代謝，活躍營養過程，引起工作肌群增長，並能迅速而有效地提高肌肉力量，而且也能有效地發展爆發力，改進用力技術的協調性，加強支撐運動器官的機能。

重複法在初、中級運動員訓練中運用較多，但在高級運動員訓練階段效果相對減小。因為力量的發展很大程度上是在提高槓鈴重量和克服這種重量的速度的情況下實現的，因此，隨著技術水準的提高，必須結合極限重量進行訓練。

重複法在現代舉重訓練中得到了比較廣泛的運用。例如：中國女子舉重隊奧運會金牌選手楊霞、丁美媛、劉春紅、陳豔青、唐功紅、曹磊、王明娟、周璐璐等，以及前蘇聯 82 次創造世界舉重紀錄者瓦西里‧阿列克謝耶夫和奧運會冠軍裏格爾特（64 次創世界紀錄）、瓦爾達尼揚等經常採用這種訓練方法。他們在平時訓練中雖很少試舉最大重量，但只要完成有效組數的必要的重複次數，就能成功地在比賽中舉起最大重量。

表 3-3 重複法的負荷特徵

負荷強度（%）	組數	每組重複次數	每組間歇（分鐘）
75～90	6～10	3～6	3

（根據多勃雷夫 1983 年教材改編）

（二）強度法

強度法（表 3-4）也叫「最大限度的、短促的用力方法」。其特點是以大的、亞極限和極限重量（即 85%～100% 的強度）進行優勢工作，訓練時逐漸達到用力極限，以後繼續用對體力來說是強的、中上的和中等強度的負荷量，直到對這種刺激產生劣性或接近劣性反應時為止（馬捷耶夫，1959；萬德光，1988）。

強度法能夠發展一次性的最大爆發式用力，符合某些力量性項目最短時間最大用力的要求。它對神經肌肉刺激強烈而集中，有利於提高神經肌肉興奮過程的強度；同時，也刺激和發展了激素的分泌，大量消耗蛋白質和磷酸肌酸，加強蛋白質的合成與分解，促進腎上腺皮質激素的分泌。

強度法重複次數少，刺激強度大，既發展了最大爆發力，又增長了肌肉力量，發展了肌纖維間的協調性，而肌肉體積增加不多。

表 3-4 強度法的負荷特徵

負荷強度（%）	組數	每組重複次數	每組間歇（分鐘）
85～100	6～10	1～3	3

強度法保證了神經肌肉用力的高度集中與絕對肌力的發展，能使運動員在肌肉體積沒有特殊增加的情況下，使相對力量得到顯著提高（楚迪諾夫，1961）。對於需要最大力量的項目的運動員來說，週期性地舉極限和亞極限重量可以有效地促進專項工作能力的提高，這早已為彼得羅夫（1970）、梅得維傑夫（1971）和多勃雷夫（1983）等人的研究所證實。

中國的吳數德、陳偉強、唐寧生、占旭剛、楊霞、丁美媛，前蘇聯的皮薩連科、塔拉年柯，希臘的迪馬斯，哈薩克斯坦的伊林等都採用過強度法進行訓練，並多次打破世界紀錄和奪得奧運會金牌。

運動實踐證明，只要提高強度（尤其是 90%以上的強度），就能提高運動成績。但是，這種方法需要較大的體力和心理準備，並對中樞神經系統有較高要求，長期使用會在運動員心理上引起較大的疲勞。因此，不能僅僅採用這種方法。

（三）極限強度法

極限強度法（表 3-5），又叫「保加利亞法」（萬德光，1988）或「階梯式訓練法」，為保加利亞功勳教練員阿巴傑耶夫所創。他採用這種方法使保加利亞舉重隊於 20 世紀 70 年代崛起於世界舉壇，並在世界錦標賽和奧運會比賽中多次戰勝蘇聯隊，使保加利亞成為世界舉重強國之一。

表 3-5 極限強度法的負荷特徵

負荷強度	90%	95%	97.5%	100%	100%以上
組數	3	2	2	2	1～2
每組次數	3	2	2	1	1
每組間歇	均為 3 分鐘				

（依萬德光，1988）

極限強度法的顯著特點是：非常突出強度，幾乎每週每天每項都要求達到、接近甚至超過本人當天最高水準（即最高強度的集中刺激），然後減 10 公斤做兩組，再減 10 公斤做兩組。即開始遞增重量，直至當天最大重量，再遞減重量。在計畫規定的時間內，要求組數越多越好，組與組之間的間歇以能休息過來為準，整個全年訓練都是這樣安排，不作大的調整和變動。

以抓舉訓練為例，暫定第一階段抓舉強度為 130 公斤，經過若干天訓練後，適應了這個重量，並能成功抓舉兩次，就可以增加新的重量（如 132.5～135 公斤），開始第二階段適應性訓練，這樣不斷增加重量，進行新的適應，使訓練水準一級一級地提高。

阿巴傑耶夫用以下觀點和事實闡明了「極限強度法」的訓練理論。他認為，人體有巨大的潛力和很強的對外界環境適應能力，開始訓練時，對新的刺激不適應，

經過一段訓練就能適應。這時，如果不進行新的刺激、新的適應，機能就得不到新的發展，訓練水準不可能達到新的高度。所以，對舊的刺激適應後，必須給予新的刺激，再求得新的適應。這是符合適應性原則的，也是符合自然界發展規律的。

肌肉細胞學原理也證明了上述訓練理論的科學性。由母體內帶來的細胞核組織，只有不斷地刺激才能發展，否則就會退化。

自然界的一些事例也說明，一種新的環境和條件，人體不但能適應，而且能在這種新的環境、條件下發展自身。從生理生化的角度來看，據測定，在大強度訓練後，血液中新腎上腺素含量可增加兩倍，從而大大提高激素的含量，皮質素的水準也只有在大重量訓練後才會提高。

目前，極限強度法已被舉重發達國家廣泛採用。中國男子舉重隊吳數德、陳偉強、占旭剛、張國政、石智勇、呂小軍，土耳其的蘇萊曼諾爾古、穆特魯等著名選手，都曾採用極限強度法進行訓練，並打破世界紀錄和奪取奧運會冠軍。極限強度法對發展最大力量雖然極為有效，但是它對運動員的中樞神經系統、營養的補充、恢復措施與醫務監督等均有很高要求。

據阿巴傑耶夫、弗爾納傑夫（保加利亞，1982）、沃羅比耶夫（蘇聯，1977）和郭廷棟（1990）等人的觀點，「在激烈緊張的訓練中，激素系統起巨大的作用，但長期提高激素系統的活動（超過 7～8 週）能導致其衰竭，甚至引起某些疾病」[8]294。因此，此法不宜長期使用，應結合其他訓練方法，並注意訓練節奏和訓練週期。

（四）退讓練習法

退讓練習法又稱離心收縮（Ecentric Contractions）法。它與克制性訓練方法正好相反，不是肌肉在拉長時收縮，而是在收縮的同時或收縮後被更大的外力拉長。

負重力量訓練一般都包含有退讓性用力，例如抓舉、挺舉、推舉、深蹲等許多動作重複多次的用力練習，特別是在退讓性的慢放槓鈴時，兩臂屈肌、腹背伸肌、伸膝肌等在某種程度上都要進行退讓性工作。

希爾等（1951）提出退讓性練習的理論依據是：肌肉不僅在收縮時能把化學能轉化為功，而且在外力拉長肌肉做功時，肌肉也能反過來把功變為化學能。因此，退讓性用力，除了即時效應（例如制動）外，還能產生積蓄效應（例如藉助反彈力從深蹲中起立或上挺）。

伊萬諾夫經過 3 個月的試驗研究證明，後蹲成績的最高增長率（平均增長 15公斤）是用退讓練習取得的，而最低的增長率（9.2 公斤）是靠靜力練習取得的。背部力量的最高增長率（32.2 公斤）是用靜力練習取得的。雙腿原地跳高的增長率（17 公分）是用克制性工作取得的。用肌肉工作的其他練習方法原地跳高則成績減少：用退讓練習的方法減少 1.5 公分；用靜力練習的方法減少 5.4 公分。可見退讓練習對發展腿部力量效果顯著。

退讓練習法的作用主要表現在以下兩方面：

第一，退讓性練習能比動力性練習對抗更大的阻力，能用超出克制性收縮的強度進行練習，因而能給予神經肌肉系統更強的刺激，取得提高力量的效果。例如：運動員深蹲最高成績是 200 公斤，如採用超過 200 公斤的重量便無法練習深蹲了，然而他卻可以負重 220～230 公斤的槓鈴，從直立姿勢下蹲（運動員用最大力量抵抗下蹲）。退讓性練習法的特點是強調慢放槓鈴。學者們研究發現，退讓性工作時，肌肉的最大張力可比克制性和靜力性練習的最大張力大 20%～60%（貝思認為，用退讓性工作所取得的緊張可以超過靜力性練習極限緊張的 1.2～1.6 倍），從而使肌肉用力達到更大的緊張程度。

第二，退讓性練習與克制性工作是密切結合的，在許多情況下為主動用力（克制性收縮）創造了有利的生物力學條件。例如：用抓舉、挺舉發展力量時，發力前的引膝、上挺前的預蹲等，都是退讓性用力的典形體現。這種退讓性力量的提高，會大大提高主動用力的效果。

退讓性練習的強度一般以 140%～190%（謝苗諾夫等，1964）或 120%～190%（伊萬諾夫，1966）為宜。另外，從 0.4～1.1 公尺的高處下跳（跳深），也能很好地發展腿部力量。目前，在運動訓練中有意識地安排退讓練習者還很少。

鑒於退讓練習對發展力量具有積極作用，故在力量訓練中應作適當安排。安排時應注意以下幾點：

①退讓練習應與克制性練習相結合。

②可採用特殊裝置進行練習。

③可採用與克制性練習相同的項目進行練習，強度可採用 80%～120%的重量。如果用跳深發展腿部力量，則可負小重量進行。

④根據威爾霍尚斯基（1977）的觀點，退讓性工作的優勢只有在用大重量做慢速動作時才能顯現出來。所以在訓練中必須努力將槓鈴慢放。慢放槓鈴，特別是在最大重量的情況下不僅有助於增加力量，而且有助於培養意志。

⑤由於退讓練習強度大，訓練時還應注意很好地放鬆。

（五）靜力性練習法

靜力性力量練習是肌肉在緊張用力時其長度不發生變化的力量練習，所以靜力練習又稱為等長收縮。其實，純粹的「等長收縮」是不存在的。對此問題李岳生（1981）曾做過這樣的敘述：「生物學家利用現代物理技術，對肌肉組織超微結構進行的研究表明，肌肉在靜力收縮時長度的改變，是由於肌原纖維中可收縮原件（原絲）縮短的結果，因而在肌纖維總長度不變時，可收縮原件依然處於收縮狀態。這是因為肌纖維本身除了可收縮原件外，還包含有『串聯彈性原件』，在可收縮原件縮短時，串聯彈性原件便伸長。」[11]。

這表明，靜力練習時，肌肉組織內微觀結構還是要發生變化的，這有助於我們

認識靜力練習的實質及對增長力量的作用。

　　靜力性力量訓練不僅對提高最大力量作用較大，它還可以發展靜力性力量和靜力性耐力，如舉重的支撐動作。生物學研究證實，靜態力量是動態力量（包括快速力量）的基礎。靜力性練習正是發展靜態力量的有效手段之一。

　　靜力性練習之所以能有效地發展肌肉力量，是因為進行靜力性練習時，肌肉長度基本不變，肌肉收縮所產生的能量基本上表現為肌肉張力增大。由於完成最大緊張度的靜力練習時肌肉強直收縮，即運動單位工作同步化，因而能培養和發展極大的張力。由於靜力性練習的特點是工作時處於無氧條件下，這就導致能量儲備的迅速耗盡，從而迅速出現疲勞。

　　靜力性力量訓練，一般採用較大重量的負荷，以遞增重量的方法進行練習。靜力性練習除可用於發展最大肌肉力量外，主要用於加強某些薄弱肌肉群的力量，也可用於技術訓練。例如：舉重挺舉中的預蹲，體操中的倒立、十字支撐，射擊中的持槍射擊等。靜力練習還特別適用於傷後恢復階段的訓練。

　　運動實踐證明，靜力性練習時，肌肉活動的條件與動力性練習時迥然不同，因而兩者所訓練的力量不完全一樣。由於各種運動項目的絕大多數動作都要求快反應、高速度、爆發式地完成，以及高度的靈活性和機動性，所以，過多地使用靜力練習法，會妨礙動作速度和協調性的發展。使用靜力性練習法的目的，只是為了克服某些肌群力量發展中的不足和適應某些靜止用力動作的需要。

　　靜力性力量練習時應注意以下幾點：第一，練習時要與動力性練習相結合；第二，練習時應與技術動作相一致；第三，關於呼吸，可在練習前做一次深吸氣，堅持數秒後慢慢呼出。也可先吸半口氣進行極限用力，然後在短促呼吸與短促憋氣相交替中完成練習。

　　靜力性力量訓練的負荷特徵如表 3-6 所示。

表 3-6 靜力性力量訓練的負荷特徵

負荷強度（%）	50 以下	50～70	70～90	90 以上
組數	2～4	2～4	4～6	3～5
每組持續時間（秒）	20 以上	12～20	8～12	3～6
組間間歇（分鐘）	3～4	3	3	3～4
練習目的	發展力量耐力	發展力量耐力	發展最大力量	發展最大力量

（六）電刺激法

　　電刺激（Electromotor Stimulation，簡稱 EMS 技術）是一種可以引起肌肉產生收縮的技術。它使大腦發出的中樞神經衝動被一種迫使肌肉收縮的電刺激所取代。

近年來，用電刺激法發展肌肉力量受到人們的重視。鮑爾霍夫斯基（1981）在舉重運動員身上進行電刺激的實驗表明，運用電刺激法 10 天，使股四頭肌力量由 308 公斤提高到 375 公斤，增長率達 21.75%。肱三頭肌在經過 7～10 次電刺激後，力量增加 23.8%，圍度增加 15.7%。與此同時，採用其他方法而不是進行電刺激的肱三頭肌圍度增加了 5.1%，力量只增加 8.7%。

電刺激法由科茲於 1969 年發明。電刺激引起的肌肉收縮，本質上與訓練時的肌肉收縮是相同的，即消耗能量並產生代謝產物，引起相同的內環境改變，獲得的力量一樣。一定強度的電刺激獲得的力量也能促進運動成績的提高。

電刺激分為兩種方法：

①直接刺激法。將兩個電極固定在肌肉末端，頻率為 2500 赫茲時，收縮最為強烈。

②間接刺激法。使用電脈衝電流儀，由兩個趨膚電極傳輸到肌肉，不同的電極可以放置在與其有關的運動神經部位，頻率為 1000 赫茲時肌肉收縮最為理想。

另據郭慶芳等人的介紹，運用電刺激法時，可用電極針紮在肌腹兩端，進針深度一般為 3 公分，刺激頻率為 100 次／秒，每次時限 0.1 毫秒，刺激 5～7 秒，間隔 3～5 秒，共 15 分鐘，隔日 1 次。此外，郭慶芳等人（1978）的實驗還發現：在訓練課後進行電刺激，比非訓練日電刺激有效得多。國外專家還建議，用專門電刺激器，因人而異選擇電流強度，連續刺激 10 秒，每塊肌肉休息間隔 50 秒，每次訓練刺激 10 次。

國內外學者的研究都發現，用電刺激方法獲得的肌肉力量，在停止電刺激後會很快消退。郭慶芳等認為，力量消退的速度與獲得這些力量的速度相同。國外學者認為，電刺激後肌力能保持 15 天，以後下降，但經過 3 個月仍然超過電刺激以前的水準。這與國內外有關專家對力量訓練的生物學規律研究所得出的結論相一致，即很快獲得的力量，在停止訓練後消失得也快；逐漸獲得的力量，保持的時間也長。

電刺激發展力量的方法可以作為力量訓練的一種輔助手段，可應用於因創傷而不能正常訓練，又特別需要保持競技狀態的運動員。

二、速度力量（快速力量）的訓練

速度力量（或稱快速力量）是速度與力量的綜合表現，它的提高受速度素質和力量素質的牽制。因此，力量和速度決定快速能力的發展（庫茲涅佐夫，1970；多勃雷夫，1983）。

生理學研究證明，肌肉收縮時縮短的程度與速度和負荷有關，負荷較大，則肌肉縮短較少，而且速度較慢；當負荷為零時速度最大；當負荷達到肌肉剛剛不能承擔時，速度變成零，從而產生最大等長收縮的張力。因此，只有使速度和最大力量兩方面都得到提高，才能在各種外部負荷的情況下使動作速度得到提高。訓練實踐證明，要提高速度是比較困難的，而提高力量卻比較容易。

例如：近 40 年來，舉重各級別的世界紀錄提高了 20%～30%，而反映速度項目的 100 公尺短跑的提高幅度卻未超過 4%。因此，廣泛採用發展力量的練習，是提高速度力量的主要途徑。

速度力量的決定因素是肌肉收縮速度。許多運動項目都是在快速節奏或爆發用力的情況下完成的。器械的出手速度、投擲時的鞭打速度、各種情況下的起動速度，以及體操的團身、轉體速度等，都是速度力量的突出表現。速度力量的典型表現形式主要有爆發力、起動力、反應力等。

（一）典型速度力量的訓練

1. 爆發力的訓練

爆發力是指以最短的時間（150 毫秒以內）、最大的加速度克服一定阻力的能力。爆發力的大小是由參與活動的所有肌肉群的協同用力來決定的，它是速度力量項目運動水準的決定因素。爆發力的提高也同樣有賴於最大力量水準的發展。如果最大力量發展不夠，爆發力則不能達到很高水準，所以，發展最大力量的訓練方法同樣也適合於發展爆發力。

施羅德認為，爆發力訓練的主要特點，是用於訓練中的主要刺激，與完成動作的類型及發力的大小密切相關。

例如：疾跑時運動員腿部力量的衝力可達到其自身體重的 3.5 倍，而投擲標槍時，其腿部力量相對小得多（伊萬諾娃和韋斯，1969）。因此，爆發力訓練的主要刺激是加速度。

在非週期性運動項目，如跳遠、投擲特別是舉重中，爆發力是取得優異成績的決定因素，而在週期性項目中（如短跑項目），爆發力則是被反覆而快速地運用。因此，應根據不同項目特點發展爆發力。

發展爆發力的方法主要有快速用力法和超等長性練習法等。

（1）快速用力法：

快速用力法的練習特徵（表 3-7）是以最快的收縮速度克服一定的器械重量，以發展運動員爆發力。它包括以下兩種訓練形式：

表 3-7 快速用力法的練習特徵

負荷強度（%）	70～85	30～60
組數	4～6	3～6
每組次數	4～6	5～10
動作速度	爆發式	爆發式
每組間歇（分鐘）	3～4	3～4

（根據楊世勇《體能訓練學》等資料改編）

①中等強度快速用力法。其特點是用 70%～85%的強度，用最大速度練習 4～6 組，每組重複 3～6 次。這種方法對提高肌肉力量的爆發性發揮極為有效，特別是採用抓舉、挺舉等形式（或高抓、高翻挺）發展爆發力時更是如此。田徑運動中的投擲和跳躍、體操、擊劍、跳水，以及任何有起跳動作的非週期性運動（如排球）項目，爆發力的大小都直接影響著運動成績。因此，可採用這種方法發展爆發力。另外，也可安排負荷較小但快速完成的練習（如實心球練習等）。

舉重訓練中往往採用 70%～85%的強度，以抓舉、挺舉（或高抓、高翻挺）等技術發展快速力量。

②小強度快速用力法。其特點是採用 30%～60%的強度，練習 3～6 組，每組 5～10 次，進行專門發展練習，並使練習的結構和肌肉工作方式儘量接近比賽動作。快速用力法的原理，在於速度的增長就是力量增長的標誌。快速用力法有利於培養運動員的速度意識及快速運動反射的傳播。

（2）超等長練習法：

超等長練習法也叫超長訓練法。它實際上是一種把退讓練習和克制練習結合在一起的訓練方法。超等長練習時，肌肉先做退讓工作，並且被極度拉長，然後再儘快轉入克制工作。

這種練習的目的，在於使純力量轉變成爆發力。其生理機制是牽張反射，即肌肉在退讓工作時，被拉長得超過自然長度，於是引起牽張反射，從而能夠產生一種更強有力的克制性收縮，以有效地發展爆發力。

超等長練習發展爆發力的方法和練習內容主要有：跳深練習和各種跳躍練習，如用最大速度進行原地縱跳、蛙跳、連續跳台階、跳欄架、多級跳、跳上、跳下、跳箱等練習。超等長練習的內容、組數和次數，可根據訓練要求和運動員個人的具體情況選定。

2. 起動力的訓練

在最短時間內（通常不到 150 毫秒）最快地發揮下肢的肌肉力量，稱之為起動力。運動實踐證明：最大力量水準是起動力的基本成分，許多力量型運動員（如舉重、投擲運動員），儘管其體重超過 100 公斤，也未從事過專門的短跑訓練，但他們的起動速度都非常出色。

發展起動力的方法很多，以下幾種練習對發展起動力具有積極作用。

（1）利用地形地物的各種短跑練習，如沙地跑、上（下）坡跑、跑階梯等。

（2）利用器械、儀器的各種跑的練習，如穿加重背心的起跑加速、加速跑突然改變動作方向跑、計時短跑、繫鉛腰帶的加速跑、負輕槓鈴短跑等。

（3）利用同伴的各種加阻力（助力）的加速跑、牽引跑、聽信號改變起跑的準備姿勢跑等。

此外，發展彈跳反應力的超等長練習法，如跳深和各種跳躍練習，也是發展起動力的有效手段。

3.反應力的訓練

反應力是指運動著的人體迅速制動，並以很高的加速度朝相反的方向運動的能力。當人體運動時，肌肉鏈制動著人體運動速度，引起牽張反射。在制動的離心階段，活動的肌肉被拉長；在加速的向心階段，肌肉迅速收縮、縮短。所以，反應收縮形式是一種高度活動的肌肉拉長——收縮週期形式（比勒，1986）。

反應力主要有兩種：一種是以跳躍為主的彈跳反應力；一種是以擊打、鞭打、踢踹為主的擊打反應力。這兩種收縮形式的差別在於不同的刺激關係。以跳深為典型的反應形式中，肌肉拉長是因為制動向下運動的身體受重力作用被迫進行的，人們習慣稱之為超等長練習；相反，以擊打為典型的反應形式中，肌肉拉長是因為對抗肌用力而引起的，這種被拉長的肌肉並不是積極的。因此，拉長——收縮週期較跳深時慢得多（萬德光，1988）。

（1）彈跳反應力的訓練

發展彈跳反應力的方法也主要採用超等長訓練法，訓練內容主要有以下三方面：

①跳深練習。下落高度 50～110 公分。如採用較低高度，有利於發展最大速度；採用較高高度，可發展最大力量。要求跳下後立即向上跳起，儘量跳高。這種練習每週可安排兩次，每次 4 組。

②負重半蹲練習。採用頸後深蹲最大負荷的 90%～130%的強度做負重半蹲練習，每週安排兩次，每次 4～6 組，每組 3～5 次。也可採用負重半蹲起踵或負重半蹲跳來發展彈跳反應力。

③各種跳躍練習。用最大速度做原地多次縱跳、跨步跳、多級跳、負重連續跳、單足跳、多級蛙跳、連續跳過低欄架、連續跳台階、跳上跳下等。優秀運動員還往往把短跳練習和長跳練習結合起來進行訓練。另外，美國籃球運動員多採用手持輕啞鈴蹲跳起、肩負槓鈴（22.5 公斤）蹲跳起、負重（45 公斤，要求快速）分腿跳、負重提踵（70 公斤）等練習來發展彈跳反應力。

（2）擊打反應力的訓練

許多競技運動項目都有擊打、鞭打、踢踹、出手等動作。發展擊打反應力，特別是發展對抗肌的力量能力是這些運動項目訓練的重要任務。在優秀運動員中發展擊打反應力，主要有以下幾種訓練方法：

①退讓性練習法（即離心收縮，發展對抗肌力量）：

●臥推。負荷 110%～150%，即超過自己最大負荷 10%～50%，加助力推起，加保護慢放下。

●深蹲。方法同上。

●仰臥直臂下壓。兩手持啞鈴，直臂下壓時快，直臂後擺時慢。

②模仿性練習法（發展對抗肌和擊打速度等）。如利用滑輪拉力器、橡皮筋、石塊、短棒等模仿擊打、投擲、踢和踹等動作，用輕槓鈴快速平推以發展出手的速

度力量等。練習時應注意動作完成的幅度、完成動作前的拉長動作，以及具有足夠引起鞭打性的肌肉緊張。開始位置（關節角度）必須和比賽動作的開始位置一致，根據所選負荷和運動員的訓練狀態，此練習每組不得超過 5～8 次。

（二）速度力量訓練的基本要求

第一，速度力量的提高不僅取決於肌肉收縮的速度，而且也有賴於最大力量的發展。因此，在發展速度力量時，要盡最大可能提高肌肉的最大力量。

第二，要在已經獲得力量的基礎上，在快速完成動作的過程中，培養表現這種力量的能力。這種能力的培養，首先要掌握完整的技術動作，反覆練習到較熟練的程度，並以輕負荷開始逐漸過渡到重負荷。在做不同重量的負荷練習時應有速度要求，動作幅度應盡可能達到最大，使之產生最大用力感和最大速度感。在不同結構動作的組合練習中，要強調銜接的協調、自然。

第三，速度力量練習應與單純發展力量的練習相結合。運動實踐中，速度力量一般表現在具有一定負荷的練習中。不負荷或負荷很小的快速動作練習，對神經肌肉系統的作用極其短暫，其訓練效果不能適應運動實踐中速度力量的要求。在單純發展力量的練習中，由於負荷較重，動作速度會暫時下降，這種暫時下降只有在負荷停止或大量減輕負荷 2～6 週後才會恢復。因此，在動作速度暫時下降時期，應採用一些非極限負荷或無負荷的速度練習，使速度和力量練習結合起來。

第四，對於速度力量的訓練，負荷重量要適宜。速度力量訓練的最終目的是培養運動員快速完成動作的能力，由於有些速度力量性項目的負荷並不太重（例如男子鉛球 7.26 公斤，女子鉛球 4 公斤等），因此，以負重訓練發展速度力量時，要採用適宜的負荷重量，照顧發展力量和速度的需要，以適應專項要求。

第五，學習動作時，對動作的速度要求應嚴格區別對待。對不能完成動作速度要求的運動員，要逐漸把他們的注意力從對動作的空間特徵的注意，轉移到對動作的時間特徵的注意上來。對難以掌握的、複雜的、速度要求高的動作，要嚴格按照循序漸進的原則進行。因為動作的空間特徵是時間特徵的基礎，只有完成正確的動作，才能要求提高動作的速度。

三、力量耐力的訓練

力量耐力是力量和耐力的綜合素質，它是在靜力性或動力性工作中長時間保持肌肉工作能力，而不降低其工作效果的能力。根據肌肉工作方式，力量耐力分為動力性力量耐力和靜力性力量耐力。動力性力量耐力又可細分為最大力量耐力（重複發揮最大力量的能力）和快速力量耐力（重複發揮快速力量的能力）兩種；靜力性力量耐力又可細分為最大靜力性力量耐力和接近最大靜力性力量耐力。

具有靜力性力量耐力性質的運動項目很多，典型的有射擊、射箭、速滑中的上體姿勢、舉重的支撐、吊環的十字支撐等項目和動作。要求動力性力量耐力的運動

項目多數集中在田徑、球類、游泳和體操等項目中。

從肌肉物質交換的關係來看，在靜力性力量耐力練習時，肌肉緊張逐漸下降，從而限制了有氧物質和酶作用的供應，肌肉高度緊張時，還會中斷這種供應。在動力性力量耐力練習時，肌肉有節律地交替緊張和放鬆，短時間隨血流流通供應有氧物質，有利於加快消除疲勞的過程。

根據肌肉物質交換的關係，如要發展一般力量耐力，可採用極限用力的極端數量練習法、等動練習法、循環訓練法和負荷強度較低的靜力性練習法（靜力性練習法詳見最大力量訓練部分）。

（一）極端用力法

這種方法要求訓練時做極限數量的重複，即每組試舉允許重複 10～12 次這一最大值，直到完全不能作為止。即：使參加訓練的肌肉再也不能收縮，肌肉越來越疲勞，需要從大腦皮質發出補充的神經衝動去激發新的運動單位，才能把每塊肌肉充分地調動起來，並去激發新的肌群──即興奮過程的擴散（約爾丹諾夫，1961）。

保加利亞多勃雷夫（1983）認為：「這種訓練方法對舉重運動員的身體起著最為深刻和全面的結構性以及機能性的影響，而對運動系統和心血管系統則產生更為強烈的影響，這種方法對力量和耐力的發展產生良好影響，並成為大幅度地提高運動成績的基礎。」[12]

運動實踐已經充分證明，這種方法不僅能極為有效地發展力量耐力，而且也是發展最大力量、培養意志和心理穩定性的有效方法。

極端用力方法的負荷特徵如表 3-8 所示。

表 3-8　極端用力方法的負荷特徵

負荷強度（%）	組數	每組次數	每組間歇（分鐘）
50～75	3～5	10～12	3～5

（根據多勃雷夫 1983 年教材改編）

（二）等動訓練法

等動訓練法即等動力練習法，它是利用一種專門器械（等動練習器）進行力量訓練的方法。等動練習器的基本結構是在一個離心制動器上連結一條尼龍繩，拉動尼龍繩時的力量越大，由於離心制動作用，器械所產生的阻力也就越大。所以，器械所產生的阻力總是和用力大小相關。

等動練習從肌肉用力形式來看，似乎屬於克制性工作，但實際上它與純粹的克制性工作有較大的區別。因為克制性工作時，肌肉在縮短過程中張力要發生改變，而等動練習時，肌肉一直以某種張力進行收縮，並且收縮速度始終恆定。因此，不

能簡單地將等動練習看作是克制性工作。

　　肌肉用力大小與骨槓桿位置有著密切關係，即要受到肌肉群的牽拉角度及每個槓桿的阻力臂與力臂的相對長度的影響。因此，當人體任何一個環節活動時，在它的整個活動範圍內，肌肉所表現的力量並不是均勻一致的。當我們做彎舉時，總會明顯地感覺到肘關節處於 90°角左右時最吃力（阻力臂最大），因此，在一般的動力性訓練中，由於外加阻力是固定的，所以肌肉在屈肘關節的整個活動範圍內，負擔是不一樣的，開始較小，90°角左右負擔量最大，然後又逐漸減小，這樣，當肘關節處於不同角度時，屈肘肌群所受到的刺激作用也就不一樣。

　　用等動練習器進行訓練，當骨槓桿處於有利位置時，如肌肉使勁，則用力比較大，器械產生的阻力也大；當骨槓桿處於不利位置時，力量小，器械產生的阻力也就小。這樣，實際上就等於在肘關節的整個活動範圍內，給予了屈肘肌群以不同的負荷（即不同的外加阻力），只要練習者盡力去拉，就能保證肌肉在整個活動範圍內均能受到最大負荷。

　　進行等動練習時，通常重複次數較多，速度也因不同的目的而有區別。這種方法主要用於發展力量耐力，如果改變負荷要求，也可用於發展其他類型的力量素質。

　　等動練習法在國內外游泳運動員的訓練中得到了比較廣泛的應用，並收到良好效果。目前，還有人使用水下等動練習器來發展游泳運動員力量，並取得一定效果。

　　等動練習可採用如下方法進行：將等動練習器固定在牆壁上、地板上或天花板上，運動員根據各自的專項特點，結合專項動作的方向和幅度，採用不同的負荷進行訓練。例如：慢速等動訓練，只增加做慢動作的力量耐力；快速等動訓練，能使快速和慢速動作力量耐力都得到提高。總之，進行快速等動訓練提高的力量耐力比慢速等動訓練提高的力量耐力的作用和效果更大。因此，應多進行快速等動訓練。

　　安排等動訓練應注意以下幾點：第一，每週訓練以 2～4 次為宜；第二，訓練週期至少 6 週或 6 週以上；第三，要結合專項特點進行練習，訓練時完成動作的速度應盡可能和專項動作一樣或更快；第四，每一種練習都應保證做 2～4 組，每組以最大力量做 8～15 次（負荷較大時）或 15 次以上（負荷較小時）。

（三）循環訓練法

　　循環訓練法是指根據訓練的具體任務，建立若干個練習站（或練習點），運動員按照規定的順序、路線依次完成每組所規定的練習和要求，週而復始地進行訓練的方法。

　　循環訓練要求系統地、按先後順序進行兩臂、肩帶、兩腿、腹部肌肉練習，以發展多部位力量耐力。循環訓練的內容組織需根據練習的設想以及訓練目的而定，同時根據「漸進負荷」和「遞增負荷」的原則安排訓練。負荷強度根據個人情況而

定。隨著訓練水準提高，可逐漸縮短循環一圈所用的時間（表 3-9）。

表 3-9　循環練習發展力量耐力的負荷特點

練習內容	各站負荷大小	各站負荷持續時間	重複次數	休息時間	循環次數
力量	大	短	6～12	長、完全恢復	1～2

可採用下面的方案發展力量耐力。

方案 1 分為 10 站，每站練習內容：①背人走跑；②推小車；③負重蹲跳；④負重仰臥起坐；⑤俯地挺身；⑥肋木上蹬腿拉臂克服同伴阻力；⑦高立翻挺舉；⑧俯臥提拉槓鈴；⑨頸後推舉；⑩俯臥山羊上挺身。

方案 2 分為 8 站，每站練習內容：①站立推舉；②頸後寬握引體向上；③頸後負重深蹲；④立臥撐；⑤臥推；⑥彎舉；⑦划船（或俯臥提拉槓鈴）；⑧俯臥山羊上負重挺身（或腰部肌群練習）。

運用循環練習法發展力量耐力時應注意以下幾點：

第一，應根據訓練需要和具體任務，預先選定練習內容。由於練習是連續進行的，因此，練習內容應是運動員已基本掌握的。

第二，每套循環練習可安排 8～10 個站，每站內容的安排順序一般應使身體不同部位的活動交替進行，以發展不同肌群的力量耐力。

第三，練習時不但要注意完成的時間和數量，而且要嚴格質量要求。

第四，為驗證一套循環訓練的效果，一般應連續使用一段時間。循環練習內容不宜經常變動。

四、各種收縮方式力量練習效果的評價

國內外許多學者，都曾經進行不同肌肉收縮方式練習效果的比較實驗和研究，並得出了許多重要的、具有實際應用價值的結論。

（一）動力性練習與靜力性練習效果的評價

日本小野三嗣等（1965、1968）對股四頭肌進行 10 週的實驗表明，動力性練習效果顯著優於靜力性練習。還有許多學者認為，動力練習比靜力練習效果好（埃斯穆森，1959；梅多斯，1959；等）。伯格（1962）、梅多斯（1959）、漢森（1961）等人的研究認為，與動力性練習比較，靜力性練習主要能提高靜力性用力的力量；而與靜力性比較，動力性練習能明顯提高爆發性力量。

生理學研究已經證明，靜力練習時，肌肉活動的性質與動力性工作時不同，運動員在靜力性和動力性練習時，獲得的力量素質不可能完全相似。因此大多數學者認為：由於各種項目的絕大多數動作都要求快反應、高速度、爆發式完成，還要求

高度的協調性與機動性，而過多地運用靜力性練習會妨礙動作速度和協調性發展。因此，力量練習應以動力性練習為主，靜力性練習只是為了克服某些肌群力量發展的不足和適應某些靜止用力動作的需要。

（二）克制訓練法與退讓訓練法練習效果的評價

尤·伊萬諾夫（1966）進行 3 個月的試驗結果表明，退讓性練習對發展提鈴至胸和後蹲力量比克制性練習有效。小野等對舉重運動員臂部伸肌進行了 29 週克制性練習和退讓練習的結果表明，1 週內力量增長率最高時都達到近 5%的程度，但克制性練習是在肘關節 45°處力量增加得最多，退讓性練習是在 135°處增加得最多。約翰遜等（1976）透過試驗認為，克制性和退讓性兩種練習對發展力量的作用沒有顯著差異。

克魯齊和維爾頓（1938）對跳深（屬於退讓練習）和一般跳躍練習作用的對比試驗表明，垂直向上跳練習、0.3 公尺跳深練習和 0.75～1.10 公尺跳深練習，對深蹲、伸膝力量和彈跳力都有作用，但三者之間無顯著差異。

芬蘭 K.哈基寧等（1983）對克制性練習和退讓性練習進行了一系列試驗，首先他們把受試者分成克制性練習組、克制——退讓性練習組和退讓——克制性練習組，進行 12 週訓練表明，深蹲力量提高最多的是克制——退讓性練習組（提高 29.2%），其次是退讓——克制性練習組（提高 28.6%），較差的是克制性練習組（20.3%）；速度力量，以克制性練習組較好，其他兩組（特別是退讓——克制性練習組）效果不佳（P＜0.05）。

他們進行的第二種試驗分組為克制——退讓性練習組和克制性練習組，12 週的試驗結果同樣表明，前一組比後一組大腿伸肌力量提高顯著（兩者分別提高 9.9%和 3.9%），但也同樣看出，克制性練習組速度力量提高顯著，而克制——退讓性練習組甚至稍有下降。在對抓舉和挺舉成績的作用方面，克制——退讓練習組比克制性練習組提高稍快，但無統計學意義。

第三種試驗是探討力量訓練對提高神經——肌肉能力的機制，14 名受試者進行 75%左右的克制性練習和 25%左右的退讓性練習，項目集中於深蹲和一般輔助練習，抗阻力逐漸增加（80%～120%），共訓練 16 週。結果表明，頭 3 個月力量提高明顯，後 1 個月未見提高，大腿伸肌的最大電位活動在訓練早期明顯增強。

上述變化具有顯著意義（P＜0.01～0.001）。試驗還表明，在頭兩個月，快肌纖維（FT）的平均面積顯著增大（P＜0.01），慢肌纖維（ST）增加不明顯，因而訓練早期，爆發力的提高與兩種肌纖維面積的比值（FT/ST）提高有關。在整個試驗期間，力量提高與兩種肌纖維平均增大有關。

上述試驗結果表明，主要採用克制性練習，並配合退讓性和靜力性練習，對發展力量更為有效，而單獨採用任何一種方法訓練，在某一訓練期末尾，力量的提高可能停頓。因此，在力量訓練中，定期變動練習的性質具有重要意義。

（三）克制性、退讓性和靜力性練習效果的綜合評價

蘇聯學者斯洛鮑江（1981）的研究結果證實，把克制性、退讓性和靜力性等多種肌肉收縮方式結合起來訓練能獲得最佳結果。效果最佳的負荷分配是：克制性練習占 75%，退讓性練習占 15%，靜力性練習占 10%。退讓性練習和靜力性練習一般放在訓練課的末尾進行。

「進行各種收縮方式的綜合性練習能取得較好的效果，證明了運動訓練中突破適應原理的正確性。從生物學角度看，各種肌肉收縮方式混合訓練增加了身體對刺激適應的難度，提高了刺激的作用，從而能收到更快提高力量的效果。」[8] 259

（四）動作速度與提高肌肉力量的關係

關於動作速度與提高肌肉力量的關係，國內外許多學者都進行了大量研究。根據 C。列里科夫的實驗，用中速做動作，力量增加較快，慢速和快速練習效果均差一些，但採用變速練習，力量增加最快（表 3-10）。

表 3-10 動作速度與提高肌肉力量的關係（10 週實驗）

順序	動作速度	力量提高值（公斤）
1	快速	9.0±0.92
2	中速	16.3±0.53
3	慢速	9.5±0.8
4	很慢	11.2±1.15
5	變速	22.2±0.6

（據列里科夫）

用不同的速度練習能夠更快地提高力量，像用不同的肌肉收縮方式進行訓練一樣，可以用適應和突破適應的生物學原理加以說明。如果總是用相同的速度練習，身體會較快適應這種刺激條件；如果用不同的速度練習，身體就難以較快適應，並且能不斷突破原來適應得較好的條件，因而刺激的作用增大，促進力量更快地提高。總之，採用不同的動作速度發展力量時，要根據不同的力量練習動作特點進行安排。

例如：深蹲、實力推、硬拉等一些發展絕對肌肉力量的練習動作，可採用變速練習；抓舉、挺舉和快速挺等發展爆發力的練習動作，還是應該用快速練習來提高。因此，在訓練中可定期安排快速的、中速的、慢速的深蹲、硬拉、多種形式推舉等練習。也可以在一組練習中先做一次快速動作，再做一次中速動作，最後做一次慢速動作。如果每組練習兩次，就可以用不同的速度完成。

┣┫第三節　發展舉重專項力量的技術

發展舉重專項力量的技術主要指能夠直接提高抓舉、挺舉技術水準和運動成績的技術，包括舉重專項技術和專項輔助動作技術。如抓舉力量訓練技術、挺舉力量訓練技術、上拉力量訓練技術、腿部力量訓練技術、上推類力量訓練技術、支撐類力量訓練技術等。

一、抓舉力量訓練技術

1.直腿抓

【作用】發展抓舉上拉爆發力，特別是對發展伸髖、展體、上提肩帶、屈前臂的力量有較大作用。但由於發力後沒有積極下蹲的動作，不利於提高發力與下蹲支撐的銜接，此練習不宜過多。

【要領】發力前動作與抓舉相同，發力後充分展體和提肘直接將槓鈴舉過頭頂，不做屈膝下蹲動作。如圖 3-7 所示。懸垂、墊鈴及墊人均可。

① ② ③

圖 3-7

2.高抓

【作用】主要提高抓舉技術動作和發展抓舉上拉爆發力。

【要領】動作基本同抓舉，只是下蹲深度為半蹲（膝關節角度大於 90°）。如圖 3-8 所示。懸垂、墊鈴、墊人均可。

① ② ③

圖 3-8

3.箭步抓

箭步抓曾經是抓舉競賽技術，兩屆奧運會冠軍前蘇聯選手沃羅比耶夫在比賽中即採用此技術。但由於它不如下蹲式抓舉省力，故現只作為抓舉輔助力量練習動作進行訓練。

【作用】主要發展抓舉上拉爆發力。

【要領】發力前動作同抓舉（圖 3-9①），充分發力後兩腿前後分開，成箭步下蹲姿勢承接槓鈴（圖 3-9②③），下蹲深度比挺舉時箭步分腿大。然後前腿收回半步，後腳跟上（圖 3-9④），成直立姿勢放下槓鈴（圖 3-9⑤）。

①　　　　　　　　　　　　　　　　②

③　　　　　　　　　　④　　　　　　　　　　⑤

圖 3-9

4.懸垂抓和墊鈴抓

【作用】提高抓舉的發力和下蹲支撐技術，發展抓舉上拉爆發力。

【要領】將槓鈴提到或墊高到一定高度，縮短槓鈴行程，從發力階段開始進行抓舉。如圖 3-10 所示。

①　　　　　　　　　　②　　　　　　　　　　③

圖 3-10

5.墊人抓

【作用】增加動作難度，提高抓舉技術。

【要領】運動員站在墊木上進行抓舉，要領同抓舉。如圖 3-11 所示。

① ②

圖 3-11

二、挺舉力量訓練技術

1.直腿翻

【作用】發展挺舉上拉爆發力和技術，其他同直腿抓。

【要領】發力前動作同挺舉下蹲翻，發力後不做屈膝下蹲，而是充分伸髖、展體、提肘將槓鈴翻至胸鎖骨連接處和三角肌上。如圖 3-12 所示。懸垂、墊鈴、墊人均可。

① ② ③

圖 3-12

2.高翻

【作用】提高挺舉提鈴至胸的技術和發展挺舉上拉爆發力。

【要領】動作基本同下蹲翻，只是下蹲深度為半蹲。如圖 3-13 所示。可採用分腿高翻進行練習；也可將高翻與上挺結合起來做高翻挺。

3.箭步翻

【作用】發展挺舉上拉爆發力。

【要領】發力前動作同高翻（圖 3-14①②③），充分發力後兩腿前後分開，成箭步姿勢承接槓鈴（圖 3-14④），然後前腿收回半步，後腳跟上（圖 3-14⑤⑥），成直立姿勢放下槓鈴（圖 3-14⑦）。

① ② ③

圖 3-13

① ② ③

④ ⑤

⑥ ⑦

圖 3-14

4.下蹲翻

【作用】提高挺舉提鈴至胸的技術水準及力量。

【要領】即挺舉中提鈴至胸的動作，只是將該動作與上挺分開單獨進行練習，使力量更集中，強度更大。如圖 3-15 所示。採用懸垂、墊鈴、墊人做下蹲翻練習均可。

①　　　　　　　　②

③　　　　　　　　④

圖 3-15

5. 借力推

【作用】提高上挺技術和力量。

【要領】發力前動作同箭步挺，發力後不做屈膝下蹲動作，而是臂部繼續用力將槓鈴向上推起至兩臂完全伸直。如圖 3-16 所示。也可從頸後或架上開始做。

①　　　　　　　　②

圖 3-16

6. 半挺

【作用】提高上挺技術和力量。

【要領】發力前動作同箭步挺，發力後迅速屈膝半蹲，伸直兩臂支撐住槓鈴。如圖 3-17 所示。也可從頸後或架上開始做。

7. 下蹲挺

【作用】提高上挺的協調性、準確性、平衡能力、柔韌性、腰腿和上肢支撐力量。

【要領】發力前動作同箭步挺，發力後迅速下降身體做全蹲，臂部承接槓鈴。如圖 3-18 所示。此動作為挺舉中上挺技術動作的一種，奧運會冠軍占旭剛、石智勇等均採用此技術，但該動作要求運動員必須具有較強的腿部力量，並對技術細節要求很高。

①

②

③

圖 3-17

①

②

③

圖 3-18

8. 架上挺

【作用】提高上挺技術和力量。

【要領】將槓鈴放於架上，直接從架上持鈴做上挺動作。如圖 3-19 所示。也可將槓鈴放於頸後做架上挺。

①

②

圖 3-19

三、上拉力量訓練技術

1. 上拉

【作用】分為寬上拉和窄上拉。寬上拉發展抓舉上拉技術和力量，窄上拉發展挺舉上拉技術和力量。

【要領】從預備姿勢開始提鈴，當槓鈴上升到大腿中上部時，全身驟然用力，迅速做出蹬腿、伸髖、展體、聳肩、提肘、起踵等一系列動作，使槓鈴加速上升，身體伴隨做半蹲動作，同時順勢提鈴。如圖 3-20 所示。寬上拉一般用抓舉的最大重量，窄上拉一般用下蹲翻的最大重量進行練習。

① ② ③

圖 3-20

2. 直腿上拉

【作用】分為直腿寬拉和直腿窄拉。直腿寬拉發展抓舉上拉技術和爆發力，直腿窄拉發展挺舉上拉技術和爆發力。

【要領】發力前動作同上拉，發力後不做屈膝半蹲，而是繼續提肘，使整個身體直立成反弓形，將槓鈴拉至胸線部位。如圖 3-21 所示。

① ② ③

圖 3-21

3. 硬拉

【作用】發展上拉絕對力量，特別是伸膝、伸髖、展體肌群的絕對力量。

分為寬硬拉和窄硬拉。寬硬拉發展抓舉上拉絕對力量，窄硬拉發展挺舉上拉絕對力量。

【要領】從預備姿勢開始提鈴，將槓鈴拉起至身體挺直。在整個動作中兩臂始終伸直，沒有發力動作。如圖 3-22 所示。

4. 靜拉

【作用】提高上拉絕對力量，特別是腰背肌群的支撐力量。

【要領】分為寬靜拉和窄靜拉。根據需要將槓鈴拉至不同高度，然後保持靜止用力姿勢。一般可在四個部位進行靜拉：槓鈴離開舉重台的瞬間、膝關節處、大腿中部及站立姿勢。靜止時間 6~12 秒。

① ② ③

圖 3-22

四、腿部力量訓練技術

1. 深蹲

【作用】主要發展伸膝、伸髖肌群的力量，以及軀幹的支撐力量，提高下蹲支撐起立技術。

【要領】深蹲分前深蹲與後深蹲。前深蹲時槓鈴置於兩肩和鎖骨上，後深蹲時兩手握槓鈴放置頸後肩上。上體正直，挺胸別腰，抬頭。做動作時保持腰背挺直，抬頭收腹，平穩屈膝下蹲後起立。根據不同的任務和要求，可採用不同的站距（寬、中、窄）和不同的速度（快速、中速、慢速、反彈）來做。下蹲或起立時膝與腳尖方嚮應一致。起立時主要依靠伸膝肌的力量。如圖 3-23 所示。

① ② ③

圖 3-23

2. 半蹲

【作用】基本同深蹲。半蹲對發展股後肌群、小腿三頭肌和股四頭肌的外、內側肌，克服起立「極點」有較好的作用，但發展股直肌的力量不如深蹲。

【要領】屈膝下蹲至大腿接近水平時，隨即伸腿起立，其他要領同深蹲。也可用相同高度的凳子做坐蹲。

3. 半靜蹲

【作用】基本同半蹲。對發展腿部肌群力量耐力有較好效果。

【要領】下蹲至大腿成水平狀態，靜止 6~12 秒。也可根據需要下蹲至不同的角度，其他要領同半蹲。

五、上推類力量訓練技術

1. 推舉

【作用】主要發展三角肌側前部肌肉，以及斜方肌、前鋸肌、肱三頭肌力量。

【要領】槓鈴置於胸前，預備姿勢基本同上挺，只是兩臂自然下垂靠近體側，用兩臂力量將槓鈴貼近面部推起至兩臂伸直。推舉曾為舉重的競賽動作之一，現已取消，只作為舉重輔助力量練習手段。如圖 3-24 所示。

①　　　　　　　　　②　　　　　　　　　③

圖 3-24

2. 頸後寬推和頸後寬借力推

【作用】發展肱三頭肌、斜方肌、三角肌及抓舉支撐力量。

【要領】頸後寬推——槓鈴置於頸後肩上，採用寬握距將槓鈴從頸後向上推起至兩臂伸直（圖 3-25），也可坐在凳子上做。頸後寬借力推——槓鈴置於頸後肩上，採用寬握距，預備姿勢、預蹲和發力要領同上挺，發力後兩腿及兩臂伸直支撐住槓鈴。如圖 3-26 所示。

①　　　　　　　　　②

圖 3-25

3. 半推

【作用】主要發展上挺伸前臂的力量。

【要領】將槓鈴放在深蹲架上，高度與前額齊平，兩臂用力將槓鈴向頭後上方推起至完全伸直。也可採用坐姿進行練習。

③　　　　　　　　④　　　　　　　　⑤

圖 3-26

4. 推倒立

【作用】主要發展上挺的伸臂力量。

【要領】在地上或倒立架上身體成直臂倒立姿勢，兩足可靠在牆上，身體保持平衡，然後兩臂做屈伸動作。

六、支撐類力量訓練技術

1. 抓舉支撐深蹲

【作用】提高抓舉下蹲支撐力量、平衡能力和關節的柔韌性。

【要領】採用寬握距直臂支撐槓鈴，做深蹲與起立動作。可將槓鈴放在深蹲架上進行練習。如圖 3-27 所示。

①　　　　　　　　②　　　　　　　　③

圖 3-27

2. 頸後寬挺蹲

【作用】發展上肢力量，提高抓舉下蹲支撐力量、平衡能力和關節的柔韌性，還可提高下蹲支撐的協調性。

【要領】槓鈴置於頸後，採用寬握距，身體直立，挺胸別腰，然後稍微屈膝預蹲，蹬腿發力將槓鈴挺起，隨即迅速屈膝下蹲，伸直兩臂支撐住槓鈴，站起。如圖 3-28 所示。

3. 預蹲和預蹲發力

【作用】提高上挺預蹲的支撐力量及上挺爆發力。

【要領】預蹲同半蹲相似，但膝關節角度大於半蹲，下蹲深度為上挺預蹲深度

（圖 3-29）。

【預蹲發力】基本同預蹲，只是在預蹲起立時增加上挺發力動作（圖 3-30）。

① ② ③

圖 3-28

① ②

圖 3-29

① ② ③

圖 3-30

4. 預蹲靜力

【作用】同預蹲，具有靜力練習特點。

【要領】以預蹲動作下蹲，保持靜止 6~12 秒之後起立。

5. 半蹲支撐

【作用】提高上挺半蹲支撐的力量和技術。

【要領】槓鈴置於升降架上。採用寬握距，兩臂伸直半蹲支撐住槓鈴（圖 3-31），然後伸腿起立。也可做靜力練習。

圖 3-31　　　　　　　　　　圖 3-32

6. 箭步支撐

【作用】提高上挺箭步支撐的力量和技術。

【要領】槓鈴置於升降架上。採用寬握距或中握距，兩臂伸直箭步支撐住槓鈴（圖 3-32），然後伸腿和收腿起立，身體成直立姿勢。也可做靜力練習。

第四節　發展一般力量的技術

發展一般力量的技術包含了發展上下肢力量、軀幹力量及全身力量的技術動作。這些技術是舉重專項技術的輔助動作，也是力量訓練的技術動作，反覆練習這些技術，對於發展力量、增強體能和提高舉重技術水準有重要作用。

以下分別加以論述。

一、發展上肢力量的技術

（一）發展上臂力量的技術

1. 彎舉

【作用】主要發展肱二頭肌、肱肌、肱橈肌等力量。

【要領】身體直立，反握槓鈴，握距同肩寬，屈前臂將槓鈴舉至胸前（圖 3-33）。可坐著練習，也可用啞鈴等器械練習，還可在綜合練習器上進行手持槓鈴或啞鈴的練習。此外，也可採用仰臥彎舉、肘固定彎舉、斜板啞鈴彎舉進行練習。

①　　　　　　　　　　②

圖 3-33

2. 引體向上

【作用】主要發展肱二頭肌、肱肌、胸大肌和背闊肌力量。

【要領】掌心朝下，屈腕成鉤，鉤住單槓。從懸掛姿勢開始，向上拉起至下頜過橫槓。若力量不夠，可由擺動軀體借力向上拉起。

3. 頸後臂屈伸

【作用】主要發展肱三頭肌力量。

【要領】身體直立，兩臂上舉反握槓鈴（也可正握，但反握比正握效果好），握距同肩寬，做頸後臂屈伸動作（圖 3-34）。做時兩臂固定在頭的兩側，兩肘向上，上體不動，儘量後屈。可用啞鈴、槓鈴片等重物進行練習。也可做仰臥頭後彎舉，弓身臂屈伸。

①　　　　　　　　　②

圖 3-34

4. 雙臂屈伸

【作用】主要發展肱三頭肌、胸大肌、背闊肌力量。

【要領】不負重或腳上掛重物，在間距較窄的雙槓上做雙臂屈伸。練習時身體成反弓形，兩肘緊靠身體兩側。向下屈臂時要充分，還原後重新開始。如圖 3-35所示。

①　　　　　　　　②　　　　　　　　③

圖 3-35

5. 仰臥撐

【作用】主要發展肱三頭肌、三角肌、背闊肌力量。

【要領】仰臥，兩臂伸直撐在約 50 公分高的台上或肋木上，屈臂，背部貼近

高台（或肋木），然後快速推起至兩臂伸直。也可將雙腳抬高加大難度或負重物練習。

（二）發展前臂力量的技術

1. 腕屈伸

【作用】主要發展手腕和前臂屈肌群和伸肌群力量。

【要領】屈膝半蹲，兩手反握或正握槓鈴做腕屈伸，前臂固定在膝上或凳子上，腕屈伸至最高點，稍停頓，再還原（圖 3-36）。也可坐著練習，用啞鈴或槓鈴片做交替腕屈伸。亦可採用斜板腕屈伸練習。

圖 3-36

2. 正握彎舉

【作用】主要發展前臂屈肌力量和肱二頭肌力量。

【要領】直立，兩手與肩同寬正握槓鈴，掌心向下，慢慢將槓鈴舉起、放下，動作要領同彎舉。舉起時，儘量把槓鈴舉至頸部。如圖 3-37 所示。

①

②

圖 3-37

3. 旋腕練習

【作用】主要發展前臂屈肌群和伸肌群力量。

【要領】直立，兩臂前平舉，反握或正握橫槓，用屈腕和伸腕力量捲起重物。

（三）發展肩帶力量的技術

1. 直臂前上舉

【作用】主要發展三角肌前部、斜方肌、前鋸肌、胸大肌力量。

【要領】兩腳自然分開，兩臂下垂同肩寬持鈴，直臂向前舉起槓鈴（圖 3-38）。也可用啞鈴或槓鈴片進行練習，還可做仰臥直臂上舉。

2. 持鈴側上舉

【作用】主要發展三角肌前側部及斜方肌、前鋸肌力量。

【要領】兩腳開立，兩手持啞鈴（或槓鈴片）置於肩部，上舉過頭後，兩臂慢慢展開，掌心向下成側平舉。然後還原成開始姿勢，重新開始練習。

① ②

圖 3-38

3. 直臂側平舉

【作用】主要發展三角肌、斜方肌、前鋸肌力量。

【要領】身體直立，兩臂下垂持啞鈴或槓鈴片，做直臂側平舉（圖 3-39）。也可做側臥直臂上舉、坐姿側平舉。

① ②

圖 3-39

4. 俯立飛鳥

【作用】主要發展三角肌後部以及斜方肌、胸大肌、大圓肌力量。

【要領】兩腳開立同肩寬，兩手各持一槓鈴片，上體前屈，兩臂稍屈，手持啞鈴片向外側舉成飛鳥姿勢（圖 3-40），兩臂還原時放鬆，反覆練習。此動作也可採用直立做飛鳥、仰臥飛鳥。

① ②

圖 3-40

5. 提肘拉

【作用】主要發展斜方肌、三角肌及肱二頭力量。

【要領】兩腳自然開立，兩手正握槓鈴橫槓，然後提肘將槓鈴橫槓貼身上拉至胸前（或下頜部位。圖 3-41），稍停，再還原。也可採用多種器械和握距進行。

①   圖 3-41   ②

6. 持鈴聳肩

【作用】主要發展斜方肌力量。

【要領】兩腳左右開立同肩寬，兩手正握槓鈴，然後以肩部斜方肌的收縮力，使兩肩胛向上聳起（肩峰幾乎觸及耳朵），直至不能再高時為止（圖 3-42）。還原後反覆進行練習。

①   ②

圖 3-42

7. 推小車

【作用】主要發展肩帶肌群力量。

【要領】練習者直臂俯撐，身體挺直，同伴握其雙踝抬起他的身體，練習者做快速用雙手著地的向前爬行練習（圖 3-43）。行走 15～20 公尺為 1 組。也可爬台階，爬台階以 20～30 級為 1 組。

圖 3-43

二、發展軀幹力量的技術

（一）胸部

1. 頸上臥推

【作用】主要發展胸大肌上部、肱三頭肌及三角肌力量。

【要領】仰臥於臥推架上，可採用寬、中、窄三種握距握槓鈴或啞鈴（圖3-44），先屈臂將其放於頸根部，兩肘儘量外展，將槓鈴推起至兩臂完全伸直。反覆進行。也可以做胸部臥推練習。

圖 3-44

2. 斜板臥推

【作用】主要發展胸大肌下部、肱三頭肌和三角肌力量。

【要領】寬握槓鈴仰臥於斜板上，腳高於頭，朝著胸中部慢慢放下槓鈴，肘關節外展與身體成 90°。然後迅速用力向上舉起槓鈴，再以穩定節奏反覆進行練習。此動作也可用啞鈴進行練習。

3. 直臂擴胸

【作用】向前主要發展胸大肌、三角肌前部、前鋸肌力量；向後主要發展背闊肌、三角肌後部、斜方肌力量。

【要領】兩腿並立，雙手各持一個啞鈴，先直臂向胸前與肩關節成水平，然後直臂向兩側充分擴胸分開成水平（圖3-45）。還原後反覆練習。

圖 3-45

4. 直臂側下壓

【作用】主要發展胸大肌、背闊肌力量。

【要領】兩臂側上舉，兩手各握住拉力器的一個把手，然後用胸大肌和背闊肌力量做直臂側下壓（圖3-46），反覆練習。也可做側臥直臂下壓。

①　　　　　　　　　　②

圖 3-46

5. 寬撐雙槓

【作用】主要發展胸大肌下部、外部肌肉，以及肱三頭肌、三角肌、前鋸肌力量。

【要領】兩手支撐在寬於肩的雙槓上，臉朝下收緊下頜，弓背，腳尖向前，目視腳尖。屈臂使身體儘量下降，然後再伸臂撐起身體。反覆進行。屈臂時儘可能使身體降低一些，不要借力。此動作也可在腳上繫重物或穿沙背心進行練習。

6. 俯地挺身

【作用】主要發展胸大肌、肱三頭肌、三角肌及前鋸肌力量。

【要領】俯撐在平地上或俯臥架上，兩臂間隔同肩寬，然後屈臂將身體下降至最低限度，再伸直兩臂將身體撐起。伸臂時兩肘夾緊，身體始終挺直。可用頭高腳低、腳高頭低或背上負重三種姿勢進行。兩手可用寬、中、窄 3 種距離支撐。

（二）背 部

1. 俯立划船

【作用】主要發展背闊肌上、中部以及斜方肌、三角肌力量。

【要領】上體前屈 90°，抬頭，正握槓鈴。然後兩臂從垂直姿勢開始，屈臂將槓鈴橫槓拉近小腹後還原，再重新開始（圖 3-47）。上拉時應注意肘靠近體側，上體固定，不屈腕。為了減少腰部負擔，可將前額頂在山羊或鞍馬上進行練習，也可採用各種握距練習，還可採用壺鈴、啞鈴、槓鈴片等器械練習。

①　　　　　　　　　　②

圖 3-47

2. 俯臥上拉

【作用】主要發展背闊肌、斜方肌、三角肌力量。

【要領】俯臥於臥拉練習架上，兩手持臥拉練習器握把，兩臂同時將練習器向上拉起（圖3-48）。稍停再還原，反覆進行。也可採用啞鈴或壺鈴進行練習。

① ②

圖 3-48

3.直腿硬拉

【作用】主要發展骶棘肌、背闊肌、斜方肌、臀大肌以及股二頭肌、半腱肌、半膜肌、大收肌等伸展軀幹和伸髖的肌肉力量。

【要領】兩腿自然開立，兩手寬握槓鈴橫槓，上體前屈，挺胸別腰，兩臂伸直，用寬握距（或窄握距）握住槓鈴橫槓，然後伸髖、展體將槓鈴拉起至身體挺直（圖3-49）。還原後重新開始。每組練習2～5次。上拉時應注意腰背肌群要收緊，槓鈴靠近腿部。

① ②

圖 3-49

4.頸後寬引體向上

【作用】主要發展背闊肌、斜方肌、岡下肌、小圓肌、大圓肌、肱二頭肌和肱肌力量。

【要領】寬握距正握橫槓懸垂，然後迅速地將身體拉起至頸的後部超過橫槓（圖3-50），甚至頸部高過橫槓，反覆練習。

① ②

圖 3-50

5.直臂前下壓

【作用】主要發展背闊肌、三角肌後部及胸大肌力量。

【要領】與直臂前上舉相反,兩臂前上舉握住拉力器,做直臂前下壓(圖3-51)。反覆練習。

①　　　　　　　　　　　②

圖 3-51

6.雙臂下拉

【作用】主要發展背闊肌力量。

【要領】兩手以中等寬度握住拉力器把,坐在拉力器正下方,向下拉,使胸下部碰到拉力器把,同時挺胸。練習時上體不要後仰。還原後重新開始。

(三)腰背部

1.山羊挺身

【作用】主要發展伸展軀幹和伸髖的肌肉力量。

【要領】俯臥在器材(山羊或鞍馬等)上,兩腳固定,兩手在頸後固定槓鈴片或槓鈴橫槓(力量較小者也可不負重),做體前屈與挺身起(圖3-52)。前屈時慢些,挺起要充分,身體成反弓形。也可俯臥在長凳上,固定兩腿做負重的(或不負重)俯臥挺身,或做兩端都固定的俯臥挺身靜力練習。

①　　　　　　　　　　　②

圖 3-52

2. 負重弓身

【作用】主要發展骶棘肌、斜方肌、臀大肌、股二頭肌、半腱肌、半膜肌、大

收肌力量。

【要領】兩腿開立約同肩寬，兩手持槓鈴橫槓於頸後，身體直立，腰和腿收緊，上體慢慢前屈，臀部後移（像鞠躬動作），使上體成水平狀態（圖 3-53），然後向上挺直身體。可做直腿或屈腿弓身，也可坐在凳上做弓身。

①   ②   ③

圖 3-53

3. 負重體側屈

【作用】主要發展腹內外斜肌、腹直肌、骶棘肌、臀中肌等使軀幹側屈的肌肉力量。

【要領】兩腳並立，肩負槓鈴做左右體側屈（圖 3-54）。練習時速度不宜太快，反覆進行。

①   ②

圖 3-54

4.負重側拉

【作用】基本同負重體側屈。

【要領】兩腿開立，一手提壺鈴做體側屈。練習時要求手臂伸直，身體儘量向側下方彎曲，兩側輪換練習。此練習也可用啞鈴或槓鈴片進行，也可側臥在長凳或山羊上，固定兩腿做頸後持槓鈴片的負重側臥起。

5. 俯臥兩頭起

【作用】主要發展伸展軀幹和伸髖的肌肉力量。

【要領】俯臥在墊子或長凳上，兩臂前伸，兩腿併攏伸直。兩臂、頭部和兩腿同時向上抬起，腹部著墊成背弓（圖 3-55），然後積極還原，連續練習。10～20次為一組。

①

②

圖 3-55

（四）腹 部

1. 仰臥起坐

【作用】主要發展腹直肌、髂腰肌力量。

【要領】仰臥斜板上（或平凳上），頭部在下，兩足在上並固定，兩手抱頭，然後屈上體坐起，再還原，反覆進行。也可兩手於頸後持槓鈴片或其他重物做負重練習。

2. 仰臥舉腿

【作用】主要發展腹直肌、髂腰肌力量。

【要領】臥仰在墊上（或斜板上），兩手置身體兩側扶墊（或分握斜板兩側），然後兩腿伸直或稍屈向上舉至垂直（圖 3-56）。

①

②

圖 3-56

3. 懸垂舉腿

【作用】同仰臥舉腿。

【要領】兩手距離同肩寬握住單槓，身體懸垂並伸直，然後直腿向上舉至水平位置，反覆練習。也可在雙槓上做兩臂支撐的懸垂舉腿。

4. 仰臥側提腿

【作用】主要發展腹內、外斜肌力量。

【要領】仰臥墊上，屈肘兩手抱於頭後，然後側提右膝碰右肘，觸肘後停 1 秒鐘。然後換左膝碰左肘。反覆練習。

5. 負重轉體

【作用】主要發展腹內、腹外斜肌以及　棘肌力量。

【要領】兩腿開立同肩寬，頸後負槓鈴橫槓，兩足固定不動，向左、右轉體至極限。反覆練習（圖 3-57）。

① ②

圖 3-57

6. 仰臥兩頭起

【作用】主要發展腹直肌、髂腰肌力量。

【要領】仰臥在墊子上，身體保持挺直，兩臂和兩腿同時上舉至體前上方，手觸小腿（或腳背）前部，髖成 60°～70°角後還原（圖 3-58）。連續做 15～20 次為一組。還可增加難度，如腿部和背部下放時不觸墊子，距墊子 10 公分時開始第二次練習；身穿沙背心、沙護腿做此練習等。

① ②

圖 3-58

7. 元寶收腹

【作用】主要發展腹直肌力量。

【要領】兩手置頭後，仰臥在墊子或地上，上體蜷起時，兩膝收至髖部上方。上體蜷起和收膝同時進行，直到兩肘碰到兩膝為止（圖 3-59），並稍停兩秒鐘，反覆練習。

圖 3-59

三、發展下肢力量的技術

1. 半蹲

【作用】發展伸膝肌群力量與軀幹支撐力量，特別是股四頭肌的外、內側肌，股後肌群和小腿三頭肌。

【要領】正握槓鈴橫槓於頸後肩上，挺胸別腰，屈膝下蹲至大腿近水平位置時

伸腿起立。其餘要領同頸後深蹲。此練習也可採用坐蹲進行。

2. 負重伸小腿

【作用】主要發展大腿前部肌群力量。

【要領】坐在腿伸展練習器一端，腳背前部放在圓柱墊子下面，兩手抓住臀後方的兩側。股四頭肌收縮，使小腿向斜上方伸起。隨著小腿伸展，上體稍向後仰，以便使腿部最大限度地伸展。兩腿完全伸直後堅持兩秒鐘，再還原重新開始。另外，此練習也可坐在山羊或高凳上，足鉤住壺鈴或掛上重物，做伸小腿動作。也可在練習器上做腿蹬出動作。

3. 屈小腿

【作用】主要發展股二頭肌、半腱肌、半膜肌、小腿三頭肌力量。

【要領】俯臥在屈腿練習器上，兩腳跟鉤住圓柱墊子，腳跟靠攏，兩腳用力將負重拉起，使圓柱墊子碰到臀部。如果在將負重拉起的同時做俯地挺身起，則主要是發展股二頭肌上部力量；開始牽拉負重時，上體由原來的俯地挺身姿勢向下變為平臥在練習器上，則主要發展股二頭肌中部力量。此練習也可小腿捆沙護腿或足穿鐵鞋做原地屈小腿動作；還可在俯臥練習凳上做加阻力（如將固定於肋木上的橡皮筋一端置小腿踝關節處）的屈小腿動作，或進行雙人對抗的屈小腿練習。

4. 體後硬拉

【作用】主要發展股四頭肌、臀大肌、股二頭肌、半腱肌、半膜肌、大收肌、骶棘肌、斜方肌、小腿三頭肌、屈足肌群的力量。

【要領】槓鈴橫槓放在體後，直臂持橫槓提起至兩腿伸直（圖 3-60），其他要領基本上同硬拉。

① ②

圖 3-60

5. 胯拉

【作用】主要發展股四頭肌、臀大肌、股二頭肌、半腱肌、半膜肌、大收肌、棘肌、斜方肌、小腿三頭肌、屈足肌群的力量。

【要領】將槓鈴橫槓置於兩足中間（胯下），屈膝下蹲握住橫槓，一臂在體前，另一臂在體後，兩臂伸直，可用正握、反握或正反握挺胸、直腰，然後伸腿將槓鈴拉至身體挺直（圖 3-61）。

①　　　　　　　　　　　　　　　②

圖 3-61

6. 負重提踵

【作用】主要發展小腿三頭肌及屈足肌群力量。

【要領】身體直立，頸後負槓鈴橫槓，用力提踵（圖 3-62），稍停後還原。反覆練習。

①　　　　　　　　圖 3-62　　　　　　　②

7. 負重蹬台階

【作用】主要發展伸膝、屈足肌群力量。

【要領】肩負槓鈴，左腿屈膝踏在高 30～50 公分的台階上，右腳支撐於地面。左腿迅速蹬直。與此同時，右腳提起踏上台階。還原後反覆進行。兩腿交換練習。也可在踝關節縛橡皮帶做蹬台階練習。

8. 負重蹲跳

【作用】主要發展伸大腿和屈足肌群力量。對提高彈跳力效果較好。

【要領】肩負槓鈴，屈膝半蹲後，迅速伸髖、蹬腿、展體、起踵做起跳動作。起跳時槓鈴固定，保持挺胸、別腰、抬頭、直體姿勢，落地時屈膝緩衝。也可用壺鈴做：兩腳開立同肩寬，屈膝直臂持壺鈴做蹲跳動作（最好兩足墊高）。

9. 縱跳

【作用】主要發展伸膝和屈足肌群力量及彈跳力。

【要領】身穿沙背心，縛沙護腿，成半蹲姿勢。兩腳蹬地起跳，兩臂上擺，兩腿充分蹬伸，頭向上頂，落地緩衝後繼續做。每組連續練習 10～15 次，負重以 10～15 公斤為宜。動作要求協調。也可懸掛或標出高度目標，以兩手觸摸標誌線或物體進行練習。

10. 蛙跳

【作用】主要發展下肢爆發力及協調用力能力。

【要領】身穿沙背心，沙護腿（也可不負重），全蹲。兩腳蹬地，腿蹬直向前上方跳起，騰空後挺胸收腹，快速屈腿前擺，以雙腳掌落地後不停頓地連續做，6～10 次為一組。要求快速起跳，身體充分伸展開。可先不要求遠度，而後逐漸增加。

11. 跳深

【作用】主要發展伸膝、屈足肌群和腹肌力量。

【要領】將 5～8 個高度為 70～100 公分的跳箱蓋橫放縱向排好，間距均為 1 公尺。練習者面對跳箱蓋並腿站立，雙腳同時用力跳上跳箱蓋，緊接著向下跳，落地後立即又跳上第二個跳箱蓋，連續跳上跳下，20～30 次為一組。動作之間不得停頓。也可在有沙坑的高台處做此練習。

12. 箭步走

【作用】主要發展股四頭肌、臀大肌、小腿三頭肌和屈足肌群力量。

【要領】將槓鈴放於肩後，一腿在前，一腿在後，屈膝成箭步姿勢，然後向前走。要求下蹲時身體保持正直。也可手持重物（如壺鈴、啞鈴、槓鈴片等）進行箭步走。

四、發展全身力量的技術

1. 雙手持重物後拋

【作用】發展全身協調用力和爆發力，對發展股四頭肌、股二頭肌、臀大肌、小腿三頭肌、屈足肌群、骶棘肌、斜方肌、背闊肌、肱肌力量有一定作用。

【要領】兩手持重物（如實心球、壺鈴、鉛球、槓鈴片、槓鈴等）於體前，兩腳開立約同肩寬，屈膝半蹲。然後兩腳蹬地、伸髖、展體，身體後仰，手臂順勢用力，奮力將重物經體前向頭後上方拋出。可兩人一組，每人練習 10～15 次為一組。

2. 雙手持重物前拋

【作用】主要發展上肢、軀幹和下肢的協調用力以及爆發力。

【要領】兩手持重物（如實心球、壺鈴、鉛球、槓鈴片等）於體前，兩腳開立約同肩寬、半蹲。兩腳蹬地，伸展身體，兩臂向前擺起將重物向前拋出。可兩人一組，每人練習 10～15 次為一組。也可採用雙手持球向上拋接、雙手持球跳起向上拋接、雙手持球於體後向前拋等動作進行練習。

┠┨第五節　核心力量訓練

核心力量訓練最初只是作為一種有效的康復訓練手段應用於醫療和健身。近年

來，隨著舉重訓練理論的不斷發展，核心力量訓練也逐漸應用於舉重運動員的力量訓練。研究結果和訓練實踐證明，核心力量訓練作為一種輔助力量訓練手段，不僅能使運動員核心區域的肌肉力量得到提高，也能促進舉重專項技術水準的穩步提升。

一、核心力量概述

（一）核心與核心區

核心（core），通常指人體的軀幹，主要包括腰椎、髖關節、骨盆及其周圍的肌群、韌帶和結締組織。

核心區（corearea），在解剖學上是指以膈肌為頂，盆底肌為底且包括髖關節在內的區域。

從腰椎——骨盆——髖關節的解剖學角度來看，核心肌群由 8 對骨盆肌、11 對大腿肌、9 對背肌、5 對腹肌加 1 塊膈肌共 33 對＋1 塊，其中有 7 對＋1 塊的肌肉的起止點均在核心部位（表 3-11）。這些肌肉不僅對核心區有固定作用，而且在人體運動中起到穩定、傳導力量、發力、減力等作用。加強這些肌群的力量訓練，提高力量水準，對人體在運動過程中保持平衡，創造優異成績有重要意義。

表 3-11 核心區的肌肉起止點分佈及數量[13]

肌群	肌肉名稱		
	起止點都在核心（7 對+1 塊）	起點在核心（25 對）	止點在核心（1 對）
盆帶肌（8 對）		髂肌、腰大肌、梨狀肌、臀大肌、臀中肌、臀小肌、閉孔內肌、閉孔外肌	
大腿肌（11 對）		股直肌、縫匠肌、闊筋膜張肌、股二頭肌（長頭）、半腱肌、半膜肌、趾骨肌、長收肌、短收肌、大收肌、股薄肌	
背肌（9 對）	迴旋肌、多裂肌、棘間肌、橫突間肌	背闊肌、下後鋸肌、豎脊肌（棘肌、最長肌、髂肋肌）	
腹肌（5 對）	腹內斜肌、腹橫肌、腰方肌	腹直肌	腹外斜肌
膈肌（1 塊）	膈肌		

（二）核心力量及其訓練

核心力量是指附著在人體核心區的肌肉群在神經支配下收縮所產生的力量。

核心力量訓練是指針對核心區域肌群（主要是腹部，下背部，骨盆部肌群）及其深層小肌肉群進行的力量、穩定、平衡、協調和本體感覺等能力的訓練，其訓練內容主要包括核心穩定性訓練和核心功能性訓練兩個方面。核心力量訓練以核心穩定性訓練為特徵，以發展完成核心功能性力量為目的。

身體對重心的控制是核心力量訓練的主要功能之一，進行核心力量訓練時需創造出一種類似人體運動時的非穩定狀態，使核心肌群能夠在神經的調節下保持非穩定狀態，並且不斷加大難度，提高適應能力，以滿足舉重運動的需要。

二、核心力量的作用

舉重運動離不開核心力量，舉重是以中心肌群為核心的，在整個運動過程中將不同關節的運動和多塊肌肉群的收縮力量協同整合起來，形成「運動鏈」，從而使核心肌群對運動中的身體姿勢、運動技能和專項技術動作起著穩定和支持作用。

核心區域的肌肉不僅本身能夠產生力量，成為人體力量來源的原動力，而且還能夠為肢體的肌肉收縮創造支點，使肢體肌肉的收縮力量增大，整合肌群間的協同用力，加快整體力量的傳遞，從整體上提高運動效率。

舉重的技術動作只依靠單一的肌群是不能完成的，它必須動員許多肌肉群協調做功。核心肌群在此過程中擔負著穩定重心、環節發力、保持平衡、傳導力量等作用。

（一）保持正確的運動姿態，穩定重心、脊柱、骨盆

保持正確的運動姿態和骨骼排列可以達到最佳的結構效果，同時又可以使機體的運動鏈產生最佳功效。核心部位的肌肉群不僅會影響四肢的動作，而且還擔負著控制全身姿勢正確性的重要責任。強有力的核心肌群，對身體姿勢、運動技能和舉重技術動作起著穩定和支持作用。

脊柱及其周圍的肌肉、韌帶和結締組織，是人體既重要又薄弱的環節，無論在力量上還是在堅固性上，都要比四肢弱，而肌肉是脊柱穩定的主要物質結構，只有加強核心部位肌肉的收縮力量才能達到穩定脊柱的目的。穩定骨盆的正常位置同樣非常重要，只有穩定住骨盆才能保證髖關節肌群有效的工作。

（二）構建運動鏈，為肢體運動創造支點

核心力量能將參與人體運動的不同關節、不同肌群的收縮力量整合起來，形成運動鏈，為四肢末端發力創造理想的條件。

骨盆、髖關節和軀幹部位的穩定性，可以為四肢肌肉的收縮建立支點，提高四肢肌肉的收縮力量，為舉重運動員上下肢力量的傳遞創造條件。因此，加強核心區域的穩定性和提高核心力量，能夠牢固四肢動作用力的支點，控制全身動作的正確性，有利於提高技術動作的穩定性和試舉成功率。

（三）預防運動損傷

提高核心力量、穩定核心部位，可以加強對人體脊柱這一薄弱環節的保護，減少和預防腰背部損傷；由核心部位的協調作用建立上下肢發力的穩定支點，緩衝及減小末端肢體與關節的負荷。

當運動員在做快速發力動作時，核心肌群能夠使肢體在此過程中保持在正常的位置，深層小肌群的穩定功能起到保護和預防損傷的作用。

（四）彌補傳統舉重力量訓練的不足

核心力量訓練是在傳統力量訓練的基礎上形成的，能針對傳統力量訓練中核心肌肉發展的不足而進行比較全面、系統的科學訓練，彌補傳統的舉重力量訓練在提高協調、靈敏、平衡能力等方面的不足。

透過加強肢體穩定性深層肌的練習，提高肌肉間的協調、靈敏和平衡能力，補充傳統力量訓練在發展速度力量、力量耐力等方面的不足。

（五）提高運動時能量由核心向肢體的輸出

核心力量可以穩定和強化髖部及軀幹在力量轉換時提供能量輸出，以提高身體的變向和位移速度，並預防和減少運動損傷的發生。舉重往往是以髖部的伸展為基礎動作進行發力，力量往往是由核心力量區傳遞到末端的，因此加強核心區域的練習，能有效提高核心向肢體的能量輸出。

（六）提高肢體的工作效率，降低能量消耗

核心力量訓練能夠為四肢創造穩固的支點，擁有了穩固的支點就能夠提高四肢的工作效率。核心部位擁有大量的肌群，能夠產生和儲存大量的能源，四肢的肌肉有很大一部分起點是固定在核心部位上，當肢體發力時，核心肌群蓄積的能量從身體中心向運動的每一個環節傳導，降低了能量的消耗。強有力的核心力量還能減小四肢的應力，最大限度的提高技術動作的協調性。

三、核心力量的訓練方法

身體對重心的控制，是核心力量訓練的主要功能之一，進行核心力量訓練時需創造出一種類似人體運動時的非穩定狀態，使核心肌群能夠在神經的調節下保持非穩定狀態，並且不斷加大難度，提高適應能力，以滿足運動項目的需要。

核心力量訓練的方法和手段很多，可以分為以下不同的類型：在訓練的外部環境上，可以分為穩定和非穩定兩種條件；在負荷上，可以分為徒手和負重兩種類型；在運動方向上，不僅進行一維的運動，而且重視兩維和三維的運動；在用力方式上，可以分為靜力性、動力性和靜力——動力交替變換等三種方式。

目前，國內外的核心力量訓練方法主要有各種墊上徒手訓練法，平衡板、泡沫筒、氣墊、滑板練習法，瑞士球訓練，實心球練習，懸吊運動療法（懸吊訓練），彈力帶練習，振動訓練、振動桿練習等（表 3-12）。其主要形式表現為：穩定狀態下的靜力性動作、非穩定狀態下的靜力性動作、穩定狀態下無負荷的運動、非穩定狀態下克服自身阻力的運動、非穩定狀態下的自由力量練習、非穩定狀態下的核心爆發力練習、穩定狀態下的核心專項力量練習等。

表 3-12 核心力量主要訓練方法簡介

訓練方法	起源	主要作用	應用領域
各種墊上徒手練習		提高核心穩定力和核心肌肉耐力	康復、健身、競技體育
平衡板（wobble board）泡沫筒（foam roller）氣墊（inflated pad）滑板（slide board）		提高機體穩定——不穩定之間的轉換，增強神經對肌肉的支配和控制能力	康復、健身、競技體育
瑞士球（swiss ball/physioball）	康復領域（第二次世界大戰前），德國——瑞士	改善神經對肌肉的募集和反射性調整節能力，提高穩定力、本體感覺和平衡	康復、健身、競技體育
懸吊運動療法（sling exercise therapy）	源於第二次世界大戰傷病治療，1999 年正式提出（北歐泰至瑪 AS 公司，挪威）	改善柔韌，提高穩定性力量，增強本體感覺和控制能力	康復、健身、競技體育
振動訓練（vibration training）	20 世紀 60 年代蘇聯宇航專家 Nazarov 和 Spivak 發明，20 世紀 80 年代初期應用於康復和競技體育領域	提高力量和柔韌，改善激素分泌，預防損傷	宇航訓練，康復、健身和競技體育
振動桿（badyblade）	1991 年，美國加利福尼亞理療師 Bruce Hymanson 發明	提高深層小肌群力量能力，加強關節穩定，預防損傷	康復、健身、競技體育

儘管核心力量的訓練方法很多，在舉重訓練中主要採用的還是徒手的靜力性練習、徒手的動力性練習兩種。其他訓練方法對發展核心力量雖有積極作用，但由於負荷較小，與舉重專項結合不夠緊密等原因，本教材不做介紹。

（一）靜力性練習

這類練習的目的在於使運動員深刻體會核心肌群的用力和有效的控制身體。在

練習過程中，可根據運動員的核心力量增長情況，透過延長用力時間和不斷地減少支撐點來增加訓練難度。

1. 俯撐橋

【作用】發展腹肌、臀大肌、肩部肌群及軀幹控制能力。

【要領】俯臥於墊子上，以兩手（或手肘和前臂）支撐於胸部正下方，兩腿併攏，兩腳腳尖為另一支撐點，整個身體成一條直線，軀幹保持不動，髖部不能上下移動；保持均勻呼吸，不要憋氣（圖3-63）。

【增加難度】

第一階段：採用單腿與雙手支撐，另一隻腿抬高與軀幹成一條直線，保持靜止不動（圖3-64）。

第二階段：採用單手雙腿支撐，另一臂抬高與軀幹成一條直線，保持靜止不動（圖3-65）。

圖 3-63

圖 3-64

圖 3-65

第三階段：採用異側單手單腿支撐，抬高另側的手臂與腿並伸直，與軀幹成一條直線，保持靜止不動（圖3-66）。

2. 側撐橋

【作用】發展腹斜肌及軀幹控制能力。

【要領】側臥於墊子上，以單手（或手肘和前臂）於胸部側面支撐，兩腿併攏，以在下的一腳側面為另一支撐點，軀幹與腿伸直，整個身體成一條直線，軀幹保持不動，髖部不能上下或前後移動，保持均勻呼吸，不要憋氣（圖3-67）。

【增加難度：】抬高在上的一腿，與地面平行，保持靜止不動（圖3-68）。

圖 3-66

圖 3-67

圖 3-68

3. 仰撐橋

【作用】發展腹肌、屈髖肌群、肩部肌群及軀幹控制能力。

【要領】仰臥於墊子上，以兩手掌支撐，兩腿併攏，以兩腳腳跟為另一支撐點，整個身體成一條直線，軀幹保持不動，髖部不能上下移動，保持均勻呼吸，不要憋氣（圖3-69）。

【增加難度】

第一階段：採用單腿與雙手支撐，另一隻腿向上抬起至腳與頭齊平，保持靜止不動（圖3-70）。

第二階段：採用單手雙腿支撐，另一臂前上舉至與肩齊平，保持靜止不動（圖3-71）。

| 圖3-69 | 圖3-70 | 圖3-71 |

第三階段：採用異側單手單腿支撐，支撐的手臂伸直，支撐的腿與上體成一直線。另一腿抬高至腳與頭齊平，另一臂前平舉至手過頭高。保持靜止不動（圖3-72）。

圖3-72

（二）動力性練習

主要目的是提高核心區肌群主動肌和協同肌的力量。採用以軀幹為支撐點，肢體做有關屈伸、內收、外展或旋內、旋外的運動。在一個動作練習的過程中，由不斷增加練習次數和同時用力的肌群數量來提高訓練的難度。

1. 仰臥屈膝上抬

【作用】發展腹肌及屈髖肌群。

【要領】仰臥於墊子上，雙腿捲曲併攏，以髖關節為軸屈膝上抬，速度不宜太快（圖3-73）。

①　②

圖3-73

【增加難度】

第一階段：屈膝上抬至與地面垂直，膝關節保持90°不動，雙手抱頭抬上體，完成後回位，連續進行（圖 3-74）。

第二階段：雙手抱頭轉體的同時上抬，完成後回位，緊接著反方向轉體上抬，連續進行（圖 3-75）。

圖 3-74　　　　　　　　　　　　圖 3-75

第三階段：雙手抱頭向上抬的同時，做屈膝上抬的動作，完成後回位，連續進行（圖 3-76）。

①　　　　　　　　　　　　②

圖 3-76

第四階段：雙手抱頭轉體上抬的同時，做屈膝上抬的動作，完成後回位，緊接著反方向轉體上抬屈膝，連續進行（圖 3-77）。

①　　　　　　　　　　　　②

圖 3-77

2. 俯臥兩頭起

【作用】發展腰背、髖部肌群及軀幹控制能力。

【要領】俯臥於墊子上，兩腿併攏，兩手平放於身體兩側，掌心向上，以腹部為支撐點，上體與下肢儘量向上抬舉（圖 3-78）。整個身體保持緊張狀態，速度不

①   ②

圖 3-78

宜過快。

【增加難度】

第一階段：兩臂向前伸直，上體、上肢和下肢同時向上抬起，並且要抬頭（圖 3-79）。

第二階段：動作同第一階段，但異側腿臂同時上抬（圖 3-80）。

①   ②

圖 3-79

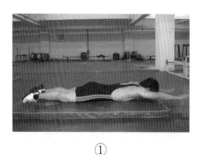

①   ②

圖 3-80

上述核心力量練習屬於核心力量訓練的初級、中級階段，在運動員有一定基礎之後，可以增加訓練難度。

此外，不穩定狀態下的負重練習，如採用健身球、瑞士球、平衡板、蹦床、懸吊訓練、振動訓練等，使運動員處於一種不穩定的狀態（如讓運動員站立於平衡板上手持槓鈴或啞鈴進行各種舉、推、拉、蹲及旋轉的動作等），在此狀態下進行力量訓練。這類練習難度較高，適用於有一定訓練基礎的運動員進行發展提高訓練。

四、核心力量訓練的安排及注意事項

（一）核心力量訓練的安排

第一，核心力量訓練應根據不同的練習對象，按照循序漸進的原則，逐漸增加練習難度和運動量。

第二，每週可安排核心力量練習 2~4 次，可在準備活動中進行，也可與其他力量練習或素質訓練安排在一起。

第三，每次練習可選擇 3~5 個核心力量的動作，每個動作練習 1~4 組，重複練習 10~30 次（或多次數重複練習，或持續練習 20~40 秒）；輔助練習動作 1~2 組，重複 10~20 次（或持續 20~30 秒）。組間休息 30~120 秒。

（二）核心力量訓練的注意事項

第一，應按照循序漸進，逐漸遞增難度的方式進行訓練。對於不同年齡、性別、技術水準的運動員在難度和負荷安排上應有所不同，以保證練習的動作品質和效果。難度遞增的主要方式，可以由減少支撐點改變身體重心位置；使用不穩定器材來增加不穩定性；加長支撐點距身體重心的距離或提高身體重心的高度；左右肢體不對稱地交替用力；變換練習速度和動作節奏，增加對動作控制的難度等。

第二，為提高對肌肉運動的感知力和控制力，進行核心力量訓練時注意力應高度集中。所有靜力性練習應隨著課次的累積與保持靜力練習動作時間的延長而增加難度。把穩定性的核心力量訓練放在準備活動、或者負重抗阻訓練的前面進行，可以使神經系統的興奮性得到啟動，核心區域的穩定性和力量得到增強，為後續的練習做好準備。動態練習應當安排在靜態練習之後，也可以選擇動靜結合的練習方式。

第三，核心力量訓練應與舉重專項力量訓練相結合，達到與專項力量和專項技術相融合的目的。在舉重力量訓練中，傳統的力量訓練占主導地位，核心力量訓練只是對傳統力量訓練的一種補充，核心力量訓練不能替代舉重專項力量訓練。

思考題

1. 簡述力量的分類與力量發展的敏感期。
2. 影響力量提高的因素有哪些？
3. 最大力量的訓練方法有哪些？每種訓練方法的負荷特徵是什麼？
4. 速度力量與力量耐力的訓練方法有哪些？
5. 抓舉、挺舉的半技術練習動作有哪些？
6. 舉重訓練的一般力量練習動作有哪些？請分類描述。
7. 簡述核心力量的作用。
8. 簡述核心力量的訓練方法及其安排要點。

第四章 舉重教學

內容提要：

本章運用現代體育教學理論，重點闡述舉重教學的任務與內容、舉重教學的特點與要求、舉重教學的組織與實施、舉重教學工作計畫、舉重考核、舉重教學的檢查與評定、舉重技術診斷、糾正錯誤動作等理論及相關內容。

教學與訓練是舉重練習過程的兩個基本階段。教學是掌握必要的知識、技術、技能的階段；訓練是提高知識、技術、技能的階段。這兩個階段既有區別又緊密聯繫，教學離不開訓練實踐，而訓練過程中仍然有新的東西要學習。

教學是從事舉重練習過程的開始階段，開始基礎打好，以後提高就有保證，因此，必須結合舉重運動的特點做好教學。

第一節 舉重教學概述

舉重教學是一個特殊的、有組織的教育認知過程。透過舉重教學落實對學生的全面素質教育，使其瞭解舉重運動的有關知識，掌握舉重運動的方法和技能，進而將舉重運動作為終身體育鍛鍊、增進健康的方法手段。舉重教學是使學生掌握舉重運動知識、技術、技能的基本形式，是學生形成舉重運動技能、能力的初級階段。

一、舉重教學的任務與內容

（一）舉重教學的任務

舉重教學是教師根據一定的教學目的、任務、計畫、學生身心特點及舉重的專項特點，指導學生掌握舉重的理論知識、技術、技能，增強體質，特別是發展力量，同時培養學生認知能力與良好道德品質的教育過程。教學任務包括：

第一，初步掌握舉重的基本知識，基本技術和基本技能，以及發展力量的基本理論與方法。

第二，改善身體機能，增強體質，發展運動素質，特別是力量素質，提高運動成績。

第三，培養勇猛頑強的意志品質和良好的思想、道德品質。

（二）舉重教學的內容

舉重教學的內容主要由教學大綱、教學計畫所規定。它主要包括舉重基本知識、技術、技能三個方面。教學內容根據不同的教學對像有所區別，舉重或力量訓練普修課、選修課一般只有 24～36 學時，由於教學時數少，教學內容應少而精，突出重點，兼顧一般。舉重專修課一般都在 900 學時以上，教學內容全面、系統，重點與一般相結合，注重知識、技術、技能的全面傳授與專項技能培養。

1. 理論知識教學

理論知識教學主要以講授舉重運動概述、競賽動作技術、力量訓練原理與方法、舉重教學法、舉重訓練法、舉重競賽和發展力量的方法為主，引導學生掌握舉重基本知識。

2. 技術教學

（1）競賽動作技術：抓舉、挺舉。

（2）發展舉重專項力量的技術練習：抓舉力量技術練習、挺舉力量技術練習、上拉力量技術練習、腿部力量技術練習、上推類力量技術練習、支撐類力量技術練習。

（3）發展一般力量的技術練習：發展上肢力量的技術練習、發展軀幹力量的技術練習、發展下肢力量的技術練習、發展全身力量的技術練習。

（4）核心力量訓練理論與方法。

3. 技能教學

（1）技術示範與講解能力培養。

（2）幫助與保護技能的培養。包括一人保護與幫助方法、兩人保護與幫助方法及自我保護方法。

（3）制定舉重訓練計畫。包括課訓練計畫、週訓練計畫、年度訓練計畫及多年訓練計畫。

（4）組織教學比賽與裁判實習。組織舉重比賽、擔任舉重比賽中的裁判工作。

二、舉重教學的特點與要求

（一）舉重教學的特點

舉重的主要特點是負重練習，因此，舉重教學的特點就是在增加重量的過程中，不斷改進和提高技術水準。

舉重教學共分 3 個階段，不同訓練階段舉重教學的特點各有不同。

1. 技術動作的分解教學階段

這一階段主要透過講解、示範和練習使學生明確技術動作的各個部分的作用、

要領、主要環節運動及主要肌肉用力，建立分解和完整動作的概念。這一階段的特點是學生處於動作技能形成的泛化階段、動作表現緊張、不聯貫，肌肉用力不協調，並伴隨著一些多餘的動作。教學重點在抓住技術動作的主要環節和學生在掌握動作中存在的主要問題進行教學，不應過多強調動作細節，而應以正確的示範和簡練的講解幫助學生掌握動作。此階段多採用竹棍或槓鈴桿練習。

2. 用輕槓鈴改進技術動作階段

這一階段主要是透過輕槓鈴的反覆練習，以及教師深入細緻的講解，從而不斷改進和提高動作的質量，逐漸消除動作的緊張、不聯貫及肌肉用力不協調等問題。這一階段的特點是學生處於動作技能形成的分化階段，動作逐漸變得聯貫、準確。教學重點在於對錯誤動作的糾正，使用輕槓鈴讓學生體會動作的細節，使動作更加準確。此階段多採用比較、對照、分析綜合的方法來改進和提高技術動作的質量。

3. 增加重量，繼續提高和鞏固技術動作階段

隨著技術的改進和力量的增長，在平時練習時可適當增加重量，繼續提高和鞏固技術動作。這一階段的特點是：學生技術動作的條件反射系統已經鞏固，大腦皮質的興奮和抑制在時間和空間上更加集中和精準，動作聯貫、準確到位，肌肉用力協調，某些環節還可能出現自動化。

在教學中，應對學生技術動作提出進一步的要求，針對每個人的情況，重點糾正主要錯誤動作；在練習中需加大發展專項力量動作技術的練習次數，提高專項力量素質；同時進行技術理論學習，有利於動力定型的鞏固和技術動作質量的提高。

（二）舉重教學的要求

為了更好地完成舉重教學的任務，在具體實施舉重教學的過程中，需遵循以下要求：

1. 教師主導與學生的主動性相結合

舉重教學中要以教師為主導，同時需採取各種方法激發學生學習的積極性。

2. 循序漸進與重點突出相結合

舉重教學以從最基本動作開始，循序漸進，同時在整個教學過程中要貫徹兩項競賽動作教學這個重點。

3. 理論與實踐相結合

應從培養目標和對舉重教學的要求出發，合理安排理論教學、技術教學和技能教學，使理論知識與實際操作相結合。

4. 掌握學生基本情況，注意區別對待

舉重教師要深入瞭解學生的思想、學習、訓練、生活及身體情況等各方面，在訓練中做到因人而異，有針對性地進行教學。

5. 加強思想教育，提高學生意志品質

舉重屬於單一動作結構項目，其技術動作較單調，長年反覆進行舉重練習易在

思想上產生疲勞，在舉重教學中應加強思想教育，提高意志品質。

第二節　舉重教學的方法

　　教學方法是指在教學過程中，為實現教學目的、完成教學任務而採用的途徑和手段。教學方法的選擇與運用是否切合實際和有效，對完成教學任務、提高教學質量有重要意義。

一、競賽動作與輔助動作教法

　　競賽動作和輔助動作教法主要是指抓舉技術、挺舉技術和一些專項輔助動作技術的教法。

（一）抓舉教法

1. 高抓

　　高抓技術動作的教學順序依次為：預備姿勢——開始提鈴——膝上高抓——高抓。

　　（1）預備姿勢

　　【主要要求】近站、挺胸、直腰。

　　【易犯錯誤】小腿距離槓鈴過遠，含胸鬆腰。

　　【教法提示】

　　① 教師首先講清高抓與高翻的區別，然後做 2～3 次技術動作示範，然後讓學生分組練習。

　　② 練習時可將鈴墊高，以便做出正確動作。

　　（2）開始提鈴

　　【主要要求】挺胸、直腰、直臂，第一階段主要伸膝，第二階段膝髖並伸，第三階段主要伸髖，同時膝前移至槓下。

　　【易犯錯誤】槓鈴不貼身，含胸鬆腰，展體過早，抬臀過早，拉臂過早。

　　【教法提示】

　　① 練習時兩臂牽引住槓鈴，兩臂保持伸直，以防開始就用臂力提鈴。

　　② 教師首先講清開始提鈴技術要領，然後做 2～3 次技術動作示範，再讓學生分組練習。學生練習 3～4 組初步體會即可，主要應在以後各個動作的練習中嚴格要求。

　　（3）膝上高抓

　　【主要要求】蹬腿、聳肩、快蹲、鎖肩。

　　【易犯錯誤】用力不夠協調，發力過早或過晚；節奏不明顯；展體不充分；槓鈴不貼身；下蹲不積極；聳肩提肘不好等。

【教法提示】發力和下蹲的配合是提鈴技術的核心，如掌握得好對學習下蹲抓是很有利的，故可多練幾組。

（4）高抓：將預備姿勢、開始提鈴、膝上高抓等動作連接起來就成了一個完整的高抓動作。

2. 下蹲抓

下蹲抓技術動作的教學順序依次為：抓舉支撐深蹲——膝上下蹲抓——下蹲抓。

（1）抓舉支撐深蹲

【主要要求】挺胸、直腰、鎖肩。

【易犯錯誤】手臂有屈伸、鎖肩不夠。

【教法提示】

① 用高抓舉起槓鈴後，接做 2～3 次支撐深蹲。

② 對初學者應強調鎖肩、挺胸直腰、軀幹稍前傾。

③ 需人保護進行練習。

（2）膝上下蹲抓

【主要要求】蹬腿、聳肩、快蹲、鎖肩。

【易犯錯誤】槓鈴不貼身；鎖肩不及時；下蹲深度不夠。

【教法提示】

① 初學者往往不敢快速下蹲，因此，除透過講解示範消除顧慮外，對深蹲的深度和速度可逐漸提高要求。

② 著重要求蹬腿、聳肩、快蹲。為了使兩臂提鈴時更好地伸直放鬆，可將槓鈴墊高來做。

③ 做這一練習前，可做徒手發力和下蹲支撐的配合動作。

④ 加強雙人保護與幫助，基本掌握後介紹自我保護。

（3）下蹲抓

【主要要求】近、快、低。

【易犯錯誤】用力不夠協調，發力過早或過晚；節奏不明顯；展體不充分；槓鈴不貼身；下蹲不積極；聳肩提肘不夠；下蹲深度不夠；進肩不夠，鎖肩不及時；起立時手臂有屈伸等。

【教法提示】

① 強調發力時蹬腿、伸髖、展體、聳肩、提肘、快蹲、鎖肩。

② 初步掌握後介紹放下槓鈴及呼吸方法。

（二）挺舉教法

1. 高翻

高翻技術動作的教學順序依次為：預備姿勢——提鈴——發力——接鈴——完

整技術。

（1）預備姿勢

【教學要求】提示「近」站、挺胸、緊腰、臀位、肩位、握法、站法、頭位。

【易犯錯誤】小腿距離槓鈴過遠、含胸鬆腰。

【教法提示】

① 學生若含胸鬆腰，則可要求先挺胸緊腰後再慢慢屈膝下蹲，臀部向上抬高，膝關節一般在100°左右，然後反覆蹲、起。初步體會預備姿勢中肩部、腰部、臀部的位置變化及其要求。

② 可將槓鈴適當抬高，以利於做出正確動作。

（2）提鈴

【教學要求】讓學生始終保持挺胸緊腰直臂，根據提鈴的三個環節的技術要求，將槓鈴前移至膝關節下。

【易犯錯誤】槓鈴不貼身；含胸鬆腰；展體過早；抬臀過早；拉臂過早。

【教法提示】

① 練習時兩臂放鬆、伸直，手臂不要過早向上拉。

② 做幾組練習，開始階段強調槓鈴的用力路線。

（3）發力

【教學要求】發力是按照舉重技術的基本要求，在最短的時間內參與用力的肌肉按照先後順序，爆發出最大的肌肉力量，獲得最大的加速度。

【易犯錯誤】拉臂過早，發力含胸鬆腰，展體不夠充分。

【教法提示】

① 發力的順序為蹬腿、伸髖、展體、聳肩、提肘、舉踵。

② 強調發力節奏、發力向上和發力下蹲的技術問題。

（4）下蹲支撐與起立

【教學要求】發力完成後，積極主動下蹲，主動轉肘，把槓鈴置於鎖骨和三角肌上。

【易犯錯誤】發力和下蹲脫節，槓鈴置於胸上，靠雙手托著槓鈴。

【教法提示】

① 下蹲不積極，發力向上和積極下蹲的動作不協調，膝關節角度在 90°～135°之間。

② 一般而言，都怕把槓鈴置於頸和喉節部位，但是為了更好地把握重心，必須置於此。

（5）高翻完整技術

【教學要求】將預備姿勢、提鈴、發力、接鈴等環節技術連接連續完成，就是一個完整高翻技術動作。

【易犯錯誤】用力不夠協調，發力過早或過晚；節奏不明顯；展體不充分；槓

鈴不貼身；下蹲不積極；聳肩提肘不好等。

【教法提示】

①提鈴時拉臂，蹬腿聳肩不協調，下蹲不積極。可做徒手練習或輕器械練習。

②接鈴時必須將槓鈴置於胸鎖骨連接處和兩處三角肌上，不可用兩手托住槓鈴。

2. 前蹲

【主要要求】槓壓三點（胸鎖骨連接和兩處三角肌前束），挺胸、抬頭、緊腰，胸式呼吸，慢下快起。

【易犯錯誤】含胸弓腰；下蹲太快。

【教法提示】做 2～3 組體會即可，如踝關節太僵硬影響到下蹲，則應在平時的練習中加強壓踝練習。

3. 膝上下蹲翻

【主要要求】蹬腿、聳肩、快蹲。

【易犯錯誤】用力不夠協調，發力過早或過晚；節奏不明顯；展體不充分；槓鈴不貼身；下蹲不積極；聳肩提肘不夠；下蹲深度不夠。

【教法提示】為了體會發力和下蹲的配合，在準備活動中先做幾次徒手發力下蹲的動作。初學者往往不敢快速下蹲，因此除了透過講解消除顧慮外，對蹲的深度和速度可逐漸提高要求。初學者往往拉臂太多，使得槓鈴從較高處砸下來，因此，發力時可著重要求蹬腿、聳肩、快蹲。為了使兩臂保持自然伸直放鬆，可將槓鈴墊高來做。

4. 下蹲翻

【主要要求】近、快、低。

【易犯錯誤】用力不夠協調，發力過早或過晚；節奏不明顯；展體不充分；槓鈴不貼身；下蹲不積極；聳肩提肘不夠；下蹲深度不夠。

【教法提示】提鈴時拉臂過早，蹬腿聳肩不好，下蹲不積極，可做懸吊式下蹲翻。初步掌握下蹲翻後，簡單介紹起立動作。

5. 上挺

上挺技術動作的教學順序依次為：預備姿勢——預蹲——架上挺——完整挺舉技術。

（1）預備姿勢

【主要要求】挺胸、直體、槓壓三點。

【易犯錯誤】用手托著；含胸弓腰；身體和槓鈴重心偏前。

【教法提示】在講解後做 2～3 次預備姿勢體會一下即可。強調槓鈴壓三點，兩臂高抬，挺胸直腰，槓鈴重心落在支撐面中心。

（2）預蹲

【主要要求】直、穩、適中。

【易犯錯誤】身體前傾；槓鈴滑動；預蹲太淺或太深。

【教法提示】做 2～3 組體會即可。強調兩膝分開，做到直、穩、適中，槓鈴重心落在支撐面中心。

（3）架上挺

【主要要求】猛蹬、快分、直體。

【易犯錯誤】發力不猛；下蹲不積極；身體前傾；前出腿太小；後腿拉太長；先收後腿。

【教法提示】學習架上挺之前，可做徒手箭步分腿，也可在地上畫出「十」字標記進行練習。強調發力時蹬腿夾臀、夾肘抬上臂、下蹲積極、身體正直。

6.完整挺舉技術

【主要要求】近、快、低。

【易犯錯誤】所有下蹲翻和上挺的易犯錯誤。

【教法提示】每組翻一次挺 2～3 次。注意完整動作的協調配合，根據存在的問題提出要求。初步掌握後介紹呼吸方法。

（三）輔助動作教法

舉重專項輔助練習技術是與舉重競賽技術緊密聯繫的技術，大部分技術在舉重技術教學過程中已經進行了教學，如蹲、拉的練習、支撐的練習與專項技術的要求是一致的，只需進行準確的示範並提出基本的要求即可。由於輔助練習量和強度更大，故教師和學生的保護能力需要提高，注意力要更加集中。

二、保護與幫助方法

（一）一人保護與幫助方法

保護者根據動作的特點站在練習者的身後，以不妨礙練習者做動作為原則，兩手放在胸前上方，兩眼注視練習者的動作。發現重心偏移或技術變形，立即扶住或接住槓鈴。幫助其逃離或放下槓鈴（圖 4-1）。此方法一般要求被保護的人不要輕易地放開槓鈴，同時這也是對保護者的一種保護。在下蹲抓、深蹲、臥推、頸後推舉等重量較大的單項練習中多採用此種方法。

（二）兩人保護與幫助方法

保護者各自站在槓鈴橫槓的兩端，面對槓端，身體距槓端 20 公分左右，手指重疊或交叉，兩手掌心向上，虎口向前，肘關節微屈（圖 4-2）。當被保護者不能夠完成該技術動作時，兩名保護者應及時地同時用雙手接住槓鈴進行保護，待練習者離開槓鈴後將槓鈴放下。保護時力求判斷準確，出手速度要快。

這種保護方法一般在下蹲抓和下蹲翻、後蹲的教學中，當練習者力量和技術不

圖 4-1

圖 4-2

夠穩定或者試舉重量較大的情況下採用。

（三）自我保護方法

1. 下蹲抓的自我保護

（1）當槓鈴重心偏前時，用兩手將槓鈴向前推開，人向後跳，或兩膝伸直以保護膝關節不致被砸。

（2）當槓鈴重心偏後時，則向後轉肩將槓鈴後推，人向前跳或向前挺髖。也可以一手直臂握牢槓鈴，一手鬆開並向握槓手方向轉體 180°，使身體迅速躲開。

2. 下蹲翻的自我保護

當由於提鈴高度不夠或展體不充分而造成槓鈴重心偏前並無法挽救時，兩手可用力將槓鈴向前推開，人向後跳或上體前傾伸直兩膝以保護膝關節。當由於提鈴路線不對而造成槓鈴重心偏後並無法挽救時，則兩手應更加用力向前推開槓鈴，人向後跳或抬臀，上體前傾使兩膝伸直，以保護膝關節。

3. 上挺的自我保護

（1）上挺未完成而支撐不住時，如重量不重可用胸部承接槓鈴（可在箭步姿勢中承接），同時兩膝向下微屈以進行緩衝。注意在槓鈴下落時，兩臂不可完全放鬆，臂伸肌應繼續用力使槓鈴較慢下落，以減輕槓鈴對胸部的壓力。

（2）如果重量過大，用胸部承接槓鈴困難，則應迅速後收前腿，讓槓鈴直接由體前落至舉重台上。如上挺後支撐不住槓鈴並且方向偏後時，應立即鬆手並使身體迅速躲開，讓槓鈴由體後落至舉重台。

三、舉重教學常用方法介紹

（一）理論課教學方法

1. 重點講解法

講解中針對教材的知識點和重點、難點深入分析，層層遞進。這是一種經典傳統的理論教授方法。

【優點】幫助學生加深理解和瞭解掌握教材的實質性內容。

【缺點】較為枯燥乏味，由於需要注意力高度集中，學生思維與注意力難以持

續與教師同步。

2. 多媒體教學法

運用多媒體技術和學生多種感官的功能，充分而全方位地展示教材內容的細節和重點部分。

【優點】直觀性強、記憶深刻。

【缺點】對教學條件有嚴格的要求，製作難度大，時間精力耗費多。

3. 討論式教學法

在教師引導下，每位學生事先準備教材中規定的某一內容進行主體式講解、討論，然後學生對該問題再進行討論評價，最後教師作總結式講解。

【優點】貫徹了素質教育原則，學生寫作、語言表達能力得到提高，有利於知識的掌握，同時加快了知識向能力的過渡，教學氛圍活躍輕鬆，教與學融為一體，激發了每一位學生的思維。

【缺點】教學時數難以承受。

4. 探究式教學法

也稱之為學習式教學法。理論教學實踐中一般運用此教學法並分 3 個階段進行：一是教師提供訊息資料，學生提出有關概念或假設；二是對獲得的概念或假設進行檢驗；三是引導學生分析他們獲得概念或檢驗的途徑。在探究式教學中，教師提供的訊息必須有助於學生的探究發現。

【優點】可培養學生探究發現式的學習習慣，充分調動學生的能動性和創造性，也是我們培養學生創新性能力的一種基本教法。

【缺點】所費時間比用語言講解方法要長，有一定侷限性。

5. 程序教學法

是透過對教材結構的分析，再將教材內容劃分成不同層次，在教師引導下，學生按照層次的順序逐一學習掌握知識。程序教學法分成直線式程序和分支式程序教學。

【優點】每一層次有相應的知識，並及時回饋。

【缺點】對教師而言，由於首先要求對教材進行改寫、改編，工作量大，要求也更高。程序教學更多地體現為一種教學思想，需要其他教學方法的配合才能有較好的效果。

（二）技術課教學方法

舉重競賽動作由於結構複雜，容易因練習重量的變化而變化，在技術的教學環節，為了更好地提高學生的學習積極性，更好地使學生掌握舉重技術，一般可以採用以下幾種舉重教學法：

1. 示範與講解法

（1）示範與講解法釋義

示範是教師用具體動作為範例，向學生演示所學技術動作的形象、結構和完成

的順序；而講解指教師透過語言向學生講解、說明所學技術動作名稱、作用、要領、做法、要求等用概念指導學生進行技術動作學習。

（2）示範與講解法的具體運用

示範與講解法常運用於舉重教學的初級階段，在具體的運用過程中，要求教師做到以下幾點：

①示範動作正確；

②選擇最有效的示範角度和距離；

③講解要正確並根據教學階段、舉重項目特點及教學對象的不同而有所區別；

④講解應簡明扼要，力求精練，抓住關鍵；

⑤可增加正誤對比示範及運用手勢、口令。

（3）示範與講解法優劣分析

【優點】對形成規範的基本技術及建立較紮實的基本功有利。

【缺點】教學形式較為枯燥、呆板，要求學生有明確的學習動機。

2. **分解教學法**

（1）分解教學法釋義

分解教學法就是將完整的技術動作合理地分解為若干環節或部分，然後按環節依次由易到難地進行學習，最後連接成一個完整動作，達到全部掌握。

其優點主要是簡化技術動作，有利於更快更好地掌握動作。這種方法一般用於舉重教學的初級階段。

（2）分解教學法的類型

在舉重教學中，可用的分解教學法有單純分解教學法、遞進分解教學法及順進分解教學法。

單純分解教學是將動作的各步驟一一學習後再綜合練習。

遞進分解教學指先學第一階段動作，再學第二階段動作，然後一二階段動作聯合練習。再學第三階段，再聯合一二三階段。如此做遞進式學習，直至全部學完。

順進分解教學法是指先學第一階段；掌握後，再學第一、第二階段；掌握後，再將一二三階段聯合起來一起學，如此步步前進，直至全部學完。

（3）抓舉技術分解教學法具體運用：

① 單純分解教學法（表4-1）

表4-1 下蹲抓單純分解教學法教學步驟

第五步：下蹲抓			
第一步：預備姿勢	第二步：提鈴	第三步：發力	第四步：下蹲支撐與起立

② 遞進分解教學法（表 4-2）

表 4-2 下蹲抓遞進分解教學法教學步驟

			第七步：下蹲抓
第三步：寬上拉		第五步：高抓	
第一步：預備姿勢	第二步：提鈴	第四步：鎖肩接桿	第六步：抓舉支撐深蹲

③ 順進分解教學法（表 4-3）

表 4-3 下蹲抓順進分解教學法教學步驟

			第四步：下蹲抓
		第三步：膝上下蹲抓	
第一步：膝上高抓	第二步：高抓		

（4）挺舉提鈴至胸技術分解教學法具體運用：

① 單純分解教學法（表 4-4）

表 4-4 挺舉下蹲翻單純分解教學法教學步驟

第五步：下蹲翻			
第一步：預備姿勢	第二步：提鈴	第三步：發力	第四步：下蹲支撐與起立

② 遞進分解教學法（表 4-5）

表 4-5 下蹲翻遞進分解教學法教學步驟

			第七步：下蹲翻
第三步：窄上拉		第五步：高翻	
第一步：預備姿勢	第二步：提鈴	第四步：轉肘接桿	第六步：前蹲

③ 順進分解教學法（表 4-6）

表 4-6 下蹲翻順進分解教學法教學步驟

第一步：膝上高翻	第二步：高翻	第三步：膝上下蹲翻	第四步：下蹲翻

（5）上挺技術分解教學法具體運用：

① 單純分解教學法（表 4-7）

表 4-7 箭步挺單純分解教學法教學步驟

第五步：箭步挺			
第一步：上挺預備姿勢	第二步：預蹲	第三步：上挺發力	第四步：箭步分腿支撐與起立

② 遞進分解教學法（表 4-8）

表 4-8 箭步挺遞進分解教學法教學步驟

第三步：預蹲發力		第五步：箭步挺	
第一步：上挺預備姿勢	第二步：預蹲	第四步：分腿鎖肩支撐槓鈴	

③ 順進分解教學法（表 4-9）

表 4-9 箭步挺順進分解教學法教學步驟

第一步：推舉	第二步：借力推	第三步：半挺	第四步：箭步挺

（6）輔助動作技術分解教學可根據技術動作的實際情況採取相應的分解教學法。具體運用時可根據每種分解教學法的要求分步驟進行。

（7）分解教學法優劣分析

【優點】有利於個別環節的掌握及主要技術動作的提高。

【缺點】動作的整體性把握欠佳。

3. 完整教學法

（1）完整教學法釋義

完整教學法是指從技術動作的開始到結束部分環節，完整地進行教學的方法。在舉重教學過程中透過完整技術練習逐步提高訓練負荷和強度，提高完整技術的質量，在此過程中透過教師的提醒，改進技術。這種方法一般是在舉重教學的初級階段的中期教學時採用。

（2）完整教學法的具體運用

完整教學法既可用於單個環節的技術教學（如上拉、深蹲等），也可用於完整抓舉、挺舉兩項競賽動作的技術教學。運用於單個環節技術教學時，要注意各個動作之間的緊密聯繫，逐步提高訓練的負荷強度，提高完整練習的質量；運用於完整抓舉、挺舉技術教學時，在完成好各個單個環節的同時，須特別注意掌握多個環節之間的串聯和銜接。

在舉重教學中，應將兩種教學法有機結合使用，使完整教學法與分解教學法優缺點互補。運用分解教學法時，應積極創造條件，以使學生完整地掌握動作。在以完整法為主練習時，也可對動作的某些環節進行分解學習，但要根據舉重教材特點和教學的需要而定。

（3）完整教學法優劣分析

【優點】有利於對動作整體性的把握。

【缺點】不利於個別環節糾錯。

4. 重複教學法

（1）重複教學法釋義

重複教學法是指舉重教學過程中由多次重複練習，達到改進技術的目的。舉重技術看似簡單，然而隨著練習的重量的變化使技術動作容易發生變化或者變形，只有經由千百次的練習，在練習中去尋找問題，才能達到提高和改進技術的目的。這種教學法一般是在基本掌握技術的前提下採用的教學方法。

（2）重複教學法的類型

構成舉重重複教學法的主要因素有：負荷強度（可透過最好成績百分比表現）、每組次數及每兩組練習之間的休息時間。

據此，在舉重教學中可用的重複教學法有大強度重複教學法、中強度重複教學法和小強度重複教學法。

（3）重複教學法的具體運用

根據重複教學法的類型與特點，運用大強度重複教學法時，負荷強度大甚至達到極限強度，每組練習 1～3 次，兩組之間有保證充分的休息時間，通常在衝成績

或需要保持最好成績時使用；運用中強度重複教學法時，負荷強度較大，每組練習3～5次，兩組之間保證較充分的休息時間，這種教學法是在平時的訓練教學中最常用的一種；運用小強度重複教學法時，負荷強度一般，每組練習5～8次，兩組之間保證較充分的休息時間，通常在恢復訓練或放鬆訓練時使用（表4-10）。

表 4-10 重複教學法的類型及其特點

類型 ＼ 要素	大強度重複教學法	中強度重複教學法	小強度重複教學法
最好成績的百分比	90%～100%	70%～90%	50%～70%
每組次數	1～3 次	3～5 次	5～8 次
間歇時間	充分	較充分	較充分

（4）重複教學法優劣分析

【優點】透過同一技術動作的多次重複，經過不斷強化運動條件反射的過程，有利於學生掌握和鞏固技術動作。同時由相對穩定負荷強度的多次刺激，可使機體儘快產生較高的適應性機制，有利於學生發展和提高專項身體素質。

【缺點】在不斷的重複練習中，可能形成錯誤的動力定型，因此，在實際運用過程中教師應注意隨時糾錯。

5. 變換教學法

（1）變換教學法釋義

變換教學法是在教學過程中為了進一步提高學生的學習熱情和更好地掌握舉重技術，採用變換負荷強度、教學內容及教學形式、方法等，改進現有狀況，提高學生的積極性，更好地投入到舉重中來。這種教學法在舉重教學的任何階段都可採用。

（2）變換教學法的具體運用

在舉重教學過程中應根據學生對舉重技術的掌握情況，有意識地改變教學的節奏、內容，使學生變換對技術的理解，以更好地掌握舉重技術。

如在發力技術的教學過程中，學生用力順序不對導致用手拉的情況，在多次提示、示範的情況下還沒有改進，如果再繼續練習，可能會使學生產生反感，這種情況下採用變換教學法，練習其他內容，達到注意力的轉移，然後在下一次的教學中再進行發力技術的教學。

（3）變換教學法優劣分析

【優點】透過變換負荷強度、教學內容及教學形式、方法等，可使機體產生與舉重的特點相匹配的適應性變化，使學生專項身體素質和專項技術得到協調發展。

【缺點】過多使用變換教學法易使學生產生惰性，使學生在技術學習上的問題得不到有效解決，故不宜過多使用。

ᅢ第三節　舉重教學的實施

舉重教學的實施主要包括舉重教學工作計畫的制定、舉重教學的組織、考核、檢查與評定。

一、舉重教學工作計畫的制定

舉重教學工作計畫是以教育計畫作為總的根據而制定的。制定教學工作計畫可以使教學工作得到科學和合理的安排，是長期教學目標與階段教學目標的有機統一。在制定舉重教學工作計畫時，需要系統而均勻地分配各項工作，做到既有重點，又有一般。

舉重教學工作計畫包括教學大綱、教學進度和教案的制定。

（一）舉重教學大綱的制定

教學大綱是依據教學計畫規定的任務和時數所制定的具體教學時數、內容和考核辦法的文件。

它是舉重教學中的法定性文件，主要包括以下內容。

（1）前言（或說明）：說明制定大綱的依據。

（2）教學的任務和要求：包括思想、理論、技術和技能方面的內容。

（3）教學內容與學時分配：總學時教學內容與學時分配、理論課教學內容與學時分配及技術課教學內容與學時分配。

（4）教學內容知識點：主要提出各部分內容的教學要點與要求，可分為理論課和技術課兩部分。

（5）考核：包括考核的要求、內容、方法、方式、評分標準和安排等。

（6）教材與主要參考教材：提出課程使用的教材及參考教材。

舉重專修教學大綱示例（僅供參考）

一、說明

（一）課程定義

（二）編寫依據

（三）目的任務

（四）課程編碼及適應專業

（五）學時數與學分（表1）

二、教學內容與學時分配（表1、表2、表3）

表 1　總學時教學內容與學時分配

	第一學期	第二學期	第三學期	第四學期	第五學期	第六學期	第七學期	第八學期	合計
理論	12	12	10	12	12	12	10	10	90
技術	94	126	126	126	126	126	26	74	824
考核	2	2	2	2	2	2	2	2	16
機動	2	2	2	2	2	2	2	4	18

表 2　理論課教學安排及學時分配

內容安排 ＼ 學時安排 ＼ 學期	第一期	第二期	第三期	第四期	第五期	第六期	第七期	第八期	合計
舉重運動概述	6								6
舉重競賽技術與輔助動作	4	4	4						12
力量訓練理論與方法		4	2						6
舉重教學法	2	2	2	2	4	4			16
舉重訓練法		2	2	6	4	2	2		18
舉重競賽組織與裁判法				4	2	2			8
健美運動					2	4	2		8
核心力量訓練							2	2	4
舉重科研論文							4	8	12

表 3　技術課教學安排與學時分配

內容安排 ＼ 學時安排 ＼ 學期	第一期	第二期	第三期	第四期	第五期	第六期	第七期	第八期	合計
1.重點內容：（1）競賽技術：抓舉、挺舉	30	50	50	50	42	30	4	20	278
（2）輔助動作和發展舉重專項力量的技術：寬上拉、窄上拉、硬拉、前蹲、後蹲、高立翻、下蹲翻、高立抓、懸垂高抓、懸垂下蹲抓、力量推、借力推、立定挺、架上挺、臥拉、山羊挺身、弓身、負重仰臥起坐、臥推等	32	56	56	50	50	30		26	300
2.一般內容：小肌肉群和其他項目發展力量的練習	14	18	18	24	32	34		10	50

學時安排　　　　學期　　内容安排	第一期	第二期	第三期	第四期	第五期	第六期	第七期	第八期	合計
3.介紹内容：箭步抓、箭步翻挺，核心力量訓練	2						6	8	16
4.自選内容：結合學生情況學習健美技術（規定動作、自選動作和使肌肉健美發達的動作技術）與方法						30	12	10	52
5.一般和專項體能訓練	12								12
6.實驗教學、技能培養、考核等	6	6	6	6	6	6	6	6	48

三、教學内容知識點

（一）理論課

（二）技術課

（三）實驗教學及技能培養

四、考核

1. 考評方式。

2. 考核評定辦法。

五、教材與主要參考教材

（一）教材

（二）參考教材

（二）舉重教學進度的制定

教學進度是教學大綱的具體化，是將教學大綱中規定的教學内容合理地分配到每次課中。教學進度安排得是否合理，在很大程度上影響著教學效果。教學進度是教師編寫教案的直接依據。

舉重教學進度的内容包括：

1. 課程訊息：包括科目、教學班訊息、任課教師、總學時等。

2. 教學目的和教學任務：提出學期教學的重點、難點、學時分配、教學應達到的目的和任務等。

3. 學期教學内容分配：以週為單位進行學時分配，並提出每週教學的内容綱要等。

表4所示為舉重教學進度示例。

表 4　舉重教學進度示例（僅供參考）

時間：2014-2015 學年度第 1 學期　　　　　　　　　　　　　2014 年 9 月 1 日

科目	術科		系別	運動系	年級	2013 級	班級	1 班
課程名稱	舉重普修		任課教師				總學時	34
教學目的任務	透過本課程教學，使學生掌握舉重運動的基本知識、基本技術、基本技能，掌握力量訓練的基本理論與方法，發展力量素質，提高對舉重的理性認識							
週次	時數		教學內容綱要				輔助活動	
1	2		理論課：舉重運動概述					
2	2		力量素質測驗：後深蹲、臥推、窄硬拉					
3	2		抓舉（分解教學）、實力推、臥拉、負重弓身					
4	2		挺舉（分解教學）、後深蹲、臥推、仰臥起坐、自選練習					
5	2		抓舉（分解教學）、實力推、負重挺身、引體向上					
6	2		理論課：舉重競賽技術與教學					
7	2		挺舉（分解教學）、後深蹲、臥推、負重彎舉、自選練習					
8	2		前深蹲、臥推、窄硬拉、彎舉、負重弓身、自選練習				素質練習	
9	2		挺舉、後深蹲、臥推、收腹舉腿、雙臂屈伸、自選練習					
10	2		理論課：力量訓練理論與方法					
11	2		抓舉、實力推、臥拉、負重挺身、自選練習					
12	2		後深蹲、臥推、寬硬拉、彎舉、負重弓身、自選練習					
13	2		理論課：舉重技術規則與競賽					
14	2		教學比賽					
15	2		力量素質測驗：後深蹲、臥推、窄硬拉					
16	2		技評達標					
17	2		理論考試					

（三）舉重課教案的制定

教案即課時計畫，是教師根據教學進度編制而成的。科學地編寫每次課的教案對全面完成教學大綱所規定的教學任務具有重要意義。

教案不僅是教師上課的依據，而且對積累資料、總結經驗、提高對教學規律的認識具有重要意義。另外，教案還是檢查、考核教師的工作態度、業務水準的具體內容之一。

舉重課教案的內容包括：

① 課程訊息。包括週次、課次、時間、教學班訊息、任課教師、教學地點等。

② 教材內容。指出課程要教授的主要內容。

③ 教學目標。根據教學進度要求提出具體目標。

④ 課的內容及分配。分開始部分、準備部分、基本部分及結束部分，分別闡述各部分的教學內容及組織教法和教學要求等。

⑤ 場地器材。提出課程所需的場地、器材等。

⑥ 課後小結。根據實際上課的情況，在課後填寫。

表 5 所示為舉重課教案示例。

表 5 舉重課教案示例（僅供參考）

人數 ___ 第 ___ 週 第 ___ 次課 ___ 年 ___ 月 ___ 日 系別 ___ 班級 ___

教學內容	高翻挺、後深蹲、臥推、負重弓身		
教學任務	1.複習高翻挺技術，糾正提鈴拉臂過早的錯誤動作 2.透過高翻挺、後深蹲、臥推、負重弓身練習，發展全身力量		
部分	時間	課的內容	組織教法及教學要求
開始部分	2 分鐘	1. 學生結合報告，師生問好 2. 下達科目：高翻挺、後深蹲、臥推、弓身 3. 檢查人數和服裝，處理見習生 4. 思想、動員	學生分 4 列橫隊集合，要求精神飽滿，服裝整齊
準備部分	20 分鐘	1. 隊列隊形練習或集中注意力練習 2. 一般準備活動：主要部位關節活動 3. 專門準備活動：用體操棍做技術模仿練習	1. 分 4 列橫隊做準備活動 2. 專門準備活動可適當安排核心力量訓練
基本部分	65 分鐘 65 分鐘	1. 複習高翻挺（1）示範：做 1～2 次高翻挺（2）講解：要求蹬腿發力，聳肩、提肘（3）練習方法：60%（強度）／3（次數）×2（組數）、70/3×2、80/2×2 2. 練習後深蹲、臥推、負重弓身（1）示範：各做 1～2 次（2）講解：三個動作的作用和要領。練習時要求挺胸、緊腰。（3）練習方法：輕槓鈴活動後，70/6×2、80/4×3、90/3×2	1. 高翻挺（1）分 4 組進行練習（2）教法提示：互相觀察、分析和糾正動作。提鈴拉臂過早的學生採用懸垂高翻 2. 後深蹲、臥推、弓身（1）分 4 組練習，交替進行（2）教法提示：注意互相保護，嚴格要求，嚴格訓練
結束部分	3 分鐘	1. 肌肉拉長和放鬆練習：懸吊式舉腿、互相放鬆按摩等 2. 課終講評：教學任務完成情況，表揚技術進步快、成績突出的學生，佈置課外作業	
場地器材 整理場地器材			
課後小結			

二、舉重教學工作的組織與實施

組織與實施環節是把舉重教學的設計具體由課堂教學展現出來，是舉重教學最重要的實踐環節。進行舉重教學工作的組織和實施，必須充分發揮教師的主導作用和學生主體作用，教師要以高度的責任感和全面負責的精神，認真上好舉重課，既要嚴格執行課的設計及教案，又要在實施過程中，依據回饋訊息，靈活加以調控與運用。

（一）舉重教學的組織形式

舉重課教學組織形式一般包括舉重技術教學組織和舉重理論教學組織兩種形式。根據課程結構和培養目標、方式的不同，舉重技術以舉重專項技術、力量練習方法、器械健身為教學基本內容，包括了教學的重點和基本面，完成教學內容的基本方法包括教法、教育實習、教學競賽、課外輔導等方式。理論課的教學則是透過課堂上教師提示講解和課外輔導作業的方式來進行教學，當前一般以舉重基本技術、舉重教學法、力量練習法、裁判法為基本教學內容。

（二）舉重課的基本結構

舉重技術教學課的結構是指在一堂課中合理地安排教學、訓練和教育工作的基本順序和構成。它是根據教學目的和任務、教材內容、教學方法、時間安排以及面對學生的基本特點而定。根據體育教學過程的一般規律，舉重技術課的組織結構分為四個部分，即開始部分、準備部分、基本部分和結束部分。

1. 開始部分

開始部分的主要任務是組織學生，使學生明確課的任務和要求，一般包括：集合整隊、清點人數、檢查服裝、處理見習生、思想動員。

2. 準備部分

準備部分的主要任務是使人體各系統迅速進入基本運動狀態並發展一般身體素質，為實施教學基本內容做好準備。

準備部分一般包括：一般準備活動和專項準備活動。一般準備活動以人體的一般關節和肌肉活動為主，主要是為了集中注意力和提高神經系統的興奮性，減少肌肉的黏滯性，使肌肉、神經系統達到適宜的運動狀態。專項準備活動是以發展舉重專項技術和專項力量相接近的準備活動，如做一些舉重技術模仿練習和發展專項素質的練習（速度、彈跳練習）。準備部分的時間及內容應根據課的性質和任務、氣候因素、學生特點、教材內容而定。

3. 基本部分

基本部分的主要任務是使學生掌握和提高舉重的基本知識、技術和技能，發展身體素質，特別是力量素質，改善身體器官，增強體質，提高身體訓練水準。

基本部分的內容主要包括技術練習和力量練習，以及有關的理論知識和技能培養。基本部分的組織方法要根據學生的實際情況（如體能、狀態、現有能力、技術動作的難易程度等），合理地安排教學內容以及教學的先後順序，它對教學效果有較大影響。一般情況下安排 3～5 個練習，其中 1～2 個重點練習。發展專項素質的練習一般安排在課的後半部分。

4. 結束部分

結束部分的基本內容是做肌肉放鬆練習和課的總結、佈置課外作業。放鬆的練習一般以本次課練習內容相關的肌肉拉長和放鬆練習為主，一般採用放鬆慢跑、懸吊練習、按摩等有利於提高肌肉的恢復練習，並轉入相對安靜的狀態和進行課的總結。總結主要是教師講評教學過程中還應該注意的問題，表揚先進。佈置課外作業主要是根據當前教學的需要，安排課後練習內容，以及在練習過程中應該注意的問題。最後整理場地器材。

結束部分的時間一般為 3 分鐘左右。

（三）舉重課的密度與強度

課的密度是指教學過程中合理運用的時間和課的總時間的比例，以及各項練習內容安排的比重關係。應根據課的任務、練習內容、對象特點以及氣候條件等調整舉重課的密度與強度。在安排和調節課的密度時應從幾方面入手：

① 教師應在課前認真備課。

② 分班分組和練習方法合理。

③ 課上的組織工作應儘可能減少一切不合理的措施，如整隊和調動隊伍，以及場地器材的佈置等。

④ 從教法措施上來調整密度。例如做練習的密度太大時，可透過講解、示範、矯正動作等方法進行調節。

⑤ 充分調動學生的自覺性和積極性。

（四）舉重課的運動量

課的運動量是指一堂課中學生所承受的生理負擔量。在舉重教學中，只有當學生的身體獲得必要的、適宜的運動量時，才能完成增強體質、發展力量和提高專項技術水準的任務。教師在安排運動量時，應充分考慮以下幾點：

① 根據課的任務來安排運動量。

② 運動量應符合學生的身體發展和訓練水準。

③ 安排運動量時，要認真考慮教學內容的強度、性質以及與學生身體發展特點之間的關係。

④ 考慮與運動量有關的其他因素。

（五）舉重課前準備工作

教師的課前準備工作首先應從鑽研教學大綱和教材開始，同時應在深入調查研究、總結經驗的基礎上，使每一堂課與整體聯繫起來。課前準備工作包括以下方面：

① 明確課的任務和要求。

② 瞭解學生情況。

③ 深入鑽研課的教學內容和教法。

④ 編寫教案。

⑤ 準備上課的場地和器材。

（六）舉重課的進行

舉重課是以系統的知識、技術、技能武裝學生的過程。課前教師應預先到達場地，佈置與檢查場地器材。上課開始，教師簡明地說明課的任務和要求，啟發學生的自覺性和積極性，共同完成預定的計畫和要求。

在課中各個環節上，特別是基本教學部分，教師應透過清晰的講解和正確的示範，使學生瞭解動作的正確概念、要點及保護與幫助方法，同時正確地運用批評與表揚，嚴格要求學生進行練習。課後教師應將上課的基本情況、計畫完成情況和存在的問題進行記錄，以作為下次課的參考。

三、舉重教學的檢查與評定

舉重教學的檢查與評定是整個教學工作中的一個重要環節。透過各個方面檢查材料的比較、分析，能經常地瞭解學生的知識、技術、技能、素質、身體等方面的變化情況及學生的學習態度等，以作為調整教學計畫、改進教學工作的重要參考。

（一）教學工作情況的檢查

教學工作情況的檢查是檢查工作的一個重要部分，包括教師對學生課內情況的檢查（學生出席情況、課上學習態度、專項成績及完成計畫的情況等），以及教師工作質量情況的檢查（透過填寫教學日誌、組織檢查課和互相看課等形式進行）。是提高教學品質和檢查教師業務水準的重要方法之一。

（二）學生身體檢查

學生身體檢查通常是由醫生或教師對學生的身體情況進行定期的普查和不定期的個別檢查。根據舉重項目的特點，學生身體檢查的內容包括身高、體重、體圍（胸、腰、上臂、前臂、大腿、小腿圍等）、心率、血壓、肺活量等。

（三）專項成績及身體素質檢查

在舉重教學過程中，專項成績及身體素質的檢查是教師根據教學任務和內容有目的、有計畫地安排。一般每週安排一次檢查，測試學生的抓舉、挺舉、深蹲、硬拉、實力推的成績，以及跳遠、百公尺跑等身體素質成績。教師透過專門的表格進行登記，也可登記在點名冊的成績登記表內。

（四）舉重考核

考核是舉重教學的一個重要環節，透過舉重考核，能檢查學生知識、技術及技能掌握的情況，同時也能檢查教師的教學品質。舉重考核的內容可分為平時成績、達標成績、技評成績及理論考試成績四個部分。教師可根據實際情況分配每個部分所占百分比。

第四節　舉重技術診斷

技術診斷是改進和完善學生專項技術的重要步驟，也是技術訓練中需要迫切解決的問題。一些舉重強國把技術改革和創新作為保持和創造優異成績的一項重要措施來抓，以提高運動水準。

一、技術診斷的意義與任務

（一）技術診斷釋義

診斷這一概念源自醫學。近年來越來越多地被引入體育領域。通俗地說，診斷就是分析與判斷，即訓練中常說的根據運動項目的特點和要求，教練員、科研人員以科學理論為指導，運用現代科技手段或依據自身經驗，對運動員的技術掌握和完成狀態進行定性或定量的分析和判斷，發現技術上存在的問題，並為學生實現理想的或滿意的技術狀態提供指導性意見和建議的活動。

（二）技術診斷的意義

第一，技術診斷為一個完整的訓練過程確定一個適宜的起點。運動員技術現實狀態的分析和判斷是運動訓練階段的出發點，只有在正確的科學診斷的基礎上，才有可能做出準確的預測，提出恰當的訓練指標和階段任務，制定出切實可行的訓練計畫。

第二，對技術訓練過程的進展情況及時地檢查、評定，客觀地評價訓練效果，可使教師及時掌握訓練過程的進展以及學生競技能力的變化，對訓練週期的劃分、階段任務的確定、訓練方法和手段的選擇、訓練負荷的安排等做出準確的判斷。

第三，透過診斷可以及時地發現技術訓練中存在的問題，為訓練過程實施有效

的控制提供可靠的依據，以求實現技術訓練的最佳化。

（三）技術診斷的任務

技術診斷及錯誤動作糾正的任務旨在幫助教師及時發現學生在訓練中存在的技術問題，儘快改進技術動作，提高技術品質，探求新技術和論證創新技術的可行性及科學性，從而達到促進運動技術水準提高的目的。

二、技術診斷的常用方法

（一）定性診斷與定量診斷

1. 定性診斷

定性診斷是對運動技術的質的特徵所進行的以觀察法為主要手段的診斷。在採用觀察法時，要注意觀察的客觀性、系統性和精確性。客觀性指保證獲得的關於學生技術情況的訊息是可靠的；系統性指觀察必須按運動的計畫順序進行；精確性指排除主觀因素的影響，發現相似事物中的微小差異。

採用觀察手段診斷學生技術狀況時有兩種途徑，一是在學生完成動作的現場直接觀察、診斷，二是藉助錄影技術在間接觀察中進行診斷。

2. 定量診斷

定量診斷是對運動技術的量的特徵所進行的診斷。這種診斷主要是依靠各種儀器設備，對學生的運動技術的各種生物學特徵進行定量描述與診斷。定量診斷與定性診斷相比較，更具有準確性和可靠性，能迅速而準確地提出改進技術的措施或建議。

定量診斷採用「理論模式分析」和「實測」兩種具體方法，前者是把運動中的複雜人體，進行一系列簡化性假設，建立起技術動作的數學或生物學模型，使用生物力學或經典力學的方法對技術動作進行分析診斷；後者是應用現代科技手段對技術動作進行直接檢測，以獲得技術診斷所必須的人體運動學、動力學、形態學和功能解剖學等方面的參數。

（二）運動學診斷與動力學診斷

第一，運動學診斷是對技術動作的空間、時間特徵及兩者共含的時空特徵的描述與診斷。

第二，動力學診斷是對人體慣性特徵、動力特徵及運動能量特徵的描述與診斷。

（三）多維測試與綜合診斷

多維測試指運用多種手段、尤其是現代科技手段，從多種角度對運動技術進行

測試。隨著現代運動訓練的發展，單一的測試手段和角度已表現出侷限性，多維測試應運而生。透過對多維測試所獲得的多種訊息進行綜合診斷，可對運動技術做出更為透徹和準確的分析與診斷。

三、技術診斷標準

舉重的技術診斷主要應該從兩個方面診斷。一是判斷有無犯規動作；二是在無犯規動作的基礎上是否能發揮出學生的全身爆發力和速度。技術診斷主要由側面及正面的觀察進行診斷。

（一）抓舉技術診斷標準

1. 預備姿勢

（1）**軀幹**：微抬頭、挺胸、直腰，上體前屈，上體前傾度必須超過擺在體前的槓鈴橫槓。

（2）**上肢**：兩臂自然放鬆，採用大於肩寬 30～50 公分的握距伸直吊緊槓鈴。

（3）**下肢**：兩腳同肩寬或稍窄地靠近槓鈴站立，小腿脛骨貼緊橫槓，使橫槓的垂直投影線落在蹠趾關節處，屈膝、屈髖，保持腿部肌肉處於最佳用力狀態。

2. 提鈴

（1）**軀幹**：保持預備姿勢時的抬頭、挺胸、直腰動作和軀幹的前傾角度。

（2）**上肢**：肩部下沉，兩臂自然放鬆，伸直，提吊槓鈴。

（3）**下肢**：先伸膝，抬臀，儘可能使槓鈴呈直線上升至膝蓋高度，然後膝、髖並伸，利用伸膝伸髖的力量把槓鈴提起至大腿上 1/3 處或大腿根部（發力點）。發力點必須固定，發力時膝角大約為 135°。

3. 發力

（1）**軀幹**：快速迅猛地提臀、伸髖、展體，使整個身體發力後成一定角度的背弓（190°左右）。

（2）**上肢**：快速而充分地聳肩、提肘（兩肘儘可能地向肩後上方提拉槓鈴），使槓鈴以最大速度沿身體向上加速運動。

（3）**下肢**：充分地向上蹬腿、提踵、送髖，但兩腳尖不要離地。發力結束時，髖角約為 190°，膝角約為 170°，踝角背伸約 120°。

4. 下蹲支撐

（1）**軀幹**：保持挺胸、直腰的動作；下蹲支撐時，整個上體略微前傾，翹臀，形成穩固的軀幹支撐架子。

（2）**上肢**：向頭後上方甩前臂，翻手腕，然後鎖肩，兩臂在耳垂後方伸直支撐槓鈴。

（3）**下肢**：發力結束瞬間，腿部屈肌迅速收縮，積極地屈膝、屈髖，向兩側分腿蹲低，使臀部和大腿在下蹲過程中向前下方「擠坐」在小腿上，形成穩固的

「底盤」。此時，膝關節必須沿腳尖方向分開，利於收緊腿和髖部。

5. 起立

（1）**軀幹**：收緊腰背，保持下蹲支撐的軀幹姿勢。起立時，既不要前傾，也不要後仰。

（2）**上肢**：兩臂伸直支撐住槓鈴，鎖緊肩肘。

（3）**下肢**：利用伸膝伸髖的協調配合動作，向上起立，起立靜止後使兩腳站在同一橫線上。

6. 放下槓鈴

（1）**軀幹**：收緊腰背，保持上體挺直。

（2）**上肢**：兩手握住槓鈴，屈臂，放鬆肩帶，使槓鈴從身前放下。

（3）**下肢**：一腿向後撤半步，兩腿蹲低。

（二）挺舉技術診斷標準

● 第一部分——提鈴至胸

1. 預備姿勢

（1）**軀幹**：抬頭、挺胸、直腰，保持軀幹適度的緊張，上體前屈，前傾度必須超過擺在體前的槓鈴橫槓，比抓舉小一些。

（2）**上肢**：兩臂自然放鬆，採用與肩同寬或稍寬的握距，鎖握吊緊槓鈴。

（3）**下肢**：兩腳同肩寬或稍窄靠近槓鈴站立，小腿脛骨貼緊橫槓，使橫槓的垂直投影線落在腳背的前 1/3 處蹠趾關節處，屈膝、屈髖，保持腿部肌肉處於最佳用力狀態。

2. 提鈴

（1）**軀幹**：保持預備姿勢時的抬頭、挺胸、直腰動作和軀幹的前傾角度。

（2）**上肢**：兩臂自然放鬆，兩手握住槓鈴。

（3）**下肢**：先伸膝、伸髖，把槓鈴帶到膝蓋高度，然後膝髖並伸，利用伸膝伸髖的力量把槓鈴提起至大腿中部或略微偏下的發力點。發力點力求固定不變。

3. 發力

（1）**軀幹**：快速迅猛地提臀、送髖、展體，使整個身體發力並後仰成一定角度的背弓（約 190°）。

（2）**上肢**：快速而充分地聳肩、提肘（兩肘外展，儘可能地向肩後上方提拉槓鈴），使槓鈴以最大速度沿身體向上加速運動。

（3）**下肢**：充分地蹬腿、提踵，但兩腳尖不要離地。發力結束時，髖關節角度小於 180°，膝關節角度為 150°～165°。

4. 下蹲支撐

（1）**軀幹**：在下蹲支撐時，腰背肌用力收緊，上體挺直，頭部抬起，整個上體略微前傾（與身體的縱軸約成 30°），使總重心投影落在踝關節前，約在腳掌中

部，形成穩固的軀幹支撐架子。

（2）**上肢**：以槓鈴橫槓為軸，兩臂放鬆迅速向橫槓下由後向內、向前轉肘承接槓鈴，使槓鈴置於鎖骨、兩肩三角肌和兩臂構成的支撐面上。兩肘高抬，上臂儘可能接近水平位。

（3）**下肢**：發力後，利用槓鈴獲得最大速度，產生短暫慣性運動的時機，積極迅速地屈膝，屈髖，向兩側快速分腿蹲低，使臀部和大腿在下蹲過程中向前下方「擠坐」在小腿上，形成穩固的「底盤」。此時，膝關節必須沿腳尖方向分開，利於收緊腿和髖部肌群，借反彈起立。

5.起立

（1）**軀幹**：抬頭，收緊腰背，保持下蹲支撐的軀幹姿勢。起立時，既不要前傾，也不要後仰。

（2）**上肢**：兩肘稍外展、高抬，用彎曲的兩臂托住置放在鎖骨和兩肩三角肌上的槓鈴。

（3）**下肢**：利用伸膝、伸髖肌肉的協調配合動作，向上站起至兩腿伸直時，立即將兩腳向中間收攏站在同一橫線上成較窄或同肩寬的站距，做好上挺預備姿勢。

● **第二部分—上挺**

1.上挺預備姿勢

（1）**軀幹**：微抬頭，收緊下頜；挺胸直腰，上體微後仰，使整個身體重心和槓鈴重心重疊在一起，成一直線落在兩腳後跟處。

（2）**上肢**：兩臂放鬆、外展，微上抬（上肢與軀幹成 $40°$～$60°$ 的夾角），支撐住鎖骨上的槓鈴，保持槓鈴不移動。

（3）**下肢**：兩腳左右成一直線自然開立（與肩同寬或略窄），膝關節伸直，保持腿部適度的肌緊張。

2.預蹲

（1）**軀幹**：保持微抬頭、收緊下頜、挺胸直腰、上體微後仰的姿勢。

（2）**上肢**：保持兩臂放鬆、外展，微上抬姿勢，控制好槓鈴不要從鎖骨上滑落。

（3）**下肢**：屈膝（$100°$～$115°$）、微屈髖，保持整個上體成一直線，重心落在腳後跟 1/3 處。

預蹲的最大速度為 0.8～1.2 秒，平穩預蹲階段所用時間為 0.28～0.34 秒，制動預蹲階段所用時間為 0.12～0.14 秒。

3.發力

（1）**軀幹**：微抬頭，收緊下頜；挺胸直腰，上體保持垂直的姿勢。

（2）**上肢**：先抬肘，後伸前臂向後上方推舉槓鈴。

（3）**下肢**：蹬腿，伸髖，提踵，夾臀。

4. 箭步分腿支撐

（1）**軀幹**：挺胸收腹、直腰，上體保持正直，形成穩固的軀幹支撐架子。

（2）**上肢**：兩臂積極用力向上頂撐槓鈴（肩角成 180°），然後鎖肩，兩臂在耳垂後方伸直支撐槓鈴。

（3）**下肢**：發力結束瞬間，兩腳迅速抬起離地分腿。前腳向前出一腳左右，前腿小腿垂直於地面，膝關節角度 90°～110°，前腳腳尖微內扣，後腳後撤一腳半至二腳，以腳趾撐地，膝關節角度為 150°～170°，後腳腳跟微外展，成弓箭步支撐動作。

箭步動作要求：前腳用力向後頂，後腳腳尖撐地向前頂，形成合力，使槓鈴重心和人體重心重疊，落在兩腳形成的支撐面中心。

5. 放下槓鈴

（1）**軀幹**：收緊腰背，保持上體正直。

（2）**上肢**：兩手握住槓鈴，放鬆兩臂，讓槓鈴從身前放下。

（3）**下肢**：前腳向後撤半步，後腳向前跟上，兩腿屈膝蹲低。

（三）輔助動作技術診斷標準

第一，輔助動作發展的肌肉與完成競賽動作的肌肉是否一致。

第二，肌肉的拉力方向與競賽動作是否一致。

第三，肌肉工作類型與競賽動作是否一致。

第四，環節的活動幅度與競賽動作是否一致。

第五節　錯誤動作的糾正

糾正錯誤動作的根本目的在於不斷地發展和提高學生的技能能力，改進和完善技術，並創造優異的運動成績。

為此，教師在技術教學過程中需要經常對學生技能能力的實際水準進行檢查、評定，並及時地糾正其錯誤動作。

一、產生錯誤動作的原因

第一，思想上、心理上的原因。學生學習目的不端正，憑興趣出發，對練習基本動作不感興趣，注意力不集中，怕枯燥，遇到困難時有畏難情緒等。

【解決辦法】加強教育，加強互相幫助，改進教學方法，加強心理訓練。

第二，技術、技能上的原因。技術概念不清楚，沒有掌握動作要領。存在著錯誤動作的干擾，缺乏對技術動作的綜合分析能力。

【解決辦法】採用各種針對性教學方法改進教學，提高講解和示範的質量，加強技術動作各細節的練習。

第三，一般體能訓練和技術水準上的原因。運動素質差，協調性差，技術水準起點低，肌肉重量感差等。

【解決辦法】加強一般身體素質的訓練，加強基本技術各細節的分析，調整練習的難度等。

第四，教學安排上的原因。教師備課不夠充分，教學內容和組織教法混亂，脫離學生的實際情況等。

【解決辦法】加強備課，修訂計畫。

第五，教學環境、場地設備上的原因。由於場地條件的限制，人多台少，環境嘈雜，注意力分散，影響講解效果和練習密度。

【解決辦法】改善教學環境，因地制宜地改進教學方法等。

二、糾正錯誤動作的方法

（一）模式法

模式法指運用具有高度代表性的規範式目標模型來評定學生的技術狀況，找出產生偏差的原因和糾正錯誤動作的方法。其操作程序為：

① 解析產生錯誤動作的各種因素。

② 獲取影響因素的指標。

③ 以目標模型的評價標準數值為評定標準，對技術動作的結構狀態進行評定，找出產生偏離狀態的原因，糾正技術動作，使訓練的結果不斷逼近模式目標。

（二）直觀法

直觀法是指在糾正技術動作訓練中，藉助學生的各種感覺器官，建立正確動作技術的表象，獲得感性認識，幫助學生正確思維，從而糾正和提高運動技術水準的方法。運用直觀法應注意以下事項。

① 儘可能創造條件，廣泛使用各種直觀手段，如電影和錄影等，提高學生多感官的綜合分析能力，感知和糾正技術動作。

② 把運用直觀法和啟發積極思維緊密結合起來，形成正確的動作概念，從而糾正錯誤動作。

（三）語言法

語言法是指在糾正技術過程中，運用各種形式的語言，指導和糾正錯誤動作的方法。其主要作用在於幫助學生藉助語詞明確技術動作概念，糾正錯誤動作，提高技術水準。

採用語言法糾正錯誤技術動作，主要透過「講解」手段來執行。講解應該運用目的明確、通俗易懂、精簡扼要、富有啟發性的詞彙，且講解時機應恰到好處。

（四）想像法

想像法是指在糾正技術動作練習前，學生透過對正確技術動作要領的想像，在大腦中留下「痕跡」，然後在練習中啟動這些痕跡，順利地糾正技術動作的方法。

在運用想像法進行技術動作糾正過程中，應在頭腦想像正確技術要領的同時，與各種感覺（肌肉用力感、空間感、方向感、平衡感和速度感等）緊密結合，把頭腦中的想像變成運動器官的操作活動。

（五）分解法

分解法是把出現錯誤技術的單個動作或出現錯誤技術動作的基本環節從完整的技術動作中分解提煉出來，獨立地進行糾正的方法。

運用分解法糾正技術動作，有利於提高動作品質，提高改進技術動作的效率，增強掌握動作的信心。但是運用分解法必須注意不要破壞技術動作的結構特點，不要破壞動作各部分的有機聯繫。

（六）變換法

變換法是指透過變換運動負荷、練習內容、練習形式以及訓練條件，以提高學生訓練的積極性、趣味性、適應性及應變能力，從而糾正技術動作的方法。

運用變換法進行技術動作糾正，主要是透過運用各種「變化」使學生產生新的刺激，激發他們較高的訓練情緒和強烈的表現慾望，進而促使神經系統處於良好的準備狀態，發展某些運動機能或素質水準，使機體產生與正確技術相符的生理適應，有效提高運動技術水準。

三、糾正錯誤動作的手段

（一）週期性單一練習手段

週期性單一練習手段是指週期性重複進行單一結構動作的身體練習。其動作方式較易設計，動作相對簡單，動作環節相對較少。週期性單一練習手段分為全身週期性和局部週期性練習。

①全身週期性練習。是指全身各部位處於週期性運動狀態特點的練習，如各種快跑練習、連續蛙跳練習、窄（寬）拉練習等。

②局部週期性練習。是指身體某部位處於週期性運動狀態特點的練習，如坐推槓鈴練習、臥拉槓鈴練習、拉橡皮帶練習、負重山羊挺身、拉伸肩帶練習等。

（二）混合性多元練習手段

混合性多元練習手段是指將幾種單一結構的動作混合進行的身體練習。其練習動作相對複雜、動作環節相對較多，有利於形成動作的神經聯繫、提高技能的儲備

量，掌握、糾正較為複雜的技術動作，提高運動的協調性素質和時空感知能力。

混合性多元練習手段亦可分為全身混合性和局部混合性練習兩種類型。跑跳組合練習、拉抓、拉翻練習等屬於前者，而借力推、半挺、擺浪雙臂屈伸練習、擺浪引體向上練習、架支撐等屬於後者。

四、糾正錯誤動作的要求

第一，在教學過程中採取預防措施，在講解和示範時應讓學生知道可能出現的某些錯誤，使學生注意力集中在正確動作想像上，隨時注意改進動作，並相應地調節動作的難度和創造改進動作的條件，儘量減少錯誤動作的出現。

第二，當錯誤動作形成後，應區別主要和次要、關鍵和一般、形式和實質，集中精力先抓住主要錯誤，有的放矢，對症下藥，解決實質問題。

第三，糾正錯誤動作時，對學生要耐心細緻，循循善誘，把糾正錯誤動作和學習掌握動作有機地結合起來，使學生邊學邊改。

> ### 思考題
>
> 1. 舉重教學的任務和內容是什麼？
> 2. 抓舉、挺舉的教學順序及各個階段的要點是什麼？
> 3. 在舉重訓練中如何進行自我保護？
> 4. 舉重技術課的教學方法有哪些？如何合理運用？
> 5. 教學進度包括哪些內容？
> 6. 試編寫一份舉重課教案。
> 7. 什麼是舉重技術診斷？如何對錯誤動作進行糾正？

第五章 舉重訓練

內容提要：

本章重點闡述和介紹舉重訓練的科學理論與方法，包括舉重訓練的內容、任務、原則；體能訓練、技術訓練、戰術訓練、心理和智力訓練；負荷量及其有關因素和指標，負荷量的統計方法，安排負荷量的要求與方法；制定訓練計畫的要求，多年訓練計畫、全年訓練計畫、週期訓練計畫、週訓練計畫、課訓練計畫的制定；訓練日記的編寫；兒童少年訓練，女子舉重訓練等。掌握上述內容對於指導舉重訓練有重要意義。

當學生由教學階段，初步掌握了舉重運動的基本知識、基本技術、基本技能以及一些力量訓練的方法以後，為了進一步提高運動技術水準，就要轉入訓練階段。訓練是教學的延續和深化，是教學過程的高級形式。

舉重訓練的內容包括體能訓練、技術訓練、戰術訓練、心理訓練、智力訓練、負荷量、訓練計畫、兒童少年訓練、女子舉重訓練等。

第一節　舉重訓練概述

舉重訓練是由教練員的科學指導和運動員的積極參與，依據有關科學理論，結合舉重項目規律和運動員身心特點對訓練過程實施控制，不斷鞏固和提高運動技術水準，最大限度地挖掘運動員的運動潛能而專門組織的一種教育過程。

一、舉重訓練的任務

舉重訓練的任務是發展力量、完善技術，最大限度地提高競技能力，在比賽中充分發揮已有的訓練水準，創造優異成績。具體來說有以下幾點：

第一，發展一般和專項運動素質，特別是專項力量素質，不斷提高機體承受大負荷訓練的能力。

第二，透過模仿練習、表象訓練、增大重量等手段，改進和建立正確完整的技術概念和動力定型。

第三，培養蒐集比賽訊息，分析訊息與預測對手實力的習慣。在訓練與比賽中培養戰術意識和各種戰術素養，掌握限制與反限制對手的方法和手段，在比賽中提

高戰術能力。

第四，誘導訓練動機，發展對舉重運動的興趣愛好，培養堅強、果敢、自信、穩定與勇於挑戰自己極限的心理品質，改善運動員心理過程，調節心理狀態，形成個性心理特徵，形成獨特的技術風格。

第五，學習並掌握相關的體育基本理論和舉重運動專項理論，指導並解決實際訓練問題。

上述任務緊密聯繫，相互影響與促進。訓練是一個長期的過程，因此要根據具體情況調整和確定訓練任務。訓練具體任務的實施貫穿於整個訓練過程，並最終體現在最大限度地挖掘運動潛能，提高運動技術水準，創造優異成績上。

二、舉重訓練的內容

競技能力是運動員的參賽能力，是取得優異成績的主導因素。它由身體形態、身體機能、運動素質、技術、戰術、心理和智力因素所決定。這些因素可近似地概括為體能、技能和心理能力（圖 5-1）。

舉重訓練的內容主要包括體能（身體形態、身體機能、運動素質）、技能（技術、戰術）和心理能力（心理、智力）訓練。舉重訓練的最終目的是最大限度地提高運動員的競技能力，並在比賽中創造優異成績。

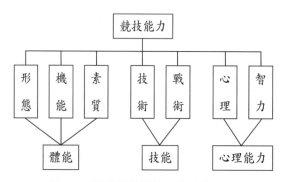

圖 5-1　運動員競技能力的決定因素

舉重是體能類速度力量項目，競賽動作只有抓舉、挺舉。因此，舉重訓練以發展力量和完善技術為首要任務。沒有突出的最大力量，運動員不可能取得好成績；僅有突出的最大力量而沒有完善的技術，力量將不能充分發揮。此外，良好的戰術素養、心理水準和智力發展水準對運動員創造優異成績具有不可估量的重要作用。

三、舉重訓練的原則

訓練原則是運動訓練客觀規律的概括和總結，是完成訓練任務，實現訓練目標必須遵循的準則。舉重訓練除了必須遵循「三從一大科學訓練」（即從難、從嚴、從實戰要求出發，堅持科學的大運動量訓練）原則外，還必須遵循以下具體原則。

（一）整體性原則

整體性原則要求把訓練當作一個整體系統，探索訓練系統與環境間的物質、能量和訊息交換，探索新的社會變革對舉重運動的衝擊，尤其是對運動員觀念的影響。整體性原則要求把訓練過程當作一個開放的系統，探索訓練內容、任務、目標間的關聯、關係，從中組織、調整訓練過程。

（二）遵循運動員的身心發展規律原則

遵循運動員的身心發展規律原則包括以下三點：一是從兒童、少年、青年到成年的訓練都應該按照各年齡階段的不同形態、生理和心理特徵，有計畫，有重點地安排。二是人的認識是由感性認識到理性認識，從形象思維到抽象思維，由低級到高級逐步形成。因此，智能訓練應循序漸進。三是訓練要有連續性。只有遵循運動員的身心發展規律進行訓練，才能取得更大成績。

（三）全面體能訓練和專項訓練相結合原則

基礎訓練，專項訓練是在全面體能訓練上的凸顯。專項訓練時的試舉要與比賽時的試舉一樣，以低重複次數完成接近最大負荷的練習。

運動員在比賽中就是三次重複完成抓舉或挺舉的大重量。因此，訓練內容應根據動作結構、性質和作用科學合理安排，同時必須緊密結合競賽動作的技術和負荷，以低重複次數完成最大負荷。

（四）週期性原則

週期性原則的主要依據是發展專項素質、掌握技術和促成競技狀態形成的客觀規律。採用週期性原則一方面有利於明確訓練目標、任務，安排訓練內容並在訓練中對訓練效果回饋、監督和調控；另一方面有利於運動負荷動態性的波動，有利於大負荷後的超量恢復。

（五）區別對待和多樣性訓練原則

區別對待有兩層含義：其一是根據運動員不同發展階段而以發展的觀點區別對待；其二是根據每個人的年齡、性別、身體發育狀況、體型特點、訓練水準、文化水準、心理特徵、恢復能力不同而區別對待。

多樣性是指訓練計畫的構成要富於變化，避免「過度訓練」。訓練中要根據需要對課次進行調整，訓練負荷要有節奏變化。

（六）有效組數與負荷強度相結合的原則

最高重量 60%以下的強度由於對機體刺激不大，一般只在準備活動或改進技術

時採用，不計入負荷量。有效組數訓練的強度一般為 70%~95%的重量，這種強度的重量每組可做 2~3 次，重複若干組，這樣才能給予機體以足夠的刺激。

根據舉重運動的特點，95%以上的大強度乃至極限強度的訓練，無疑具有重要意義，但是極限強度不是經常都能舉得起，另一方面極限強度每組又只能舉 1 次，儘管強度大，數量卻不夠，對肌肉的刺激不夠深。所以，經常進行的一般是 85%左右的有效組數訓練，高水準運動員可用 90%左右的強度進行有效組數訓練。只有把有效組數訓練和強度訓練結合起來，才能取得良好的訓練效果。

運動訓練實際上就是一個生物適應的過程。運動負荷是引起機體變化、獲得訓練效應及提高運動成績的基本要素。系統的訓練過程就是負荷 —— 疲勞 —— 恢復——提高——再負荷……這樣一個循環往復螺旋上升的過程。

⊩H⊩第二節　體能訓練

體能是指運動員機體的運動能力，是競技能力的重要組成部分，是運動員為提高技、戰術水準和創造優異成績所必須的各種身體運動能力的綜合。這些能力包括身體形態、身體機能、運動素質，其中運動素質是體能的最重要決定因素，身體形態、身體機能是形成良好運動素質的基礎。

體能訓練是舉重運動員訓練的重要組成部分，是結合專項需要並透過合理負荷的練習，改善身體形態，提高機體各器官系統機能，充分發展運動素質，促進成績提高的過程。它是技術訓練和戰術訓練的基礎，並對掌握專項技術、承擔大負荷的訓練和激烈的比賽、促進身體健康、防止傷病及延長運動壽命等有重要意義。

一、身體形態訓練

（一）身體形態的概念

身體形態指人體的內外部形狀。反映外部形態特徵的指標有：高度（身高、坐高、足弓高等），長度（腿長、臂長、手長、足長），圍度（胸圍、臂圍、腿圍、腰圍、臀圍等），寬度（肩寬、髖寬）和充實度（體重、皮脂厚度等）等。反映內部形態的指標有：心臟縱橫徑、肌肉的形狀與橫斷面等。

科學研究證明，環境和遺傳等因素對身體形態有較大影響。例如：身高的遺傳率男子為 79%，女子為 95%；體重的遺傳率男子為 50%，女子為 42%。決定身體形態的其他一些指標也有相當大的遺傳度。

（二）舉重運動員的身體形態

舉重是按體重分級別比賽的項目，運動員的體型特徵是小級別身材較矮小，大級別身材相對較高大，總體特徵是體格健壯，體型勻稱，骨骼粗大，胸脯厚實，皮

下脂肪少，肌肉線條明顯，四肢發達有力，肩寬，手指長，臀部肌肉緊縮上收等。

2005 年 10 月，科研人員透過調研和測量參加第 10 屆全國運動會男女舉重決賽各級別前 15 名運動員，獲得了中國男女舉重各級別高水準運動員身高的數據。

男子 8 個級別的平均身高為：56 公斤級 155.7 公分，62 公斤級 158.9 公分，69 公斤級 163.1 公分，77 公斤級 167.1 公分，85 公斤級 170.2 公分，94 公斤級 171.6 公分，105 公斤級 175.6 公分，+105 公斤級 181.2 公分。

女子 7 個級別的平均身高為：48 公斤級 152.5 公分，53 公斤級 154.8 公分，58 公斤級 157.1 公分，63 公斤級 160.1 公分，69 公斤級 162.1 公分，75 公斤級 164.1 公分，+75 公斤級 170.2 公分（楊世勇，2006）。

上述統計數據說明中國男子舉重中小級別選手的身體形態指標較好，而 94～+105 公斤級部分運動員身高略矮，皮下脂肪較多。中國女子舉重選手的身體形態指標較好，而+75 公斤級部分運動員身高略矮，皮下脂肪較多。上述身高數據可以作為舉重運動員選材和訓練的重要參考。

（三）身體形態訓練的要求

身體形態與舉重成績有密切聯繫，選材時應從遺傳等因素出發，把具有優越身體形態條件的兒少挑選出來。身體形態在一定程度上反映著相應的生長發育水準、身體機能水準和競技水準，影響著運動素質的發展。因此，應採用系統科學的方法對運動員的身體形態進行訓練，以適應創造優異專項成績的需要。

身體形態訓練應注意遺傳因素的影響，要根據項目特點安排身體形態訓練，要根據生長發育的形態特徵安排身體形態訓練，要採用多種方法和手段改善身體形態。

二、身體機能訓練

（一）身體機能的概念

身體機能是指運動員有機體各器官系統的功能，它是身體活動能力的基礎。良好的身體機能是達到高水準體能的重要基礎，也是體能訓練涉及的重要內容。

人體生理機能包括中樞神經系統、心血管系統、呼吸系統、消化系統、生殖系統、內分泌系統、物質和能量代謝、感官、體溫等等。舉重訓練中經常涉及的身體機能指標主要有心率、血壓、血紅蛋白、血睪酮等等。

（二）身體機能的評價

1.舉重運動員身體機能評定參考範圍標準

（1）心率（HR）：45～80 次/分（安靜狀態）。

（2）血壓（BP）：90～140mmHg（收縮壓），60～90mmHg（舒張壓）。

（3）血紅蛋白（HB）：男子 130～160g/L，女子 120～150g/L。

（4）紅細胞（RBC）：3.5～5.6（×1012 個/L）。

（5）細胞壓積（Hct）：35%～47%。

（6）紅細胞分佈寬度（RDW）：11.0%～15.0%。

（7）血清鐵蛋白（SF）：40～150 ug/L。

（8）白細胞（WBC）：4.0～11.0（×109 個/L）。

（9）CD2/CD8：0.7～2.0。

（10）NK 細胞：7.0%～38.0%。

（11）免疫球蛋白 G（IgG）：8～16g/L。

（12）免疫球蛋白 M（IgM）：1.4～4.2g/L。

（13）免疫球蛋白 A（IgA）：0.5～1.9g/L。

（14）血清睪酮（T）：男 280～1000ng/L，女 10～100ng/L。

（15）血清肌酸激酶（CK）：男 10～300U/L，女 10～200U/L。

（16）血清乳酸脫氫酶（LDH）：125～290U/L。

（17）血乳酸（Bla）：小於 2mmol/L（安靜時）。

（18）乳酸無氧閾：4mmol/L。

（19）主要糖酵解代謝區：大於 12mmol/L。

（20）血尿素（BUN）：4～7mmol/L。

2.舉重運動員身體機能恢復狀態評定參考標準

（1）心率（HR）：晨安靜時恢復到個人正常範圍。

（2）血紅蛋白（HB）：恢復到個人正常範圍或自身的高水準上。

（3）血清睪酮（T）：恢復到個人正常範圍或自身的高水準上。

（4）血乳酸（Bla）：運動後消除快，恢復時間短，表示機體的恢復能力強。

（5）血尿素（BUN）：晨安靜值在 7mmol/L 以下。

（6）尿蛋白（PRO）：運動後 4 小時或次日晨尿蛋白消失。

3.舉重運動員賽前身體機能的綜合評定（最佳身體狀態評定）

（1）心率（HR）：呈穩定狀態。

（2）白細胞（WBC）：處於本人正常值的上限。

（3）血紅蛋白（HB）：處於本人最高水準上。

（3）血尿素（BUN）：晨安靜時保持在正常範圍內（5～7mmol/L）。

（4）血清睪酮（T）：保持在自身參考範圍或自身的最高水準上。

（5）尿常規指標：晨安靜時，各指標均在正常參考內。

4.舉重運動員訓練負荷量監控指標及評定參考值

（1）心率（HR）：根據本人最大心率百分數評定。

（2）血乳酸（Bla）：運動後上升的幅度大，表示運動強度大，訓練適應後升高幅度減小。

（3）乳酸無氧閾：4mmol/L。

（4）主要糖酵解代謝區：大於 12mmol/L。

（5）血尿素（BUN）：運動後增值大，表示負荷量大或機能下降；訓練適應後增值減小。運動後以小於 8.0mmol/L 為宜。

（6）血清肌酸激酶（CK）：CK 的活性越高，表示訓練強度越大；適應後升高幅度減少。

（三）身體機能的訓練

良好的身體機能是達到高水準運動成績的先決條件，身體機能的許多指標既受遺傳決定，也受環境影響，同時又有變異性，因此必須採用系統、科學的方法提高身體機能。身體機能的訓練主要透過專項訓練、運動素質訓練的途徑去實現。

科學合理的運動素質訓練和專項訓練可以有效地發展運動員的身體機能，而運動員身體機能水準的提高又能有效地促進體能訓練水準和專項成績的提高與發展。

三、運動素質訓練

運動素質是指機體在中樞神經系統控制下，在運動時所表現出來的各種基本運動能力，通常包括力量、速度、耐力、柔韌、靈敏等。

運動素質訓練是指運用各種有效的手段和方法，透過增進健康、改善身體形態、提高機能能力、充分發展運動素質，從而提高承受運動負荷能力的訓練。

（一）運動素質訓練的任務和要求

（1）運動素質訓練的主要任務就是發展專項和一般運動素質，提高人體機能能力，為掌握完善的運動技術和提高舉重成績打下良好基礎。

（2）運動素質訓練應遵循以下要求：

① 按照兒童和青少年運動素質發展的客觀規律進行訓練。

② 在運動素質發展的敏感期充分發展專項運動素質（力量發展的敏感期為 12～16 歲，速度為 8～13 歲，耐力為 10～20 歲，柔韌為 5～12 歲，靈敏為 6～13 歲）。

③ 專項素質訓練和一般素質訓練相結合。

④ 運動素質訓練和技術訓練相結合。

舉重是在極短的時間內透過抓舉和挺舉技術爆發出最大力量的運動項目。舉重運動員的運動素質訓練包括一般素質訓練和專項素質訓練。

（二）一般運動素質訓練

發展一般運動素質的訓練內容有：

（1）**彈跳力和爆發力練習**：縱跳、立定跳遠、多級跳、跳台階、跳上山羊、

跳深等。

（2）**速度練習**：30公尺、50公尺、100公尺的短距離衝刺跑，或其他以短跑為主要內容的遊戲。

（3）**靈敏和協調性練習**：技巧運動的翻騰練習，籃球、足球練習和其他專門練習等。

（4）**耐力練習**：球類活動和比賽、連續跳繩、中距離越野跑。

（5）**柔韌性練習**：舉重運動對肩、肘、腕、髖、膝、踝等關節部位的柔韌性要求較高，又由於肌肉力量的增長對關節起加固作用，因此，在訓練的全過程中，必須堅持柔韌性的練習，否則隨著力量的增強、肌肉的增大將可能使關節變僵。其主要練習內容有壓肩、轉肩、吊肩、壓肘、轉肘、壓腕、壓踝、壓腿、體前後屈、劈叉、倒立等。

（三）專項運動素質訓練

舉重運動員的專項素質訓練包括專項力量、專項速度、專項耐力和協調性訓練等。專項力量又包括最大力量、速度力量（爆發力）、力量耐力，其中最大力量是舉重運動員競技能力的重要決定因素。

舉重實踐證明，在運動員技術完善的情況下，後深蹲最大力量指標與抓舉成績的比例為：100%（後深蹲最大力量）×0.62＝抓舉成績；後深蹲最大力量指標與挺舉成績的比例為：100%（後深蹲最大力量）×0.81＝挺舉成績（P.羅曼，1975）；實力推舉與挺舉成績的比例約為：100%（實力推最大力量）×2＝挺舉成績。因此最大力量水準與舉重專項成績緊密聯繫。

表5-1所示為參加第29屆北京奧運會的中國舉重隊主要專項力量指標水準。

表5-1 2008年奧運會中國舉重隊員主要專項力量指標水準[1]

姓名	性別	級別	體重	抓舉	挺舉	前蹲	後蹲	寬硬拉	窄硬拉	高抓	高翻	架上挺
陳燮霞	女	48	49.45	100	126	145	170	130	153	87	105	140
陳豔青	女	58	60.3	106	136	160	170	160	170	90	115	
劉春紅	女	69	71.45	133	165	200	215	185	205	114	141	155
曹　磊	女	75	75.75	130	155	195	210	160	190	105	125	160
龍清泉	男	56	58.9	132	165	200	210	180	200	115	145	
張湘祥	男	62	65.3	145	180	205	220	195	215	132	160	

---

[1] 表5-1是參加2008年奧運會的中國男女舉重隊員賽前主要專項成績和力量指標水準。除李宏利獲得77公斤級銀牌外，其餘8人均為金牌獲得者。

廖　輝	男	69	72.9	160	195	240	260	230	260	145	170	
李宏利	男	77	80.1	168	200	250	270	240	260	150	170	
陸　永	男	85	86.3	180	214	251	270	255	275	155	185	

（1）專項力量主要以發展抓舉、挺舉所需的上肢支撐力量、腰背力量和腿部力量為主。

① 發展抓舉力量的輔助動作主要有：高抓、直腿抓、高翻、寬拉、寬硬拉、弓身、頸後寬借力推、臥拉、直立提肘拉、頸後寬握、引體向上、負重挺身、抓舉支撐蹲等。

② 發展下蹲翻力量的輔助動作主要有：直腿高翻、分腿高翻、箭步翻、半高翻、膝上高翻、膝上下蹲翻、窄拉、硬窄拉、前蹲、後蹲、坐蹲、聳肩、提肘拉、下蹲翻接前蹲等。

③ 發展上挺力量的輔助動作主要有：架上挺、頸後挺、借力推、半挺、預蹲、預蹲發力、預蹲靜力、實力推、坐推等。

（2）專項速度主要透過 75%～90% 強度的抓舉、挺舉技術練習和半技術動作來發展專項速度。重點應加強發力階段的速度訓練，使槓鈴呈加速度上升。

（3）專項耐力主要透過專項力量訓練和專項技術訓練來發展專項耐力。專項耐力的發展是建立在良好的一般運動素質基礎和一般耐力基礎之上的。

（4）協調性包括一般協調性和專項協調性。一般協調性透過一般身體訓練和運動素質的發展來提高。專項協調性主要表現在舉重時槓鈴上升的節奏性和準確性上。專項協調性的提高有賴於靈敏素質的發展和對技術動作的準確掌握，並透過專項技術訓練來發展。

┠┨┠ 第三節　技術訓練

技術訓練包括競賽動作和輔助動作技術訓練。凡是為了建立正確完整的技術概念，改進、提高和熟練抓舉、挺舉技術而進行的訓練都通稱為技術訓練。技術訓練的任務是建立正確完整的技術概念，提高肌肉用力的協調性和用力感覺，培養準確、熟練、鞏固、穩定的技術風格，形成運動技能，建立複雜的、連鎖的、本體感受性的運動條件反射。這種條件反射的形成過程分為四個相互聯繫和相互作用的階段，即技術泛化階段、技術分化階段、鞏固技術階段和自動化技術階段。

一、技術訓練內容及要求

（一）技術訓練內容

根據舉重專項輔助動作與競賽動作技術性質和結構，舉重技術訓練所包括的技

術環節、呼吸方法與環節連接如下：

（1）**三個預備姿勢**：抓舉預備姿勢、下蹲翻預備姿勢和上挺預備姿勢。

（2）**兩個提鈴**：抓舉提鈴和下蹲翻提鈴。

（3）**三個發力**：抓舉發力、下蹲翻發力和上挺發力。

（4）**三個下蹲支撐和一個預蹲支撐**：抓舉下蹲支撐、下蹲翻下蹲支撐、上挺下蹲支撐和上挺預蹲支撐。

（5）**三個起立**：抓舉起立、下蹲翻起立和上挺起立。

（6）**兩個定鈴**：抓舉定鈴和挺舉定鈴。

（7）**兩個放下槓鈴**：抓舉放下槓鈴和挺舉放下槓鈴。

（8）**兩個呼吸方法**：抓舉呼吸方法和挺舉呼吸方法。

（9）**八個連接**：預備姿勢接提鈴、提鈴接發力、發力接下蹲、下蹲接支撐、預蹲接上挺發力、支撐接起立、起立接定鈴和定鈴接放下槓鈴。

（10）其中提鈴包括伸膝、伸髖和膝髖並伸環節及連接，抓舉發力包括蹬腿、伸髖、展體、聳肩、提肘、起踵和甩臂環節及連接，下蹲翻發力包括蹬腿、伸髖、展體、聳肩、提肘、起踵和轉肘環節及連接，上挺發力包括伸膝、伸髖、屈踝（起踵）、夾臀和伸臂環節及連接。

競技舉重雖然只有抓舉和挺舉兩項動作，但其技術是多環節的聯合運動，是在最短的時間內爆發出最大的力量。運動員要創造優秀成績，只練習抓舉、挺舉是不夠的，還必須進行輔助動作訓練。人們根據競賽動作的技術環節、要領、易犯錯誤和用力方式，針對完整的技術動作和某個動作環節從難或從易、增加重量或減少重量、延長路線或縮短路線設計各種輔助動作，以改進技術和提高專項力量。

根據競賽動作與主要專項輔助動作的主要環節運動、主要肌肉用力、作用和用力特點，舉重技術輔助動作還包括以下訓練內容：

① 抓舉類：高抓、墊人抓、膝上抓、墊鈴抓、懸垂抓、直立抓、窄高抓、寬提肘拉、抓支撐和頸後寬挺蹲。

② 下蹲翻類：高翻、墊人翻、膝上翻和墊鈴翻。

③ 上挺類：負重預蹲、預蹲發力、架上挺、半挺、借力推、頸後架上挺、上挺支撐、半蹲支撐和箭步翻。

（二）技術訓練要求

（1）**抓主要技術環節，注重連接技術**。掌握完整的抓舉和挺舉技術應從分解動作開始，也可以練完抓舉再練挺舉；可以從預備姿勢按順序練到下蹲支撐與起立，當然也可倒過來練習。比較好的方法是採用綜合練習，從發力開始到提鈴再過渡到支撐，最後把整個動作連接起來。

（2）**內容多樣，合理組合**。輔助動作的練習不僅能使技術和力量得到全面發展，還能提高訓練興趣和效果。專項輔助動作的作用是發展競賽動作所需要的肌肉

力量和改進競賽動作技術，這些動作都和競賽動作關係比較密切。其中，有些動作是改進技術的，有些是發展力量的，有些既可發展力量，又可改進技術。特別是改進和掌握技術動作階段，採用合理組合方式收效很好。動作組合一般體現在訓練計畫中，也就是抓舉和挺舉技術分配比例。

　　動作組合方式有同性質動作組合和不同性質動作組合。比如為了掌握翻鈴技術，可採用膝上發力＋膝上高翻＋膝上下蹲翻＋膝下下蹲翻四個動作連續練習為一組。又如，為了掌握抓舉技術，可採用膝上發力＋膝上高抓＋膝上下蹲抓＋膝下下蹲抓四個動作連續練習為一組。

　　（3）**想練結合。** 從學習到掌握一個技術動作並非單純練練而已，同時也是人的心理、生理和外在因素相互作用的結果。透過想練結合充分發揮人的意識能動性，幫助建立概念與本體感覺之間的聯繫，促進正確技術概念和掌握正確技術動作。

　　（4）**區別對待，形成技術風格。** 技術訓練是標準技術、訓練方法和運動員個人特點的統一。由於每個運動員競技能力不同，在技術細節、訓練方法上亦應有所區別，以形成技術風格。

　　（5）**認真對待每一次試舉，保證成功率。** 認真對待每一次試舉是態度引起的習慣問題。認真使人注意力集中。認真對待每一次試舉，才能充分保證成功率。

　　（6）**掌握適當的試舉重量，重視發力技術。** 評定抓舉、挺舉技術、一般採用85%～95%的負荷強度進行。如果是以技術訓練為目的，試舉重量的選擇主要看發力情況，即發力是否迅猛、充分、協調。如果發力正確，完成動作輕鬆，則可適當增加重量，否則應適當減少重量。

　　（7）**平衡發展抓舉、挺舉技術。** 技術訓練的過程實際是不斷改進技術和熟練技術的過程，在此過程中，總會出現這樣或那樣的問題，要解決問題首先應抓住問題的本質，同時要瞭解與掌握矛盾的形成條件。影響抓舉和挺舉成績平衡發展的因素很多，要具體問題具體分析。

　　（8）**不斷創新。** 每一次新技術的出現都會大幅度地提高運動成績。技術創新的首要的任務是理念創新，其次是理論創新，再次是在技術實踐中勤於思考、善於分析和總結。技術創新包括理念創新、理論創新、動作方式創新、訓練方法創新以及訓練內容創新。

二、技術泛化階段

　　（1）**特點：** 神經過程處於「蜻蜓點水」式的泛泛階段，內抑制過程尚未精確建立起來，注意力範圍比較窄，知覺的準確性較低，對動作的技術環節、路線以及整體概念模糊。動作表現出緊張、牽強、不聯貫、缺乏控制力。此階段可能由於剛剛練習，興趣較高，情緒飽滿，自我投入，並利用過去經驗。此階段運動技能提高先慢後快。

（2）**易犯錯誤動作**：從預備姿勢到完成動作，收腹、挺胸和直腰不能很好保持，槓鈴不貼身，手臂緊張，提鈴時伸膝、伸髖和膝髖並伸順序、變化角度或高度不正確，發力點偏低，主要上肢用力，發力順序不正確，發力方向偏後，有雙腳離地跳躍動作，提肘、甩臂、轉肘、夾臂和伸臂不正確，發力與下蹲支撐脫節，定鈴不主動，尤其是箭步挺，前後分腿不協調、不穩定。

（3）**任務**：透過講解、示範和練習使運動員基本瞭解技術原則與技術動作各個部分的作用、要領、主要環節運動和主要肌肉用力，建立分解和完整動作概念，粗略地掌握各個分解運動和完整技術動作。同時，積極培養興趣。

（4）**內容**：抓舉和挺舉共有的性質、結構相同或相似的主要環節動作，尤其是發力和提鈴；各種環節技術連接的抓舉和挺舉半技術性動作；整個技術連接的抓舉和挺舉全技術性動作。利用某些趣味性的輔助動作或技術組合，提高運動員的訓練興趣。

（5）**方法**：採用分解結合完整動作的徒手或木棒練習，組數 10 組左右，每組 5～8 次。練習順序從抓舉和挺舉共性環節動作到異性環節動作；從單環節到雙環節再到多環節動作。緊緊圍繞技術原則安排豐富多彩的趣味性的輔助動作或技術組合。透過一段時間練習，建立分解和完整動作概念，粗略地掌握分解和完整技術動作。

三、技術分化階段

（1）**特點**：神經過程處於同類訊息、相同結構訊息聯繫階段，興奮和抑制過程在空間和時間上更加準確，內抑制過程加強，注意力範圍有所擴大，知覺的準確性增大，對某些環節技術要領概念比較清楚。動作表現出緊張程度有所減少，動作之間干擾減少，但動作之間的銜接常出現間斷、停頓現象。有可能練習興趣會降低，覺得枯燥，影響練習的動機和情緒，可利用經驗較少。此階段運動技能提高先快後慢。

（2）**易犯錯誤動作**：提鈴時伸膝、伸髖和膝髖並伸節奏不穩定，發力順序仍不正確，發力有擺動腰部動作或不能積極提肘導致槓鈴不貼身，發力不夠迅猛、充分，上挺預蹲發力銜接不緊，上挺過早伸臂，箭步支撐仍不穩，定鈴動作仍不明顯。

（3）**任務**：進一步建立正確技術概念，繼續改進錯誤動作，消除多餘動作，促進動作技能不斷分化、鞏固，逐步地達到用力協調、節奏明顯、動作和槓鈴路線基本正確。同時，繼續培養訓練興趣。總之，改進錯誤動作和培養訓練興趣是這一階段的中心任務。

（4）**內容**：除了要進行抓舉挺舉完整技術訓練外，必須針對錯誤動作，較多採用技術性輔助練習來進行訓練。同時注意採用改進動作的一些趣味性或組合性輔助練習，提高興趣，消除疲勞，提高訓練效果。

（5）方法：主要採用 60%～70%強度，組數 8～10 組，每組 3～5 次。強度小是為了使運動員的注意力能集中到技術要領上，組數、次數多是為了經由重複練習不斷進行強化。此階段培養運動員發現錯誤的原因非常重要。只有及時發現錯誤動作，才能對其進行分析和糾正。發現錯誤動作除了依靠自己體會外，可以透過現場相互觀摩，觀看技術錄影與正確動作的比較分析結合進行。

四、鞏固技術階段

（1）特點：神經過程的興奮與抑制更加集中與精確，動作在大腦中建立起鞏固的動力定型。動作表現出完整的系統性，此階段運動技能逐步提高。

（2）易犯錯誤動作：由於重量增加而引起提鈴高度不足，發力點偏低，過早發力。發力不夠迅猛充分，提肘甩臂和伸臂不夠積極主動，高度不足。

（3）任務：訓練的主要任務是使已經比較正確、協調而有節奏的動作更加鞏固與熟練，使運動員在試舉不同的重量甚至較重的槓鈴時，也能做出正確的技術動作；並使主要環節動作逐漸走向自動化，同時建立完整的技術概念。

（4）內容：由於主要錯誤動作基本得到糾正，抓舉、挺舉完整練習比例增大，以保證動作的完整性和各環節的協調配合。同時，應有針對性地重點選擇一些技術性輔助練習，完善發力技術，並在不斷增加槓鈴重量時，保證發力迅猛充分。

（5）方法：可以採用 70%、75%、80%、85%、90%、85%、80%的強度進行練習。70%～80%強度的組數 3～5 組，每組 3～4 次；85%～90%強度的組數 2～4 組，每組 2～3 次。狀態好時可酌情安排 90%～100%的強度，有效組數 1～2 組，每組 1 次。另外，可有針對性安排強度在 70%～80%，有效組數 6～8 組，每組 1 次，3～4 個動作組合練習強化提鈴和發力技術。隨著技術不斷鞏固與熟練，應加強運動員理論聯繫實際的學習，培養運動員敏銳的肌肉用力感覺，建立完整的技術概念。

五、自動化技術階段

（1）特點：神經過程的興奮與抑制高度集中與精確，動作在大腦中建立起鞏固、完善的動力定型，在合適重量下，不用意識控制也能做出正確動作。動作表現得心應手，各環節銜接無痕，富有節奏感，由於訓練時負荷強度大，個別環節技術要領伸展不夠充分，但透過意識可以起調節作用。此階段運動技能進一步提高。

（2）易犯錯誤動作：發力不夠迅猛、充分。

（3）任務：在鞏固熟練的基礎上，使動作走向自動化，改進細小的技術動作，不斷發展與完善自己的技術風格，不斷提高技術水準。

（4）內容：以抓舉挺舉完整動作為主，分解動作以發力、提鈴、定鈴為主，突出自己的強項，同時適當安排自己喜愛的技術輔助動作，為了提高技能，努力創造一些新的訓練手段。

（5）**方法**：高水準運動員主要注重負荷強度的訓練，只有大強度才能不斷刺激神經和肌肉，從而提高運動技能。主要有三種類型強度：

一是 85%～95%中大強度，有效組數 8～10 組，每組 2～3 次，這種訓練最能夠表現技術的完整性，發力迅猛充分，試舉成功率高。

二是較好狀態時 95%～100%的大強度，有效組數 3～5 組，每組 1 次，這種訓練既可鞏固技術，又可發展素質。

三是狀態好時可酌情安排 100%～103%的超大強度，有效組數 1～3 組，每組 1 次，這種訓練符合舉重技術訓練的最終目的，能夠強刺激神經和肌肉，鍛鍊拚搏自信的心理狀態。

運動技能的形成是由心理、生理、外在重量、訓練內容和訓練方法的多變量複雜過程。在這個抽象過程中含有動作外形在大腦中的想像活動、經驗在大腦中的表象活動、知識在大腦中的概象、理念在大腦中的意象。它們可以相互整合（如表象同初級概象結合，形成高級概象），也可以依需要而進行分離、轉化（如體驗活動中，意象內容部分還原為概象與表象；想像推理活動中，表象、概象和意象的互動互補與動態分解等情形）。它是以神經為仲介傳導，整合人體各種組織、器官和系統，最終以動作的具體形式發揮人的潛力。

整個技能訓練有時還表現出同質或異質的正遷移、零遷移和負遷移過程，用合理的技術發揮人體最大的力量是舉重訓練的基本要求。

╫ 第四節　戰術訓練

一、戰術的概念與分類

戰術是依據比賽規則，根據比賽雙方情況，正確地分配體力，充分利用訊息和發揮己方身體、技術、心理等方面特長，限制對方特長，爭取比賽勝利的藝術。

戰術按限制分類，可分為無限制、限制和反限制戰術。無限制戰術即自我發揮戰術，是為了發揮自己的實力而制定的戰術，多在水準較低或水準最高的運動員中使用，水準較低則無實力與對手對抗，水準最高則實力太強無對手與之對抗。

限制戰術是有意識地限制對手的發揮而制定的戰術，多在實力相當的運動員中使用。反限制戰術是針對對手使用的限制戰術而採用的應對戰術，多在實力相當的運動員中採用。

戰術按人數分類，可分為集體、雙人和個人戰術。集體戰術是為了取得全隊勝利而制定的不同級別的參賽戰術，其中有的運動員可能升級或降級，有時一個級別安排兩名運動員參賽，有時會放棄某個級別參賽。雙人戰術即雙保險戰術，是在一個級別內安排兩名運動員使用夾擊逼迫對手，爭取主動。個人戰術是運動員利用體重、開把重量、試舉重量增加等訊息所使用的戰術，所有的戰術實施最終都歸到個

人戰術上，由個人完成。

不管何種戰術最終都建立在個人實力上，以保證成功率為前提。自己的戰術必須心中有數，對手的戰術只能透過對手的情況預測。戰術意識是培養出來的，戰術的方法有多種多樣，有跡可循，可以瞭解並掌握。但使用戰術時由於比賽的情況千變萬化，尤其是對手的實力與意識難以摸清，只能根據當時比賽的具體情況，使用一個或多個戰術組合。

戰術訓練是指為了使運動員掌握最合理的戰術手段和戰術方法，培養運用這些手段和方法的能力，以便發揚自己的特長，限制對方的特長，為比賽做好戰術上準備而進行的訓練。

正確地運用舉重戰術對奪取比賽勝利有重要作用。戰術運用得當，常常能以弱勝強；戰術不當，強者也會變成弱者甚至失敗。

二、戰術訓練的要求

根據舉重運動的特點，戰術訓練應特別注意以下要求。

第一，要樹立正確的戰術思想。首先，舉重是非直接對抗性的項目，比賽中運動員之間不發生身體接觸，決定比賽勝負時在戰術上受對手的影響比較小；其次，舉重比賽的每項競賽動作只有 3 次試舉，如果 3 次全失敗就無成績可言，因此每次試舉都極其珍貴，極為重要。

鑒於上述原因，舉重比賽中必須堅決貫徹「以我為主，以成功率為主」的戰略思想，把自己的訓練水準充分發揮出來。總之，發揮自己特長是主要方面，限制對方特長是次要方面。

第二，培養戰術意識，提高戰術能力是戰術訓練的中心環節。戰術意識是運動員在比賽中為達到特定戰術目的而決定自己戰術行為的思維活動過程，它包含了兩方面的內容：一是運動員在比賽中對自己所採取的戰術方法有充分的認識和理解；二是在複雜多變的比賽環境中，適應環境隨機應變，迅速判斷並正確決定自己的戰術行為。在勢均力敵的情況下能否奪取優勝，戰術能力起著決定性作用。

舉重比賽中並沒有太多的戰術內容和戰術配合，因此，培養戰術意識、提高戰術能力就顯得更加重要。

從某種意義上說，運動員臨場的每個活動都應該是戰術性活動，因為戰術內容中有一個重要方面就是戰術心理。你的表現是信心十足，對手就會害怕、緊張；反之，你表現得緊張或焦躁不安，卻能使對手感到鼓舞而信心增加。所以，要加強戰術意識的培養，提高戰術能力。

第三，掌握具體的戰術手段和戰術方法，並提高運用能力。舉重的戰術手段主要有體重、試舉重量安排和戰術心理 3 個方面。具體運用這些手段時，又有各自的戰術方法。戰術訓練中，只有教會學生掌握這些戰術方法，並且提高他們的運用能力，才能在比賽中達到自己的戰術目的。

三、舉重比賽的戰術手段與戰術方法

（一）體重戰術

1.體重戰術的意義

舉重競賽規則規定，舉重比賽按體重分級，稱量體重的精確度為 0.01 公斤。當運動員成績相等時，體重輕者名次列前。這意味著體重重 0.01 公斤者要多舉 1 公斤才能贏得比賽。體重輕者除了可很好地利用體重戰術外，還能爭得試舉戰術和心理戰術的主動權，從而在戰術上占據優勢而易於取得勝利。

2.運用體重戰術的要求

（1）**預見性**：能否有效地使用體重戰術，關鍵在於預見性。因為規則規定，體重應該在賽前兩小時稱量，一旦稱好，它就要在整個比賽中發揮戰術作用。控制體重需要一定的時間，而且臨時控制的幅度是很小的。所以，體重的戰術運用在賽前就已經開始了。賽前充分瞭解對手的級別、體重、成績，從而確定自己如何控制體重是十分重要的。

（2）**戰術考慮與保持充沛的體力相結合**：體重無疑有著重要的戰術作用，但絕不是體重越輕越好。因為減輕體重（特別是減得太多）也會在一定程度上影響體能，影響成績的發揮。所以，在應用體重戰術時，一定要從實際出發，使戰術考慮與保持充沛的體力相結合，切忌盲目性和片面性。

3.體重戰術的運用方法

（1）**確定級別**。舉重比賽中只有屬於同一體重級別的運動員才可在一起比賽，是升一級比賽有利，還是降一級比賽有利，這就有個戰術問題。確定級別要注意以下幾點：

① 要充分瞭解對方參加比賽人員的名單、級別、體重和成績，然後根據對對手的分析判斷，再做出本隊的安排。

② 個人的級別安排要服從對團隊取勝是否有利。

③ 體重如超過級別標準太多，則應服從長遠利益，以升一級比賽為妥。

（2）**控制賽前體重**。運用賽前體重戰術應注意下列幾點：

① 成績稍占優勢者，應少考慮體重戰術，而應多注意保持充沛體力，主要依靠試舉重量戰術去戰勝對手。

② 原有體重較重而又必須降級比賽時，應少考慮體重戰術而多注意保持體力，體重宜控制在剛好符合級別標準。

③ 原有體重超過級別標準不多的運動員，在不影響體力的前提下，為了在戰術上有利，可以把體重控制在比級別標準低 0.5 公斤左右的水準上，以取得戰術上的主動權。

④ 當自己成績與對手相近時，賽前應注意體重保密，同時可採取正當的手段

瞭解對手情況，力爭使自己的體重輕於對手。

⑤ 在成績相近的情況下，如已得知對手的確實體重，而自己又是力所能及，可以採取措施臨時再控制 0.1 公斤左右，以取得體重上的主動。

（二）試舉重量戰術

1. 試舉重量戰術的意義

試舉重量是舉重比賽的主要戰術手段。試舉重量選定得正確，就可能獲得較高的試舉成功率，取得良好的成績。反之，如果試舉重量選定得不恰當，就會對運動員技術水準的發揮產生不良影響，小則影響成績和名次，大則可能使 3 次試舉全部失敗。

2. 確定試舉重量應考慮的因素

確定試舉重量是主觀判斷的問題，然而判斷的依據是客觀存在著的各種因素。確定試舉重量之前，必須認真分析各種有關因素。

（1）平時訓練，特別是賽前一個月訓練的各種情況。賽前訓練情況較好的，比賽成績也往往比較好。

（2）心理狀態，尤其是運動員的信心，這方面的表現主要有 3 種情況：第一，賽前比較緊張、害怕、信心不足；第二，賽前信心很足，但對自己的能力估計過高；第三，既充滿信心，又冷靜客觀。對第一種情況的運動員應設法排除其心理障礙以增強其信心；對第二種情況的運動員應積極引導，提高其比賽成功率；對第三種情況的運動員應善於聽取其建議，並努力使其在比賽中發揮應有的水準。

（3）是否減輕體重，這也是確定試舉重量應考慮的重要因素之一。人工減輕體重一般來說對體力往往有些影響。減得多者影響大些，減得少者影響小些或不受影響；輕級別影響大，重級別影響小；脂肪少者影響大，脂肪多者影響小；力量小而技術好者影響大，力量大而技術差者影響小。此外，比賽經驗、對手情況都是確定試舉重量應考慮的重要因素之一。

3. 確定試舉重量的原則

舉重比賽確定試舉重量的基本原則是以我為主、保成功率、穩拼結合、兼顧對手、失敗不加、靈活掌握。

4. 第一次試舉重量戰術

第一次試舉重量戰術也稱「開把重量戰術」，包括第一次抓舉和第一次挺舉試舉。其基本要求是穩，並且是很有把握成功的重量。開把重量戰術如下：

（1）無限制戰術（自我發揮戰術）是為發揮自己的實力而制定的戰術。舉起開把重量對後面的試舉非常重要。在未減體重的情況下，開把重量一般為賽前一個月最高訓練成績的 95% 左右。

（2）限制戰術是有意識地限制對手的發揮而制定的戰術。開把重量應用得當，有利於限制對手的發揮。

（3）反限制戰術是針對對手使用的限制戰術而採用的應對戰術。要使用反限制戰術，首先是確定（或猜測）對手是否使用的是限制戰術，如果不是，反限制戰術就不成立。如果對手使用限制戰術，以自我發揮為主應對是一種策略，也可以根據雙方體重大小、試舉的順序以及具體情況應對。

5. 第二、三次試舉重量戰術

第二、三次試舉重量戰術也稱「試舉重量增加戰術」。第二次試舉重量相對比較固定，即比第一次試舉重量增加 5 公斤左右，接近賽前訓練最高成績；第三次試舉的基本要求是拼，力爭表現出賽前訓練的最高水準，並奪取優勝。

運動員增加試舉重量的幅度多種多樣，歸納起來，主要有不增加（如第一次或第二次試舉失敗）、按規則增加或跳躍性增加等。應用試舉重量增加戰術時，必須結合具體情況進行分析。一般來說，體重輕、試舉順序在後對安排戰術有利。

（1）無限制（自我發揮）試舉重量戰術。 在正常情況下，第二次試舉重量為97%～100%，第三次試舉重量為 100%或以上。但也有使用跳躍性增加重量的方法，跳躍性加重應確保成功率。

（2）限制性試舉重量戰術。 可根據以下情況制定：

① 體重輕、試舉順序在前。第二次試舉重量為 97%～100%，第三次試舉重量為100%～102%，逼迫對手每次試舉重量比自己重 1 公斤或以上。

② 體重輕、試舉順序在後。這是最有利的情形，每次試舉保持與對手相同重量即可。

③ 體重重、試舉順序在前。第二次試舉重量為 98%～100%，第三次試舉重量強度100%～102%，逼迫對手每次試舉重量與自己一樣。

④ 體重重、試舉順序在後。根據對手情況，每次試舉應比對手重 1 公斤或以上。

⑤ 體重相同、試舉順序在前。以我為主，確保成功率。前面單項成績一樣時，逼迫對手每次試舉重量比自己重 1 公斤或以上，如果總成績一樣，則第三次挺舉逼迫對手試舉重量比自己重 1 公斤或以上。

⑥ 體重相同、試舉順序在後。主要看對手試舉情況，確保自己每次試舉成功。

（3）反限制性試舉重量戰術。 首先要確定對方是否實施的是限制性試舉重量戰術，如果確實，只使用與限制性試舉戰術相反的戰術即可。在比賽中也有使用跳躍性加重的方法的，尤其是大級別的試舉，有的運動員甚至每次增加 10～20 公斤。

（三）心理戰術

1. 心理戰術的意義

運用某些心理手段來使對方增加心理負擔，而使自己處於良好的心理狀態，以達到制勝對手的目的，這就是心理戰術。身體素質和技術水準是心理戰術的基礎，

而成功的心理戰術的運用，則能充分調動運動員的積極性和創造性，從而促進運動員技術水準的發揮。

2. 心理戰術的運用方法

（1）儘量瞭解對方，而不讓對方瞭解自己；

（2）麻痺對方和給對方以心理負擔；

（3）由暗示給我方以鼓舞和信心。

心理戰術要求運動員在比賽中胸有成竹，鎮定自然，不被對手的戰術左右，不被利益影響，保持適當的緊張度，專心致志地完成每一次試舉。

不利於比賽心理戰術的因素很多，例如賽前領導、教練員和親友期盼過高，對獎金、獎品的期盼過強，過分看重比賽結果，過高估計自己的實力等。對運動員出現的心理負擔，可以由目標分割、信心鼓勵和注意力的調節等手段加以改善。

�第五節　心理與智力訓練

心理和智力訓練主要指運動員的心理能力和運動智能的訓練，它是運動員競技能力的重要決定因素之一，也是運動訓練的重要內容。

一、心理訓練

良好的心理素質和心理能力是舉重運動員成功的重要因素。隨著舉重水準的不斷提高，比賽競爭更加激烈，在比賽最關鍵的時刻，決定勝負的因素不只是運動員所掌握的技術和已有體能能力，還包括其心理素質和意志品質。對一名優秀運動員來說，良好心理素質的建立必須經過長期訓練和比賽磨礪；而對教練員來說，如何運用心理學知識培養運動員優秀的心理素質，則是訓練中非常重要的一環。

（一）心理能力與心理訓練的作用

1. 心理能力

心理能力是指運動員與訓練競賽有關的個性心理特徵，以及依訓練競賽的需要把握和調整心理過程的能力，是運動員競技能力的重要組成部分。

運動員的個性心理特徵在其從事舉重競技活動時起著重要作用。多血質、黏液質的人比抑制質、膽汁質的人更適合從事舉重訓練，並常常在比賽中表現出較高水準。觀察力敏銳的選手，善於在比賽中抓住戰機；想像力豐富的選手更富於創造性；而能夠高度集中注意力的選手則在訓練和比賽中表現出堅韌不拔的精神。

運動員心理過程的特點同樣也對其訓練及競賽行為有重要影響。對國家、對人民強烈的責任感，會推動運動員堅持刻苦訓練和頑強拚搏，而出色的意志品質則有利於保證運動員的競技能力在比賽中充分地甚至超常地發揮。

例如，在 1996 年亞特蘭大奧運會舉重比賽中，中國 59 公斤級運動員唐靈生在

挺舉 170 公斤成功，但裁判員未及時發出放下槓鈴信號的情況下，將槓鈴支撐了足有 5 秒鐘。

在 2000 年雪梨奧運會上，中國 77 公斤級運動員占旭剛在抓舉成績不利的情況下，頑強拚搏，成功地挺舉起 207.5 公斤，蟬聯奧運會冠軍。

在 2008 年北京奧運會上，中國 85 公斤級運動員陸永第二次試舉 214 公斤，在裁判員判決成功，但仲裁改判失敗的困難情況下，在第三次試舉中再次挺舉起 214 公斤，奪得寶貴的金牌。

2. 心理訓練

心理訓練就是有意識地對運動員的心理過程（包括認識過程、情感過程、意志過程）和個性心理特徵施以影響，發展積極的心理品質，並使運動員學會調節心理狀態的方法，為更好地參加訓練和完成複雜的比賽任務做好心理準備。

運動員的心理訓練，可分為一般心理訓練和準備比賽心理訓練兩類。一般心理訓練又叫長期心理訓練，它的主要任務是根據項目特點的需要，改善運動員現有的心理過程和個性心理特徵，提高心理品質，從而形成參加比賽的心理準備狀態。準備比賽心理訓練又叫短期心理訓練，是指比賽期內和比賽過程中，以運動員現有心理水準為基礎，根據參加具體比賽的任務而安排的心理訓練。主要目的是促進形成最佳競技狀態，以便在比賽中爭取優勝。一般心理訓練是必要的基礎和準備，比賽心理訓練則是在特殊條件下的繼續和提高。

3. 心理訓練的作用

充分挖掘運動員的內在心理潛力，訓練運動員有效控制自己的心理活動，在訓練和比賽的困難條件下具有穩定、積極、適宜的心理狀態，並進入最佳競技狀態，從而保證訓練的質量和在比賽中表現出最高的運動水準，創造優異成績。

（二）心理訓練的任務與要求

1. 心理訓練的任務

改善運動員的心理過程，形成個性心理特徵，發展積極的心理品質，創造適宜的心理狀態並培養運動員具有控制自己心理穩定性的能力，從而使心理準備程度達到高度水準，為訓練和比賽創造良好的心理條件。

2. 心理訓練的要求

充分發揮自覺性積極性；心理訓練必須與身體訓練、技術訓練、戰術訓練及智力訓練等有機結合；要掌握好循序漸進與重複性原則，心理品質的改善，個性心理特徵的提高都是長期教育訓練的結果；注意區別對待。

（三）心理訓練的方法

1. 模擬訓練法

模擬訓練是指模擬設置未來比賽中可能出現的條件進行的訓練。它是賽前進行

的準備參加比賽的心理訓練，其內容包括以下兩種：

（1）**適應比賽環境的訓練**。大致可分為三個方面，即適應地點、氣候、時差、溫度、飲食等自然因素的變化而進行的訓練；適應場地、設備、器材、照明、音響等因素的改變而進行的訓練；適應觀眾、裁判和對手等人的因素的改變而進行的訓練。

（2）**提高試舉成功率的訓練**。提高試舉成功率的訓練應強調以下幾點：賽前要特別重視抓競賽動作的成功率；在訓練時間、舉的重量、加重方式、間歇時間、規則要求等方面，應盡量與比賽相適應。

2. 自我暗示法

自我暗示就是運動員以自己的語詞（組成「套語」）對自己進行暗示，以便調整自己的心境情緒，進而造成所需的良好心理狀態。自我暗示的套語多種多樣，按其作用和性質一般分為下面幾種：

（1）**意念套語**。主要用於技術方面，默念的內容應包括動作要領、用力順序、方法、時間等。一邊默念，一邊用意識指揮肌肉隨之「活動」，以達到強化技術概念，集中注意力於技術動作的目的。

（2）**自我控制、自我調整套語**。例如用意識來使肌肉放鬆，使賽前神經系統不過於興奮等。

（3）**自我動員和自我命令套語**。以增強決心和信心，克服消極情緒。

3. 意志訓練法

意志是指人們為了達到既定的目的而去支配和調節自己的行動，自覺地克服各種困難，從而實現目的的心理過程。良好的意志品質主要有自覺性、果斷性、勇敢、主動性、自制性、頑強性、堅定性等。舉重運動員的意志品質訓練一般採用以下方法：

（1）不斷教育運動員明確訓練和比賽的目的。

（2）嚴格要求遵守各種生活制度。

（3）透過舉重訓練中的技術、重量、運動量等多種因素來培養意志品質。

（4）在疲勞厭倦的狀態下要求完成一定的任務，以培養運動員的頑強性。

（5）利用舉大重量培養勇敢精神。

（6）利用不利的氣候條件培養刻苦精神。

（7）在傷痛情況下注意加強意志品質的訓練。

（8）運用比賽場合進行意志訓練。

（9）重視運動員在意志方面的自我調整能力培養。

4. 注意力集中訓練法

注意是人的心裏活動對一定對象的指向和集中。注意力能否高度集中，往往對訓練效果和比賽成績產生重大影響。要使運動員養成注意力集中的能力和習慣，主要靠平時訓練培養和嚴格要求。

注意力集中訓練應注意以下幾點：

（1）注意培養對舉重訓練和比賽的目的性。

（2）注意對舉重項目濃厚興趣的培養。

（3）加強意志努力。堅強的意志品質能夠排除各種內外干擾，克制自己，從而使注意力集中在所從事的舉重訓練和比賽上。

此外，意念訓練法、誘導訓練法、阻斷思維法、表象放鬆法、音樂調節法、激勵法、昇華法、轉移法、體驗法、暗示法等也是舉重運動員心理訓練常用的方法。

二、智力訓練

（一）智力訓練及其構成

智力也叫運動智能，是指運動員在一般智能的基礎上，運用包括體育運動理論在內的多學科知識，參加訓練和比賽的能力。是運動員總體競技能力的主要組成部分。

智力訓練是指為了提高運動技術水準而有目的、有計畫地安排運動員在提高一般智力水準的基礎上，學習體育的基本理論和專項運動理論，培養智力能力的過程。

（二）智力訓練的作用

（1）現代體育運動的顯著特點是越來越科學化和現代化，具有較高智力的舉重選手對本專項的特點和規律有著較為深刻的把握，對於訓練理論和方法也有更為準確的認識和體驗。

（2）具有較高智力的選手善於理解先進的舉重技術，能明顯縮短學習和掌握技術的過程；能夠更為準確地把握比賽試舉戰術的精髓和實質，並在比賽中靈活運用；他們具有較多的心理學知識，善於動員和控制自己的心理活動，從而在比賽中更為出色地發揮已有競技水準，表現出更高的總體競技能力。

（三）智力訓練的要求

（1）智力訓練應列入多年和全年訓練計畫之中，並應在實際工作中予以落實。

（2）應提高運動員對學習理論知識和發展運動智能意義的認識，啟發他們參加運動智能訓練的自覺性和積極性。

（3）智力訓練應根據對象實際情況（文化水準，專業基礎知識水準及年齡特點等）選擇內容，確定方法及分量。

（4）積極創造條件，儘量在訓練工作中利用一些現代化的技術手段。

（四）智力訓練的基本方法

1. 一般智力訓練

運動智能的提高是以一般智力能力為基礎的，提高影響智能的各個因素，如提高運動員的觀察力、注意力和思維想像力等是提高運動智能的基礎。因此，在平時的訓練和日常生活中，要透過多種方法提高運動員的感覺能力、觀察能力、記憶能力、探索知識的想像能力、分析問題和解決問題的能力、接受訊息的能力，以及形象思維、抽象思維、靈感思維等。同時加強思維速度訓練，注意開拓思路，養成集中注意力的習慣。

2. 運動智能訓練

運動智能訓練的主要途徑是傳授知識、掌握技能和開發智能。可採用以下方式進行：

（1）提高運動員專業理論知識水準。首先是要掌握學習文化理論知識的一般方法；其次是結合訓練實踐學習體育專業理論知識（學習有關體育運動的基本理論和專項運動理論，如專項技術分析、專項教學訓練方法、競賽規則與裁判方法等）；最後要廣泛學習相關學科的科學知識。

（2）提高運動員運用知識的水準。不斷提高運用理論知識的自覺性，認真做好專題總結。

⊢H 第六節　負荷量

負荷量也叫運動量，是指運動員在訓練中完成負荷的數量。它也是指給予運動員的一種訓練量，即運動員在訓練中完成或承受的生理負荷量。

評定負荷量大小是否科學合理的依據，是人體對負荷量引起的生理機能反應和實際訓練水準。負荷量小，則機體的反應小，成績提高慢；而負荷量過大，超過了運動員機體的負擔能力，則容易造成過度疲勞或傷病。因此，既要堅持大運動量訓練，又要把負荷量安排到接近運動員所能負擔的極限，但又不超過這個限度。在負荷量的刺激下運動員生理機能反應良好，成績增長快，這樣的負荷量就是科學合理的。

舉重負荷量的特點是強度大、時間短、負荷重。運動員在訓練中經常要用 90% 以上的大強度進行訓練，每次訓練課時間為 150 分鐘左右，每週 6～13 次訓練。在大強度訓練下，一次課的總負荷量經常超過 10000 公斤。

一、舉重負荷量的相關因素與指標

舉重負荷量的相關因素包括數量、強度、時間、密度和動作性質五個方面。其中數量和強度是主要因素，時間和密度與數量有密切關係，動作特性對負荷量有重

要影響。

（一）數 量

數量是指一組練習、一個動作或一次訓練課中重複練習的量或訓練總量等，是衡量運動量的基本因素。它包括以下指標：

（1）**組數**：指每個動作重複練習的組數。運動員從提起槓鈴做動作到放下槓鈴休息為1組。每個動作可以重複練習若干組。

（2）**總組數**：指一次訓練課中所有動作練習的總組數。它是評價負荷量的重要因素，也是衡量一次課負荷量大小的重要指標。

（3）**次數**：指每組練習中重複舉的次數。1組練習中可以舉1次，也可以舉2次、3次，甚至5次、6次。

（4）**總上舉次數**：指一次訓練課內所有動作練習時的總上舉次數。它是衡量一次課負荷量大小的簡易指標之一。

（5）**單個動作上舉重量**：指一個動作的上舉總重量。它是一個動作中各組練習上舉重量相加之和。而每組的上舉重量等於槓鈴重量乘次數。

（6）**單個動作平均重量**：是指一個動作中各次上舉的平均重量。平均重量＝上舉重量÷上舉次數。

（7）**總重量**：指一次訓練課內所有動作練習時舉的總重量。它是衡量一次課負荷量的重要指標之一。

（8）**總平均重量**：指一次訓練課中所有動作各次上舉的總平均重量。總平均重量＝總重量÷總上舉次數。

（二）強 度

強度指單位時間內所做的功，或者指單位時間內的生理負荷量，是舉重負荷量的重要因素之一。在舉重訓練中，強度是由單位次數中所舉重量大小來決定的。為了進行比較，一般用單位次數中所舉重量占個人最高成績的百分比來表示。可以採用下面4個指標來衡量強度大小。

（1）**單個動作強度**：這是衡量一次上舉的強度指標。是指某一動作中，一次上舉所舉重量占該項最高成績的百分比。即：單個動作平均強度＝1次上舉所舉重量÷該項最高成績。

例如，一名女運動員訓練中挺舉140公斤1組，練習1次。她的挺舉最高成績為145公斤，挺舉的單個動作強度＝140÷145＝96.6%[2]

（2）**單個動作平均強度**：是指某一動作中，每次上舉平均重量與最高成績的百分比。即：單個動作平均強度＝單個動作平均重量÷該項最高成績。這是衡量一

---

[2] 該負荷量也可以表示為96.6%1×1。即個人最高成績96.6%的強度練習1組1次。

個動作的強度指標。

再以上述運動員為例，100/3×2（即挺舉 100 公斤練習 2 組，每組上舉 3 次）、120/2×2、130/2×2、140/1。

單個動作平均重量＝（600＋480＋520＋140）÷（6＋4＋4＋1）＝1740÷15＝116 公斤

單個動作平均強度＝116÷145＝80%

平均強度也稱為相對強度。根據對國內外優秀運動員的統計，各項練習的平均強度為 76%～80%（不包括拉類練習）。

（3）**強度係數**：指訓練的平均重量與最佳總成績的比。是評價負荷量的重要參考指標。強度係數＝（平均重量×100）÷最佳總成績÷100，即：

$$\text{強度係數} = \frac{\text{平均重量} \times 100}{\text{最佳總成績}} \div 100$$

例如，某 62 公斤級男運動員一次訓練完成各項練習共舉 80 次，總負荷量為 10000 公斤，他的最佳總成績為 310 公斤。先求平均重量＝10000÷80＝125 公斤。強度係數＝（125×100）÷310÷100＝40.3%。

優秀運動員訓練的強度係數一般在 37%～42%之間。若以 40%作為強度係數，則可以根據這一係數和運動員的總成績來計算和規劃訓練中的平均重量，即負荷強度。

例如，總成績是 260 公斤，便可以算出：平均重量＝（260×40）÷100＝104 公斤。如果經過一段時間訓練總成績提高到 280 公斤，訓練平均重量應提高到：（280×40）÷100＝112 公斤。

（4）**總平均強度**：是指課中各項動作每次上舉的總平均重量占該課中各項動作總平均最高成績的百分比。這是衡量一次訓練課中負荷量的強度指標。即：總平均強度＝總平均重量/總平均最高成績

負荷強度是一種重要的刺激因素，只有這種刺激足夠大、時間足夠長、重複次數足夠多時，才能提高中樞神經系統機能，促進肌肉中收縮蛋白的合成過程，改善肌肉進行爆發性用力和憋氣用力時氧和能量的供應（郭廷棟，1990）。

舉重運動員在訓練中除舉大重量和極限重量外，強度主要集中在 80%左右的中等重量上，還要舉小重量作為過渡和調節[8] 283。

（三）時　間

時間是構成負荷量的因素之一，可採用以下指標進行衡量與比較。

（1）**單個動作訓練時間**：是指一個動作的訓練時間。包括實際負荷時間和組與組之間的間歇時間。用這一指標可以比較不同動作的訓練時間長短。

（2）**總訓練時間**：是指一次訓練課的總時間。它是衡量一次訓練課負荷量大

小的指標之一。

（3）間歇時間：是指兩組練習之間的休息時間。一般為 2～3 分鐘，但也有的運動員間歇時間較短，只有 1～2 分鐘。通常不用縮短間歇時間來加大運動量，但有時在準備期或者賽前訓練中也適當採用，以適應比賽需要。

（四）密 度

密度是指單位時間內重複練習的量。它體現訓練中時間和數量之間的關係。它可以反映訓練課的緊張性，也在一定的程度上影響著負荷量。可以用下列指標來表示密度的大小。

（1）**單位時間重複組數**：是指每分鐘內重複練習的組數（×組/分）。以訓練時間除組數所得的商數來表示。

（2）**單位時間重複次數**：是指每分鐘內重複練習的次數（×次/分）。以訓練時間除上舉次數所得的商來表示。

（五）動作性質

動作性質是舉重訓練中比較重要的因素之一。舉重動作很多，性質各異，不同的動作對機體的負擔量差別很大，而且不同的動作還會對機體某些局部給予不同的影響。在動作性質中，首先要區分競賽動作和輔助動作，而競賽動作中挺舉的運動量比抓舉大。

輔助動作則可以按負荷大小區分為大負荷動作、中負荷動作和小負荷動作。靜力性動作和退讓性動作也可以按其負荷大小分別歸類。有時為了安排運動量的需要，還區分為抓舉類動作和挺舉類動作。為了避免局部負擔過重，或為了加強局部刺激，安排運動量時，還應注意某些動作對局部機體的特殊影響。

二、舉重負荷量的統計方法

下面以一次訓練課的練習內容為例，說明負荷量的統計方法。

抓舉：70/3、80/2、90/2、100/1、90/2×4。

挺舉：70/3、90/3、110/2、120/2、130/1、120/2×4。

寬拉：95/3×8。

力量推：50/3、60/3、70/2、75/2×3、70/3×2。

後蹲：90/3、120/3、140/3、150/3、160/2、150/3×3。

然後將所有統計數字填入表 5-2，一次訓練課的負荷量就有準確數據了。

以課負荷量統計表為基礎，可以統計出週、月、階段或年的負荷量。根據實際需要，既可以按動作進行統計，以便檢查各動作之間安排的比例是否適當，也可以統計總的負荷量，以衡量運動員的負荷能力提高情況。

表 5-2 舉重負荷量統計表[3]

項目 名稱 \ 數量	數量				強度		時間	密度		動作 性質
	組數	上舉 次數	上舉 重量	平均重 量	最高成績	平均 強度	訓練 時間	重複 組數	重複 次數	
1.抓舉	8	16	1370	85.6	100	85.6%	24´	0.34/分	0.67/分	抓
2.挺舉	9	19	2030	106.8	130	82%	27´	0.34/分	0.7/分	挺
3.寬拉	8	24	2280	95	105	90.5%	16´	0.5/分	1.5/分	大
4.力量推	8	21	1410	67	80	83.8%	16´	0.5/分	1.3/分	中
5.後蹲	8	23	3170	137.8	170	81%	20´	0.4/分	1.15/分	大
總計 5	41 組	103 次 公斤	10260 公斤	99.6 公斤	總平均 585/5=117 公斤	85%	103´	0.4 組/分	1 次/分	競大中 221[4]

註：表 5-2 中的數字，只是運動員所完成的訓練量，還不能反映出負荷量，要了解生理負荷量，必須透過有關生理功能指標的測定。

三、安排負荷量的要求

負荷量在提高運動成績中的作用是和其他許多因素練習在一起的，特別是和負荷強度緊密相連。

蘇聯沃羅比耶夫等（1981）認為，負荷大小與運動成績之間沒有密切聯繫，即有的運動員總負荷量較小，有的較大，均能取得較高成績。

這種觀點雖不無道理，而且在實踐中也能見到這樣一些實例，但孤立地這樣看問題卻是不能接受的。當然，如果用中、小重量每組重複次數很多，沒有必要的強度，雖然負荷量很大（這樣練習很容易提高負荷量），卻不能有效提高舉重成績。但如果在提高負荷量的同時，保持或者提高舉重訓練所需要的強度，採用先進的恢復措施，使負荷量和強度增加產生的疲勞能夠較快消除，那麼加大負荷量則能促進成績更快提高。

20 世紀 60～70 年代舉重運動員年負荷量平均為 800～1000 噸，而 80～90 年代一些優秀運動員年負荷量已經提高到了 3000 噸以上。例如，保加利亞男子舉重

---

[3] 參見體育學院通用教材.舉重〔M〕.北京：人民體育出版社，1990：281

[4] 競大中 221：「競」指抓舉、挺舉兩個競賽動作練習；「大」指寬拉、後蹲兩個大負荷動作練習；「中」指 1 個中等負荷的力量推練習。

隊備戰 1980 年奧運會時，大負荷量每週訓練多達 28.5 小時；每週一、三、五全天負荷量達到 22～27 噸，二、四、六達到 12～17 噸（弗爾納傑夫等，1982）。中國舉重隊備戰 2008 年北京奧運會時，大負荷量周達到 14～15 次訓練課（其中早操 3 次），每週訓練達到 27 小時。

在訓練中要有相當大的負荷量是因為任何有效的刺激都必須多次重複才能起作用。這不僅因為中樞神經系統的興奮和調節機能需要反覆刺激才能強化，也是因為細胞的分解達到一定的程度才能促進其合成。

據認為，在訓練中許多起重要作用的激素系統只有經過 3～5 小時緊張的肌肉活動才能活化起來發揮作用。長時間的大負荷訓練便是這樣一種應激因素（郭廷棟，1990）。

但是，如果負荷量很大而缺少有效的恢復措施，產生的疲勞得不到消除，那麼加大負荷量不但沒有意義，甚至是有害的。盲目追求大負荷量會造成過度訓練、過度疲勞等不良後果。

安排負荷量的基本要求有以下幾點：

第一，要勇於打破平衡，不斷提高運動員承擔負荷量的能力。

第二，負荷量要有節奏，應依靠負荷量的節奏性來保持對運動員機體的新異刺激。

第三，要根據每個運動員的具體情況加以區別對待。

四、安排負荷量的方法

安排負荷量時主要有兩個問題應認真考慮：一是負荷量（主要是數量和強度）的掌握；二是各種不同性質動作的安排和搭配。

（1）**負荷量的掌握**：強度和數量是影響負荷量大小的主要因素。負荷量的安排要根據訓練時期、任務以及運動員的具體情況而變化。負荷量的增加應遵循量變質變的一般規律。

① 加大負荷量可以採用以下方法：增加量保持強度；增加量增加強度；保持量增加強度；減少量增加強度；增加量減小強度。

② 減小負荷量可以採用以下方法：適當減量保持強度；適當減強度保持量；量和強度均適當減小。

（2）**不同性質動作安排方法**：主要有全面影響、集中刺激、重點刺激與全面影響相結合三種類型。

▐║▌第七節　訓練計畫與訓練日記

訓練計畫是教練員對運動員整個訓練過程的總體規劃、設想和安排。科學合理的制定切實可行的訓練計畫才能使計畫的目標任務得到落實和實現。

科學地制定訓練計畫，可以保證訓練工作有組織、有步驟地進行，避免盲目性、隨意性。訓練計畫能幫助教練員和運動員全面地瞭解訓練總體目標和各階段的任務和目標，使教練員和運動員在不同時期按照階段所需抓重點，解決問題，提高競技能力。

一、制定訓練計畫的要求

第一，訓練計畫必須儘可能地反映訓練的客觀規律，不能盲目和主觀片面。

第二，訓練計畫的制定要根據訓練對像有針對性地合理安排。切忌脫離實際，否則無法實現計畫目標。

第三，訓練任務、目的和各種指標要明確。

第四，訓練計畫的制定要儘可能地全面、具體和細化。只有這樣才能保證訓練計畫得以貫徹、落實與執行。

第五，訓練計畫中要合理安排負荷和強度，明確負荷量和具體的強度要求。在負荷和強度上必須有的放矢。

第六，制定出檢查、考核的時間、辦法及做好總結。

訓練計畫包括多年訓練計畫（全程性和區間性多年計畫）、年度訓練計畫，階段計畫（週期）、週計畫、課計畫、訓練日記、小結和總結。

二、多年訓練計畫的制定

多年訓練計畫是對所培養的運動員創造優異成績的長遠規劃或設想，必須以多年訓練的系統性、科學性、合理性為依據。

多年訓練計畫是長期訓練的基本方向，為了實現長遠目標，必須依靠更具體的年度訓練計畫、週期性訓練計畫（階段）、週計畫和課計畫來實現。

多年訓練計畫是訓練過程中一個較長遠、大致的總體規劃。有了這樣的規劃就可以儘可能地避免訓練過程中的盲目性，達到預想目標。

多年訓練計畫必須根據訓練的對象、性別、年齡、目的、年限的長短等情況進行具體的制定。

（一）多年訓練計畫的分類

多年訓練計畫是對運動員從開始到成為優秀運動員訓練的全過程進行的遠景規劃，是保證長期系統訓練的必要條件。根據時間長短，多年訓練計畫又可分為「全程性多年計畫」和「區間性多年計畫」兩種。

「全程性多年計畫」是指運動員從開始接受運動訓練到達到個人競技水準的最高峰直至競技活動全過程的完全結束。全程性多年訓練計畫分為啟蒙訓練階段、基礎訓練階段、專項提高階段、最高競技階段和競技保持階段。

這五個階段的要求如下：

　　啟蒙訓練階段是按舉重項目特點和基本要求初步選材，進行一般的身體素質、柔韌協調性、專項特點等的訓練；技術基礎訓練階段是在初步階段的訓練基礎上培養運動員的興趣和愛好逐步過渡到專項的基本技術訓練上去，掌握基本的專項技術，為下階段打好素質和技術基礎；專項提高訓練階段是進一步提高專項技術，提高專項訓練內容和要求，擴大專項訓練範圍與各方面的肌肉活動能力，有效完善專項需要的力量、速度、耐力、柔韌等素質；最高競技階段是加大專項訓練的運動量和運動強度，大力提高專項素質能力和專項成績，使其達到運動水準的高峰；競技保持階段是運動員達到最高競技水準的延續，是運動員運動壽命的保持階段。

　　「區間性多年計畫」是指針對運動員在訓練全過程中達到一定競技水準後的某一個（2～4 年）特定時間階段而進行的訓練規劃和設計。主要是針對優秀運動員的教練員圍繞國際、洲際、國家等大中型比賽而制定的訓練計畫。區間性多年計畫根據大週期多年訓練計畫可分為啟蒙訓練階段、基礎訓練階段、專項提高階段、最高競技階段和競技保持階段五個階段。

（二）多年訓練計畫的內容

　　（1）根據訓練對象設計基本設想和總的訓練任務，以及為實現這一目標提出的具體措施。

　　（2）對運動員基本情況進行分析和測定。包括競技能力、文化、優勢和弱點、發展和訓練的潛力、技術、戰術、心理、身體素質、承擔量和強度等各項能力的分析和測定。

　　（3）階段針對性地制訂計畫任務和指標。兒童和少年運動員的訓練可根據他們的年齡特徵進行階段劃分，每個階段分年度進行，遵循青少年的生長發育規律和生理心理特徵及發育敏感期來制定各階段任務和指標、恢復措施與安排。

　　（4）訓練內容、各項運動量和運動強度的要求和總體安排，多年任務指標及解決問題的有效途徑和方法，訓練的課次和總時間量。

　　（5）擬定參加比賽和考核的時間、方式，參加比賽和考核的預案措施。

　　（6）總結多年訓練計畫的具體執行情況。

　　表 5-3 為運動員多年訓練計畫內容的示例。

表 5-3 舉重運動員多年訓練計畫內容（僅供參考）

訓練階段		基礎訓練階段	專項提高階段	最佳競技階段	競技保持階段
年齡範圍		10～15 歲	16～20 歲	21～27 歲	28～33 歲
身心特點	男	身高、體重、胸圍突增期；力量、爆發力和柔韌素質訓練的最佳時期	最大力量、爆發力和柔韌素質訓練的最佳時期	身高穩定，力量和爆發力達到最佳，耐力和柔韌素質逐漸下降	身體形態、速度、力量、爆發力、柔韌和耐力隨年齡的增長而下降，但心理素質和比賽的經驗日漸豐富
	女	10～12 歲身高和 10～13 歲速度力量耐力素質突增期	力量和柔韌素質增長速度下降，尤其是爆發力增長緩慢	19 歲身高穩定，力量、耐力、柔韌和爆發力 20 歲後增長緩慢或停滯	身體機能、速度、力量、爆發力、柔韌和耐力隨年齡增長下降，但心理素質和比賽經驗日漸豐富
每課持續時間		2～2.30 小時	2～3.30 小時	2～3.30 小時	2～3 小時
課負荷（組）		25～35	35～50	35～50	35～50
週負荷（組）		75～210	150～350	150～350	150～300
週有效組數占總量的百分比		70%以上的強度占 40%～60%	80%～95% 的強度占 50%～70%，100%的強度占 5%～10%	85%～95% 的強度占 40%～60%，100% 的強度占 5%～10%	80%～95% 的強度占 40%～60%，100%的強度占 5%
月訓練日		15～26 天	26 天以上	26 天以上	26 天以上
年訓練日		150～290 天	290 天以上	290 天以上	290 天以上
主要訓練任務		1.瞭解和培養對舉重的興趣和感情；2.學會標準的競賽技術動作及專項輔助動作，建立正確的技術概念；3.全面加強身體素質訓練，打好紮實的基礎；4.逐漸發展腿部、上拉力量和周身小肌肉力量的練習	1.培養意志，樹立使命感和榮譽感；2.完善技術動作，提高技術水準；3.大力提高腿力、拉力、支撐力和專項輔助練習成績；4.加強智力、戰術和心理訓練，掌握舉重戰術	1.加強技術訓練，增加負荷量，提高運動水準；2.大力提高腿力、拉力和支撐力等絕對力量，提高相對力量；3.提高比賽戰術運用能力；4.加強訓練外的監控	1.採用各種訓練手段加強專項技術訓練，有計畫的增加負荷量，提高技術水準；2.大力加強腿力、拉力和支撐力量訓練，在發展絕對力量的同時提高相對力量；3.提高比賽的戰術運用能力；4.加強醫務監督和訓練外的監控
週課次		3～6 次	6～12 次	6～12 次	6～12 次

訓練內容比例%	運動素質	35	20	5	5
	競賽動作	20	35	40	35
	輔助動作	40	40	50	50
	戰術、心理、智力訓練	5	5	5	10
	思想和康復訓練	全年根據運動員的實際情況進行	科研、康復是訓練計畫中的一部分	科研、康復是訓練計畫中的一部分	科研、康復是訓練計畫中的一部分
年度比賽和測驗次數		4～6	6～10	6～10	4～6

三、全年訓練計畫的制定

全年訓練計畫是根據多年訓練計畫的總目標、總任務等結合當年的具體情況、任務、要求及年度比賽的節奏來制定的。全年訓練計畫具有明顯的週期性特點，通常以年度訓練計畫作為組織系統訓練的基本單位。

全年訓練計畫的內容包括：

第一，總結上一年度訓練工作和完成任務情況，發現存在的問題並制定解決問題的措施與方法。

第二，制定全年訓練各時期的基本任務和目標。

第三，運動素質、專項素質、技術、戰術、心理、智力等的訓練方法、要求及指標。

第四，全年理論課程講授的題目和內容。

第五，全年各時期的劃分及各時期的訓練任務和時間。

第六，技術、力量、負荷量與運動強度的要求和各項訓練內容的比重安排。

第七，全年的比賽安排和全年的訓練大綱。

根據中國的競賽計畫，一般一年有兩次大的全國性成年舉重比賽（4月的全國錦標賽和10月的全國舉重冠軍賽。此外，還包括一次全國青年舉重錦標賽和一次全國少年舉重錦標賽）。

所以，舉重的全年訓練計畫常採用一年兩次比賽來進行雙週期安排，一年兩個週期，11──4月為冬訓期，5──10月為夏訓期。而每個週期又分為準備期、基本期、競賽期、休整期（過渡期）。

1. 準備期

（1）主要任務：提高運動員身體機能、有氧能力、增強承擔大負荷量訓練的

能力；打好全面身體素質和專項素質基礎，改進運動員存在的基本技術問題；加強學習有關的理論知識和技術，培養頑強意志品質和優良的訓練作風；提高身體素質，特別是專項素質（爆發力），做好進入專項訓練的準備。本階段專項成績增長較慢，一般素質強度應達到較高水準並加強體能儲備。

（2）訓練時間：1～1.5個月（40天左右）。

（3）訓練內容：結合專項進行針對性素質訓練，注重發展速度力量和靈敏、柔韌性訓練；適當加強耐力訓練，減少專項訓練內容比重；提高小肌群力量，提高各關節協調性。

（4）負荷量和強度：逐步增加，量在前強度在後。

（5）具體訓練的措施和方法。

2. 基本期

（1）主要任務：在這一階段的訓練具有明顯的專項特點，主要是發展專項耐力和專項輔助能力，加大專項訓練的比重和負荷量，鞏固和提高專項運動技術，提高專項訓練水準。一般身體素質訓練減少到 20%左右，負荷量和強度達到較高水準。為形成競技狀態創造有利條件。

（2）訓練時間：約3個月。

（3）訓練內容：主要以發展各部分力量的專項輔助動作以及技術和半技術動作為主，圍繞專項提高專項能力和專項耐力，提高腰、腿、支撐三大力量；一般運動素質只安排少數與專項特點有密切聯繫的動作，全面提升綜合實力，為突破原有的運動成績積累有效的負荷量。

（4）負荷量和強度：相比之下負荷量的要求要高於強度，在規定時間段提高強度的訓練，運動量適當減少。

3. 競賽期

（1）主要任務：競賽期前期主要是提高專項能力和專項技術水準，加強心理訓練、智力訓練、技戰術訓練和賽前思想教育、增加競賽動作訓練比重；形成和調整好競技狀態，鞏固和提高競技狀態，穩定技術，準備參加比賽，為創造優異運動成績提供良好條件。在此階段後期負荷量應逐漸減少並控制在一定範圍內，要保證第 1 次、第 2 次試舉重量的成功率，樹立信心，為比賽做好充分準備，調整好身體、心理、思想等各方面的狀態。

（2）訓練時間：約1個月。

（3）訓練內容：以競賽動作為主，保障腰、腿、支撐三大力量的穩定，減少一般輔助項目的訓練比重，進行針對性的競賽動作練習。做好賽前一系列的有關工作，保證比賽的順利完成。

（4）負荷量和強度：在基本期的基礎上，強度達到較高水準，負荷量有所下降，在後期保證比賽中的第 1、2 次試舉重量的成功率，減少運動量和相應強度，保證機體得到充分的調整和體力儲備。

4. 休整期

（1）**主要任務**：使經過比賽所造成疲勞的機體得到充分的恢復，在此階段保持一定的訓練水準；總結比賽和訓練過程中的經驗教訓，為迎接下一個訓練週期做好準備。

（2）**訓練時間**：20天左右。

（3）**訓練內容**：主要以積極休息為主，保持一般身體素質的訓練（如旅遊、球類、遊戲及小力量訓練等活動）和一定的專項強度，負荷量和訓練強度都為年度比較低的水準。

（4）**負荷量和強度**：相對較小，著重以專項小肌肉練習和適當力量及技術來保證訓練活動。

四、週期訓練計畫的制定

週期訓練計畫是根據全年訓練計畫的週期劃分，以及訓練階段的週期性循環（圖5-2）制定的。

制定週期訓練計畫時應根據該年度計畫的各項要求結合訓練的實際情況，將訓練任務、內容、時間、項目比重、負荷量及強度具體落實到訓練中，並根據運動員的年齡、訓練年限和專項素質能力等情況採用相應的節奏來安排。既要注意多年訓練的系統性，又要銜接好每個階段的節奏性和聯貫性。

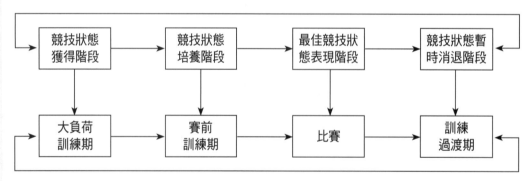

圖 5-2 訓練階段的週期性循環

由於舉重全年訓練計畫多採用雙週期安排，每一個訓練週期的時間不是太長，因此通常可以按照階段訓練計畫來劃分，包括冬訓、夏訓階段。週期訓練計畫的具體內容如表5-4所示。

表 5-4 週期訓練計畫的具體內容

任務和要求	以輔助項目練習為主，專項練習為輔，大力加強負荷量積累，增強三大力量和速度力量，解決存在的不足技術環節，培養意志品質
總時間	4個月左右

總週數	20～25 週			
週次數	9～12 次			
課時（小時）	2.5～3.5 左右，調整週為 1.5 左右			
負荷	量	一週小→兩週大循環進行		
	強度	小→中→大→最大→最小		
訓練內容 比重及強度	技術%	40%	強度%	達 80%～95%
	力量%	45%	強度%	達 90%～100%
	素質%	10%	強度%	達 80%
	其他%	5%	強度%	一般
主要訓練方法 與手段	素質以持續、間歇重複法為主。以技術和力量相結合，採用一條龍訓練、重複訓練等			
恢復	注意訓練節奏，採用熱水浴、按摩、放鬆等自然措施。			

五、週訓練計畫的制定

週訓練計畫以週期（階段）訓練計畫為中心，結合運動員的訓練實際情況制定。包括對訓練的任務、要求、時間、課次、內容、運動量和運動強度的具體安排，把週訓練的計畫具體地落實到每週訓練計畫中去。訓練計畫的節奏性、負荷量和強度應根據運動員的個體差異而定。

週訓練計畫的制定可參見表 5-5 示例。

表 5-5 週訓練計畫安排示例（僅供參考）

練習項目	準備期月份的週						比賽期月份的週						賽前一週（星期日比賽）					
	1	2	3	4	5	6	1	2	3	4	5	6	1	2	3	4	5	6
抓舉	★				★		★		★			★	★		★		★	
高抓	★			★			★				★						★	
墊鈴抓			★									★						
寬拉	★		★		★		★		★		★		★					
頸後寬推				★														
頸後寬支撐		★							★									
挺舉		★		★				★		★		★	★		★		★	

高翻		★					★		★			★	
下蹲翻					★								
窄拉		★		★		★		★		★			
借力推					★					★			
架上挺					★			★					
前深蹲		★				★		★			★		★
後深蹲	★		★		★		★		★		★		★
負重躬身			★		★								
架上支撐			★		★			★			★		
推舉	★												

六、課訓練計畫的制定

課訓練計畫是根據週計畫所規定的任務、內容、負荷量來制定。一般包括以下內容：

（一）任務和要求

將週訓練計畫規定的任務和要求進一步分配和落實到每次訓練課中。任務和要求應與課的內容及運動員的實際情況緊密聯繫，保持一致。

（二）訓練內容

訓練內容應根據任務和運動員的具體情況安排。安排內容的原則是：技術性動作在前，力量性動作在後；主要技術動作在前，次要技術動作在後；集中刺激，全面兼顧；循序漸進，注意節奏。

（三）訓練內容的組合

訓練課中不同性質技術動作的安排，可以採用以下幾種組合方法：

1. 全面混合組合法

這是全面影響的一種組合安排方法。即一次課中，抓舉和挺舉、技術性動作和力量性動作，以及發展有關肌肉群力量的動作，均給予全面兼顧。這種方法在安排少年訓練時採用較多。參見表 5-6。

表 5-6 全面混合組合法示例

1. 抓舉	1. 抓舉	1. 高抓	1. 高翻
2. 挺舉	2. 架上挺	2. 挺舉	2. 借力推
3. 前蹲	3. 坐推	3. 實力推	3. 墊鈴寬拉
4. 寬速拉	4. 寬拉	4. 前蹲	4. 頸後寬挺蹲
5. 頸後寬推	5. 後蹲	5. 窄硬拉	5. 深蹲
6. 跳台階	6. 負重挺身	6. 仰臥起坐	6. 負重挺身

2. 重點混合組合法

這是重點刺激與全面影響相結合的安排方法。即一次課中以抓舉類練習為主，同時混合安排挺舉類練習；或者以挺舉類為主，混合安排抓舉類練習。參見表5-7。

表 5-7 重點混合組合法示例

抓舉重點混合	挺舉重點混合
1. 高抓	1. 高翻
2. 抓舉	2. 挺舉
3. 頸後寬推	3. 架上借力推
4. 頸後寬支撐	4. 窄速拉
5. 寬拉	5. 深蹲
6. 深蹲	6. 負重山羊挺身

3. 項目組合法

這是集中刺激的一種組合安排方法。即按照抓舉和挺舉兩項競賽技術安排練習組合。即一次課中的內容或者全是抓舉類技術動作，或者全是挺舉類技術動作，並包括力量性輔助動作。參見表5-8。

表 5-8 項目組合法示例

抓舉練習組合（單日採用）	挺舉練習組合（雙日採用）
1. 高抓	1. 高翻借力推
2. 抓舉	2. 挺舉
3. 頸後寬支撐	3. 架上挺
4. 寬速拉	4. 窄拉

5. 寬硬拉	5. 後蹲
6. 寬提肘拉	6. 預蹲

4. 一條龍組合法

這是力量練習時對有關部位肌肉群集中刺激的一種組合安排方法。這種安排對有關肌肉群的集中刺激較大，可在高水準運動員中適當採用，但安排不宜過多。參見表 5-9。

表 5-9 一條龍組合法示例

拉力一條龍	腿力一條龍
1. 直腿高翻	1. 下蹲翻
2. 高翻	2. 前蹲
3. 寬速拉	3. 後蹲
4. 窄速拉	4. 架上半挺
5. 窄硬拉	5. 架上半蹲

（四）訓練方法

一次課的動作順序安排好以後，就要選擇每個動作的訓練方法，即具體規定每個技術動作的訓練重量、組數和次數。包括以下幾種方法：

1. 變換重量法

指訓練重量由輕加到重，然後再由重減到輕。如 70％3、80％3、85％3、90％2、100％1、90％2×2、80％4×2、75％6。這種方法主要在基本期中負荷量與強度同時增加時採用。

2. 遞增重量法

主要指訓練重量按 5～10 公斤的幅度逐步遞增（高水準和重級別運動員也有的按 15～20 公斤的幅度遞增），這類方法又可分為兩種：

（1）**有效組數訓練法**：重量由輕開始，用 3～4 組遞增上去，達到 85％～90％強度時，固定下來進行重複訓練。如 70％3、80％3、85％3、90％2×7。這種方法主要在準備期或基本期以增加負荷量為主時採用。

（2）**大強度訓練法**：從 70％重量開始，然後逐步遞增上去，直至極限強度。如 70％3×2、80％3×2、90％2×2、95％（1～2）×2、100％1×2，或者 70％3、80％3、85％3、90％2×2、95％1～2、100％1×4。這種方法主要在基本期或賽前期前兩週加大強度時採用。

3. 固定重量法

這是重複訓練法在舉重訓練中的具體運用。特點是重量、組數和次數均相對固定。可以固定小重量，用以改進技術（新手採用）和發展小肌群；也可固定中等重量，用以改進技術和發展爆發力；還可固定較大重量以發展絕對力量。例如，寬速拉訓練採用 90%3×6 的安排，就屬於固定重量法[3]300，參見表 5-10。

表 5-10 週（課）訓練計畫示例（僅供參考）

任務	重點發展腿力，相應地發展拉力和支撐力量 改進抓舉提鈴不貼身，發力速度慢的問題，進一步完善挺舉技術並衝強度 培養頑強的意志品質，力量練習到最後要保質保量		
星期	內容	運動量安排	要求
一	1. 高抓 2. 抓舉 3. 高翻借力推 4. 前蹲 5. 壺鈴蹲跳 6. 俯臥拉	6 組 70%6×2、80%3×4 8 組 70%3×2、80%3×2、90%2×2、85%2×2 8 組 70%3、80%3、90%3×3、95%2×3 10 組 70%3、80%3、90%3×6、80%5×2 2 組 25（公斤）5×2 8 組 80%3×2、90%3×6	進一步完善抓舉技術，強調快速發力
二	1. 挺舉 2. 窄速拉 3. 窄硬拉 4. 坐推	10 組 70%3×2、80%3×2、90%2×3、95%（1~2）×3 6 組 90%3×2、100%（挺舉最大重量）3×2、95%3×2 6 組 90%3×2、100%1×2、90%3×2 8 組 75%5、85%3、90%（2~3）×4、85%（3~4）×2	
三	1. 高抓 2. 抓舉 3. 架上挺 4. 後蹲 5. 頸後寬推 6. 負重轉體	6 組 0%3×2、80%3×4 8 組 70%3、80%3×2、90%2、95%1、85%3×3 8 組 70%3×2、80%3×2、90%2×4 10 組 70%3、80%3、90%3×2、100%1、90%3×5 6 組 70%5、80%3、85%3×4 4 組 30%10×2、40%8×2	
四	足球活動	1 小時	半小時一般活動，半小時全場比賽
五	1. 挺舉 2. 抓舉 3. 後蹲 4. 坐推 5. 窄速拉	10 組 70%3×2、80%2、90%2、95%1、102%1×2、85%2×3 8 組 70%3×2、80%3×2、90%3×2、95%2×2 10 組 70%3、80%3、90%3×5、85%5×3 8 組 70%5、80%3、90%3×4、85%3×2 6 組 90%3×2、100%（挺舉最大重量）3×2、90%3×2	強調快速發力，挺舉衝新成績

六	1. 高翻	8 組 70%3、80%3、90%2×4、85%3×2					預蹲注意「直、穩、適中」
	2. 頸後寬支撐	8 組 70%3、80%3、90%2、95%1、90%2×2、85%3×2					
	3. 借力推	8 組 70%3、80%3、90%2×3、85%3×3					
	4. 預蹲	6 組 90%5、100%3×2（挺舉最大重量）、110%3、100%3					
	5. 坐弓身	6 組 70%5、80%5、90%3×4					

七、訓練日記的寫作

寫作訓練日記的目的是為了瞭解運動員訓練前、訓練中和訓練後身體的各種情況，並根據這些客觀情況對訓練進行實際安排；同時也可以從運動員的訓練日記中瞭解運動員的思想，從而不斷總結、提高訓練質量。

訓練日記包括的內容有訓練內容、運動量（組數、次數）、強度、成功率，訓練前後體重和身體狀況、心態變化、晨起前和晚睡時的脈搏次數、睡眠情況、食慾情況，運動員自我體會和小結（主要是思想、技術、訓練狀態、感受等）、教練員評語（完成情況、要求、提示和鼓勵）。

訓練日記是客觀掌握運動員訓練情況的第一手資料，要求運動員必須認真寫好訓練日記，如實反映身體情況和訓練體會。訓練日記對掌握和提高訓練能力有著重要作用。

表 5-11 所示為運動員訓練日記範例。

表 5-11 運動員訓練日記範例（僅供參考）

年　　月　　日

時間		脈搏	晨脈		體重		體力	
星期			晚脈		睡眠		訓練強度	
	訓練內容						次數	重量（公斤）
早操	1. 400m×3 圈							
	2. 30m×6 組多項組合練習							
	3. 拉伸關節韌帶							
上午	1. 前蹲：150/3×2、170/3×2、180/3×2						18	3000
	2. 架上挺：130/3×2、140/3×2、150/3×2						18	2520
	3. 力量推：50/5×2、70/3×3							
下午	1. 抓舉：100/3×2、120/3×2、130/2×3、140/2×3						24	2940
	2. 寬拉：130/3×2、140/3×3、150/3×3						24	3390
	3. 寬挺蹲：130/3×2、140/3×3、150/3×3						24	3390
	4. 引體向上、山羊挺身、腹肌							

晚上			
	訓練內容	次數	重量（千）
	共計	110	15240
	平均重量（公斤）		138.5
	強度係數（％）		0.42
自我 體會			
教練 評語			

說明：1. 小肌肉群練習的重量和身體素質練習不記入總量。

2. 重量的記錄方法。例如，180/3×2，180 表示練習的實際重量，3 表示練習次數，2 表示組數。

3. 次數是每一項練習總的練習次數，重量是每一項練習總的重量。

4. 平均重量是總重量/總次數。

5. 強度係數是當天的平均重量／一名運動員最好的總成績。

表 5-12 為運動員情況登記表示例。

表 5-12 運動員情況登記表

姓名		體重		出生年月			註冊單位		
傷病情況									
平時最好 成績	抓舉	挺舉	高抓	高翻	前蹲	後蹲	窄拉	寬拉	架上挺

近兩年比賽最好成績		年比賽成績			年比賽成績			年比賽成績		
		抓舉	挺舉	總成績	抓舉	挺舉	總成績	抓舉	挺舉	總成績
	名次									
	次數									
	名稱									
近期訓 練目標										
近期比 賽目標										

2014 年訓練比賽目標						
2015 年訓練比賽目標						

⊪H 第八節　兒童少年訓練

舉重實踐證明，要培養一名優秀運動員，從開始接觸槓鈴到世界水準，需要 7～10 年的時間。因此，要培養一名高水準的運動員，必須從兒童少年時期抓起。

一、兒童少年訓練的任務

第一，培養興趣，鍛鍊意志。
第二，發展素質，增強體能。
第三，學習和掌握抓舉、挺舉的基本技術和多種運動技術。
第四，循序漸進地加大負荷量和強度，提高訓練水準。

二、兒童少年訓練的年齡分組

（1）兒少組（11～12 歲）：主要任務是培養舉重興趣和發展速度、靈敏以及柔韌素質，其次是學習舉重技術，適當提高專項素質。

（2）少年乙組（13～15 歲）：主要任務是在專項訓練方面繼續培養對舉重的愛好和興趣，抓好基本技術和力量素質訓練，逐漸提高訓練水準。

（3）少年甲組（16～17 歲）：主要任務是進行正規的舉重專項訓練，並繼續發展一般身體素質和專項素質，進一步提高訓練水準。

（4）青年組（18～20 歲）：訓練內容與成年運動員相同。主要任務是加強專項訓練，爭取達到世界先進水準。

三、兒童少年訓練應注意的問題

（1）要根據兒童少年求知慾高、上進心強、成績提高快的特點，培養他們對舉重的興趣。同時要嚴格訓練，嚴格遵守生活制度，加強團隊意識，做到團結互助，並養成愛護器材的習慣。

（2）抓住運動素質（特別是最大力量素質）發展的敏感期，有的放矢地安排素質訓練，最大限度地提高一般和專項運動素質。

（3）強化戰術訓練。利用兒童少年好勝心強的心理特點，在教學和訓練過程中安排各種不同方式的比賽內容，激發訓練激情。

（4）要教育兒童少年選手重視文化課和理論學習，養成分析問題和解決問題的習慣，學會並堅持寫訓練日記和比賽小結。

（5）安排多年訓練規劃和全年訓練計畫時，各階段要有詳細指標。同時要建立訓練檔案，做好醫務監督。

（6）循序漸進地提高負荷量和訓練水準。

（7）兒童少年的訓練應根據其身心發展規律和性別特點，區別對待。

四、兒童少年訓練計畫示例

以下三個年齡組週訓練計畫示例，是國內個別體校男子舉重訓練安排的實例。相同年齡組女子舉重訓練可參考此計畫。此計畫不具備普遍代表性，僅供參考。

（一）10～12 歲年齡組週訓練計畫示例

星期一
高翻：10 組（每組 2～5 次）
借力推：10 組（每組 2～5 次）
負重體屈伸（弓身）：10 組（每組 10～20 次）
俯地挺身：150 次
跳繩：300 次

星期二
膝上懸垂下蹲翻：10 組（每組 2～5 次）
高抓：10 組（每組 2～5 次）
兩手實力推舉：10 組（每組 8～15 次）
仰臥起坐：10 組（每組 10～20 次）
原地縱跳：150 次

星期三
高翻：10 組（每組 2～5 次）
寬速拉：10 組（每組 2～5 次）
雙槓雙臂屈伸：10 組（每組 10～20 次）
側拉啞鈴：10 組（每組 12～20 次）
30 公尺加速跑：15 次

星期四
箭步翻：10 組（每組 2～5 次）

半蹲抓：10 組（每組 2～5 次）

跳山羊：100 次

俯地挺身：150 次

徒手半蹲靜力練習：10 組（每組 20 秒）

星期五

下蹲翻：10 組（每組 2～5 次）

窄拉：10 組（每組 2～5 次）

仰臥起坐：10 組（每組 10～20 次）

蛙跳：10 組（約 300 公尺）

負重體屈伸：10 組（每組 10～20 次）

星期六

半蹲翻：10 組（每組 2～5 次）

架上挺：10 組（每組 2～4 次）

雙槓雙臂屈伸：10 組（每組 10～20 次）

球類活動：40 分鐘

（二）13～14 歲年齡組週訓練計畫示例

星期一

挺舉：10 組（每組 2～5 次）

寬拉：10 組（每組 2～5 次）

前蹲：10 組（每組 2～5 次）

跳繩：500 次

負重仰臥起坐：80 次

頸後寬引體向上：10 組（每組 6～12 次）

星期二

抓舉：10 組（每組 3～5 次）

借力推：8 組（每組 3～5 次）

窄拉：8 組（每組 3～5 次）

俯地挺身：10 組（每組 15～25 次）

側拉啞鈴：10 組（每組 10～30 次）

星期三

下蹲翻：10 組（每組 2～5 次）

半蹲抓：10 組（每組 2～5 次）

後蹲：10 組（每組 2～5 次）

負重體前屈伸：7 組（每組 10～20 次）

跳台階：6 組（120 次）

雙槓雙臂屈伸：10 組（每組 10～25 次）

星期四

頸後下蹲寬支撐：8 組（每組 3～5 次）

架上挺：10 組（每組 2～5 次）

分腿高翻：10 組（每組 3～5 次）

俯地挺身：10 組（每組 15～25 次）

側拉啞鈴：10 組（每組 10～30 次）

蛙跳：8 組（約 300 公尺）

星期五

分腿高立抓：10 組（每組 2～5 次）

箭步翻接下蹲翻：10 組（每組 2～5 次）

前深蹲：10 組（每組 1～5 次）

雙槓雙臂屈伸：10 組（每組 10～25 次）

懸垂舉腿：120 次

跳繩：500 次

星期六

分腿高翻：10 組（每組 3～5 次）

架上挺：10 組（每組 2～5 次）

窄拉：8 組（每組 3～5 次）

側拉啞鈴：8 組（每組 10～30 次）

單槓引體向上：10 組（每組 10～20 次）

60 公尺跑：10 次

（三）14 歲以上年齡組週訓練計畫示例

星期一

借力推：8 組（每組 2～5 次）

分腿高翻接箭步挺：10 組（每組 2～5 次）

窄拉：10 組（每組 2～5 次）

後蹲：12 組（每組 1～5 次）

頸後臂屈伸：8 組（每組 3～10 次）

側拉練習：7 組（每組 15～25 次）

星期二

墊鈴抓：10 組（每組 3～5 次）

直腿寬拉：10 組（每組 2～5 次）

墊鈴下蹲翻：8 組（每組 2～5 次）

寬硬拉：10 組（每組 1～3 次）

頸後寬引體向上：8 組（每組 6～15 次）

星期三

高翻：8 組（每組 2～5 次）

借力推：7 組（每組 3～5 次）

頸後架上挺：10 組（每組 1～5 次）

前蹲：10 組（每組 2～5 次）

負重仰臥起坐：8 組（每組 10～15 次）

窄握直腿速拉：10 組（每組 3～8 次）

星期四

下蹲抓：10 組（每組 1～3 次）

寬拉抓：6 組（每組 2～6 次）

頸後寬支撐蹲：8 組（每組 3～5 次）

頸後寬借力推：10 組（每組 1～5 次）

後蹲：10 組（每組 2～5 次）

懸垂舉腿：8 組（每組 15～20 次）

星期五

高翻：8 組（每組 2～5 次）

頸後寬挺蹲：10 組（每組 1～3 次）

寬拉：10 組（每組 2～5 次）

前蹲：8 組（每組 2～5 次）

負重體屈伸：7 組（每組 5～10 次）

星期六

高抓＋抓舉：10 組（每組 2～5 次）

高翻借力推＋挺舉：12 組（每組 2～5 次）

三個部位（膝下、大腿中部、腰部）停頓窄拉：6 組（每組 2～5 次）

後蹲：10 組（每組 1～5 次）

頸後臂屈伸：8 組（每組 10～12 次）

　　表 5-13 是對男子 12～16 歲年齡組，各級別總成績每年應提高幅度的基本要求（僅供參考）。女子 12～16 歲年齡組各級別總成績每年應提高幅度也可參考上述指標，但提高幅度低於男子。

　　隨著舉重運動員的進一步年輕化，優秀運動員出成績年齡提前，一些選手 20 歲以前已成為奧運會冠軍、世界冠軍或世界紀錄創造者。因此，男女舉重運動員 16 歲左右總成績應達到或超過一級運動員標準，部分運動員接近或達到運動健將水準。

表 5-13 男子 12～16 歲年齡組各級別總成績每年應提高的幅度

級別（公斤級）	假定最初成績	第1年（12歲）	第2年（13歲）	第3年（14歲）	第4年（15歲）	第5年（16歲）	第5年應達到的總成績
52	120	37.5 / 157.5	27.5 / 185	20 / 205	15 / 220	10 / 230	230
56	127.5	42.5 / 170	20 / 200	22.5 / 222.5	17.5 / 240	12.5 / 252.5	252.5
62	135	45 / 180	32.5 / 212.5	25 / 237.5	17.5 / 255	15 / 270	270
69	145	47.5 / 192.5	35 / 277.5	27.5 / 255	20 / 275	15 / 290	290
77	155	52.5 / 207.5	37.5 / 245	32.5 / 277.5	22.5 / 300	17.5 / 317.5	317.5
85	165	55 / 220	40 / 260	32.5 / 292.5	22.5 / 315	17.5 / 332.5	332.5
94	175	57.5 / 232.5	42.5 / 275	32.5 / 307.5	22.5 / 330	17.5 / 347.5	347.5

第九節　女子舉重訓練

在 2000 年到 2012 年間舉辦的共 4 屆奧運會上，中國女子舉重運動員共獲得 14 枚金牌，創造了輝煌成績。中國女子舉重的成功經驗主要是：抓得早、起步快、全國一盤棋進行系統管理；有一整套切實可行的選拔、訓練、集訓、管理制度；借鑑和優化男子訓練方法；優化訓練內容，注意強度和有效組數的結合；嚴格管理、競爭性強、科研和訓練緊密結合。

一、體能訓練

女子身體形態與男子相比，其身高低、體重輕、肩部窄、臀部寬、下肢短、軀幹長、重心低、身體各部分的圍度較小，這種形態特點有利於下肢力量發展，但在速度、爆發力方面不如男子。故可多安排一些中小重量的快速力量練習發展動作速度。由於女子肌肉纖細，肌肉占總體重的 35% 左右，每平方公分肌纖維女子為 7.1 公斤（男子為 9.2 公斤）。女子的最大力量是男子的 53%～74%，女子最大肌力是男子最大肌力的 53%～74%。

女子相對力量也小於男子。女子椎間盤比男子厚，關節囊和韌帶比較薄，因而關節活動範圍大，柔軟性較男子好，動作協調優美。女子在糖的有氧代謝能力和心血管系統功能方面高於男子，利用脂肪酸供能方面也高於男子，故女子具有較好的力量耐力，能承擔較大的負荷量和強度。女子在利用肌肉彈性能量方面要強於男

子。在停止訓練後，女子的力量比男子消退得快。

鑑於上述原因，女子舉重運動員要加強一般身體訓練和專項身體訓練。在一般身體訓練中，可以透過各種跳躍練習、跑步、球類活動，以及柔韌、靈敏性練習等提高身體機能水準和一般運動素質。專項體能訓練應該側重於專項力量的訓練，特別是爆發力、絕對力量和專項力量耐力訓練。此外，應加強上肢支撐力量、腰背部肌群力量和腿部力量訓練。

二、技術與心理訓練

（一）技術訓練

女子柔韌性、協調性和穩定性較好，有利於掌握舉重技術。但由於女子力量較弱，爆發力和關節支撐穩定性比較差，因此要加強動作速度、力量、節奏感和支撐力量的訓練。

一方面在技術訓練中要突出強調這方面的要求，另一方面要加強爆發力的訓練，提高速度力量和支撐力量。教練員應該根據女子的特點，把女子舉重運動員的技術訓練、肌肉力量訓練與其他專項素質訓練很好地結合起來。

（二）心理訓練

舉重是力量的象徵，歷來都被看做是表現男子陽剛之氣的運動項目，而女子舉重打破了傳統女子柔美觀念，也顯示了她們的陽剛之氣。

從理論上講，應該是「女子男性化」，但畢竟男女心理有別，突出表現在女子膽量較小、缺乏自信、自尊心強、好要面子、依賴性大、心理承受力較差、對自己力量能力估計不足等等。

解決這些心理現像要透過多方面調節。比如可以在確保每一次試舉成功的前提下衝擊以往的新重量；在體能下降時減小強度，確保試舉成功；在比賽中安排試舉力所能及的重量，確保成功率。

這就是「試舉成功法」，即由每一次試舉成功，樹立和鞏固她們的膽量、自信、自尊，使她們對自己的能力有正確的估計。

當然訓練和比賽中不可能都是成功，也會出現試舉失敗的情況。試舉失敗時要弄清楚原因，是主觀原因還是客觀原因，要瞭解誘因。一般可以透過「語言法」和「暗示法」給予精神開導和鼓勵，多肯定長處，少批評缺點，且方法要得當，以此消除她們的精神顧慮。同時管理要妥當，不要事事管得太緊太細，要有目的地逐漸消除她們的依賴性，樹立獨立性。

女性愛美是天性，尤其是體型美。舉重是一項艱苦、勞累的體能項目。突出的力量訓練特點以及下蹲類、上拉類、支撐類的動作訓練必定導致運動員腿粗、腰粗、肩寬和手臂粗壯的肌肉形態。

另外，舉重訓練還有一個突出的特點就是訓練器械的鐵質性。這種鐵質性容易引起女孩嬌嫩的手掌磨出血泡，甚至撕破。有些初級訓練者由於提鈴環節要領掌握不好，槓鈴桿上拉時磨破小腿。有時由於挺舉翻鈴技術銜接不好，槓鈴桿下砸或重量壓在胸鎖關節處，造成出血和腫脹現象。

要消除由於上述情況所引起和造成選手們的思想負擔，首先在訓練的內容設計、動作速度的安排、負荷量與強度的搭配上應有科學性。其次訓練時每一次試舉都要求動作標準。再次不要隨意地大幅度地增加體重，越級別參賽。最後是注意她們的內涵修養，培養氣質，使她們的內心以此為驕傲。

女性還有正常經期和人工經期現象，正常經期容易引起頭痛、失眠、精神抑鬱、易於激動等輕度的神經系統不穩定症狀，而人工經期畢竟是人為地打亂正常的月經規律，容易引起心理不適。對此，教練員應該高度重視，預防心理波動影響訓練。

三、經期訓練與比賽

月經是指女子有規律地週期性的子宮出血現象，是一種正常生理現象。出血的第一天為月經週期的開始，兩次月經第一天的間隔時間稱為一個月經週期，一般為28～30天，正常月經出血持續3～5天，稱為月經期。由於個人情況不同，月經期所表現的各種心理、生理反應也不同。持續時間有長有短，出血量有多有少，不適反應有強有弱，承受運動負荷能力有大有小。因此，應根據她們的不同反應區別訓練，以利於保護女運動員的身心健康和提高運動水準。

運動員在月經期多數表現為正常型（占64%），此類經期自我感覺良好，運動能力不變，心血管機能試驗正常。抑制型（占23%），月經期自覺疲乏無力，嗜睡，體力及一般工作能力下降，厭煩訓練。興奮型（占10%），經期情緒異常激動，各種生理指標有提高的趨勢，肌肉發緊，動作僵硬，下腹有痙攣性疼痛，頭暈、睡眠差，心率快，呼吸頻率增加，血壓升高。病理型（占3%～5%），月經期感覺腰背疼痛，頭痛，睡眠不佳，噁心，口渴，全身不適，不願訓練。

一般情況下，月經期間盆腔充血，子宮血流量增多，因此，有些運動員感覺下腹、腰骶部有下墜感，在此期間動作安排上應少做，嚴重者避免做深蹲和腰腹肌練習。如果有必要做下蹲動作也應安排淺蹲或半蹲動作，同時運動負荷強度和量應適當減少，可等經期之後再適當增加。

要特別注意結合月經週期安排訓練計畫。正常型經期技術訓練安排可用高抓替代下蹲抓、高翻替代下蹲翻，運動負荷稍微減少；抑制型與興奮型經期訓練安排可以多一些上肢力量練習，運動負荷做適當調整，嚴重者可安排停訓1～2天；病理型經期應當根據嚴重程度停止訓練2～3天。總之，月經期訓練應根據反應的不同類型，區別對待地安排訓練；結合月經週期安排運動量節奏；對初潮的少女應給予更多的關心；經期1～3天適當減量。

　　女運動員常常會碰到比賽期間與月經期間相一致的情況，這就面臨兩種選擇：一種是在月經期間參加比賽；另一種是人工控制月經週期，使其與比賽期間錯開。選擇在月經期間參加比賽者應是正常型運動員，在比賽期能夠正常訓練，很好地完成訓練指標，比賽時能夠把競技狀態調整到最佳，至少是正常。選擇人工控制月經週期的對象應是平時尚未養成經期訓練習慣，經期有明顯不良感覺，體力下降，影響運動能力發揮的運動員。

　　人工控制月經週期可分為提前和推遲行經日期兩種方法。需要選擇何種方法，提前或推遲的天數應根據個體差異進行安排，總之是以到比賽時能夠形成最佳競技狀態的標準為主。經期比賽前應注意休息、營養、保暖和衛生，在可能的情況下儘量少減體重。比賽期間，還需要注意同室隊友的安排，有可能某個隊員來了例假而「傳染」給另一個的現象，使得經期調整前功盡棄。

　　最後不管是訓練和比賽必須注意運動員的月經失調現象，在失調的情況下，訓練和比賽的計畫也應隨之調整變化。總之，要從實際出發，區別對待，使運動員在較好的機能狀態下去參加比賽，從而取得較好的運動成績。

　　思考題

　　1. 請說明技術訓練的內容及要求。

　　2. 試舉重量增加戰術包括哪些具體內容？

　　3. 請簡要說明舉重運動員心理訓練的方法。

　　4. 某運動員一次訓練完成各項練習共舉 100 次，總負荷量為 11500 公斤，他的最佳總成績為 290 公斤。請計算出該運動員的強度係數。

　　5. 簡要說明舉重運動員多年訓練計畫的主要內容。

　　6. 運動員為什麼要寫訓練日記？訓練日記包括哪些內容？

　　7. 舉例說明兒童少年訓練應注意的問題。

　　8. 如何安排女子舉重運動員的經期訓練和比賽？

第六章 舉重競賽

內容提要：

本章重點闡述舉重競賽的意義與任務、舉重競賽的特點、舉重競賽的制勝因素；賽前準備工作，賽前訓練，確定參賽級別、制定開把重量，熟悉比賽環境；比賽發揮，運動員自身競技水準發揮、教練員的臨場指導、比賽中的突發因素；賽後總結與恢復訓練等。使學生掌握舉重競賽的基本知識，培養基本能力，勝任一般舉重競賽的參與、組織和相關工作。

運動競賽是在裁判員主持下，按統一規則要求，組織與實施的競技較量。本章的舉重競賽主要指運動員在教練員的指導下，為了檢查教學和訓練效果，促進運動技術水準提高，而專門組織的一種教育過程。

運動員透過訓練不斷提高的競技能力，只有提高競賽的形式表現出來，才能得到社會的承認，滿足社會成員的需要。學習和掌握舉重競賽的有關理論，對運動員的參賽和競技水準發揮有重要意義。

第一節　舉重競賽概述

一、舉重競賽的意義與任務

（一）舉重競賽的意義

舉重競賽的意義主要是檢查訓練效果，促進舉重技術水準迅速提高；促進運動員的相互學習和交流；發現和選拔新生力量，推動群眾性舉重活動的開展；豐富大眾文化生活，振奮民族精神，促進國際交流。

（二）舉重競賽的任務

第一，把運動員平時訓練中所達到的運動技術水準，透過比賽轉變成競技能力；

第二，提高運動員適應比賽的能力；

第三，使教練員的執教能力透過比賽得到昇華，並轉變成掌控運動員比賽的能

力；

第四，創造優異成績，促進舉重運動發展。

二、舉重競賽的特點

第一，舉重是按年齡分組、按體重分級的競賽項目。

第二，舉重競賽中，因為動作快，成敗界線分明，競爭公平性強。

第三，運動員名次的取得主要依靠自身的競技能力水準，較少受對手影響。

⊪H第二節　舉重競賽的制勝因素

研究制勝因素，掌握制勝規律，有針對性地提高競技能力水準，是奪取優勝的重要前提。制勝因素是競爭雙方取勝對手的要素。制勝因素之間的本質聯繫是指各要素之間的相互關係及組合方式。制勝規律是在競賽規則的限定下，在競賽中戰勝對手奪取優異成績所必須遵循的準則。

舉重運動實踐證明，人們對制勝規律的把握首先是從制勝因素的分析入手，逐漸深化到對制勝因素的本質規律的認識。

我國舉重界的專家學者在長期實踐的過程中，不斷探索舉重項目的發展規律，進而總結出舉重項目的制勝因素。舉重運動的制勝因素就是力量、技術及心理素質這三方面的完美結合。

一、突出的最大力量

舉重是體能主導類快速力量非週期性動作結構項目，其競技能力的基本特徵是在極短時間內爆發出最大力量。因此，突出的最大力量是奪取優勝的重要因素。

力量是提舉槓鈴的根本動力，舉重過程中，無論是提鈴、發力、下蹲支撐與起立、上挺支撐與放下槓鈴，都需要有強大的力量做基礎。力量分為最大力量，速度力量（即爆發力）及力量耐力。

舉重競賽比的是參賽運動員所能舉起的最大重量。為了不斷提高運動成績，在比賽中取得優勝，舉重運動員必須發展力量，不斷提高自身所能舉起的最大重量。因而，對於舉重運動而言，突出的最大力量是運動員在比賽中取勝的最重要因素。其中，對於下肢、腰背和上肢的最大力量要求最高。

例如，男子 105 公斤以上級選手總成績要達到 472 公斤（抓舉 212 公斤，挺舉 260 公斤）的世界紀錄水準，其主要力量指標必須分別相應達到實力推 130 公斤、後深蹲 380 公斤、硬拉 390 公斤。女子 75 公斤以上級選手總成績要達到 333 公斤（抓舉 146 公斤，挺舉 187 公斤）的世界紀錄水準，其主要力量指標也必須相應達到實力推 95 公斤、後深蹲 250 公斤、硬拉 250 公斤。

當然，由於舉重運動屬於短時間爆發力項目，用力持續時間短，並且按體重級

別分組進行比賽，故具備一定的相對力量及力量耐力也是非常重要的。

二、完善的技術

舉重教練員和科研工作者經過長期的總結和探索，將舉重技術歸納為近、快、短、穩、協調性等五項技術原則。這五項技術原則中，近是基礎，快是關鍵，短是重要手段，穩是保障，協調性是優化條件。

實踐表明，只有力量而缺乏技術不能構成良好的舉重能力。如果說 100 多年前競技舉重運動處於起步階段，力量在構成舉重能力中起絕對作用的話，到了今天運動訓練水準這麼高，體重分級這麼細的時代，單靠力量企圖舉得最重、贏得勝利已變得絕無可能了。今天如果強調舉重主要是力量性項目，那麼，這種力量便應該是與技術密切結合的專項力量。

當今世界的優秀運動員莫不嫻熟地掌握了正確合理的舉重技術。而那種單純靠巨大力量的舉重運動員，在當今優勝者的隊伍中早已消失不見。例如，20 世紀 50 年代力量極大的美國運動員安德森・保羅（體重 150 公斤以上），能硬拉 1600 公斤，後蹲 550 公斤，肩背負重 2840 公斤，但因缺乏速度和完善的技術，挺舉只達到 200 公斤左右。

而在 20 世紀 90 年代末，世界最優秀的 70 公斤級運動員，雖然基礎力量大大小於安德森・保羅，但挺舉早已突破 200 公斤。可見技術在發揮力量、構成舉重能力方面起著巨大的作用。

沒有力量，技術再好也等於零；沒有技術，力量再大也無法發揮。只有突出的最大力量和完美技術的最佳結合，才能為創造優異成績奠定基礎。

三、良好的心理素質

舉重項目的特點決定了舉重比賽需要運動員具備出類拔萃的良好心理素質，大賽中僅憑力量和技術而心態不穩也不能取得好成績。舉重比賽的試舉要在瞬間完成，在數秒內立判成敗，負荷極大，動作過程中幾乎無法糾正錯誤。在比賽氣氛的壓力下，運動員需要集中全部精力，動員最大力量頑強拚搏，同時又需要具有清醒感覺（重量感、時空感）和自我控制能力才能準確完成動作，獲得試舉成功。

舉重比賽所需要的這種強烈的好勝衝動和冷靜的控制能力，結合在一起就形成了舉重獨特的心理素質。

舉重是一種挑戰自我的運動項目，運動員在舉重台上面對沉重的槓鈴、強勁的對手以及觀眾群，有些運動員還必須承受取得好成績的壓力，所以心理素質對於舉重運動員而言十分重要。

綜上所述，突出的最大力量、良好的技術和心理素質完美地結合，才能構成整體的舉重能力。這三種因素又是互相制約、相輔相成的。只有各部分肌肉群具備足夠的力量，才能用大重量完成正確的技術動作；只有正確合理的技術，才能充分發

揮力量；也只有具備足夠的力量和完美的技術才能在比賽時充滿信心，保持穩定的心理狀態。

同樣，具備了穩定的心理素質和頑強拚搏的精神，就往往能在勢均力敵的激烈爭奪中充分調動精神力量，征服重量取得勝利。

正確認識構成舉重能力的制勝因素，並透過先進有效的手段和措施發展這種能力，就把握了舉重項目的制勝規律。遵循制勝規律，發展舉重能力，使舉起的重量越來越重，正是舉重運動不倦追求的目標。

⊪⊢第三節　賽前準備工作

舉重競賽按其性質、規模和種類不同，各有相應的目的和意義。如參加奧運會、亞運會等重大比賽，其目的主要是奪取金牌，振奮民族精神，為國爭光。透過競賽還可以加深與各國選手的相互瞭解，增進友誼，擴大舉重運動的影響。因此，要充分認識比賽的意義並為此做好賽前準備工作。

舉重運動員的賽前準備工作包括賽前訓練、確定參賽級別、制定開把重量、熟悉比賽環境等內容。

一、賽前訓練

賽前訓練是賽前準備工作中很重要的一環，它是培養最佳競技狀態的主要途徑。賽前訓練根據比賽的重要性以及目的和任務的不同，有多種安排。重大比賽前的訓練安排不僅決定於運動員之前訓練負荷的大小，也和運動員個人特點和習慣以及客觀條件等有關。

賽前訓練的中心任務就是使運動員從身體、技術、戰術、心理、恢復、智力和思想等各方面做好充分的準備，努力提高訓練水準。競技狀態實質就是各方面訓練水準得到提高，並為比賽做好充分準備的一種綜合表現能力。

賽前訓練的時間一般為一個月，前半月變化不大，最後兩週從內容到方法的變化均比較明顯。在安排上應注意下列幾點：

1.一般身體訓練的內容應更加結合專項特點，要少而精，可以保留彈跳力和柔韌性練習。

賽前兩週可以暫停一般身體訓練，而只保留早操，主要目的不是發展身體素質，而是保持運動員早睡早起、適量運動、定時飲食的習慣。

2.力量練習的內容應突出重點。

對於主要力量性輔助動作（如深蹲、速拉、硬拉、支撐類動作等），必須每週安排 3～4 次，保證一定的運動強度，但要適當減少組數和次數，從而達到減少訓練課的總負荷量。這時的訓練目的是使運動員身體各部位的力量指標保持在最高水準上，以迎接比賽。

3.技術強度訓練的比重應適當加大。

在賽前 2～4 週內，兩項競賽動作最好能在同一次課內，達到自己的極限或次極限強度 1～2 次，擬作為比賽時第一次試舉的重量，並能夠多次出現，且保證成功率。不舉則已，舉則成功，以增強自信心。安排技術強度時，應減少每組的次數，每組間隙可適當變化（與平時相比可適當延長），以適應比賽的要求。

4. 加強戰術意識的訓練和培養。

隨著舉重技術規則的修改，運動員每次試舉重量必須是 1 公斤的倍數，這使體重在戰術中的重要性下降，而試舉重量在戰術中運用的重要性則更加突出。所以，在日常訓練中，對習慣的加重方法可適當改變，可以增加 1 公斤，提高運動員的耐力和意志力；也可以增加 10 公斤甚至更多，以提高運動員的適應能力和激活內在潛力，從而提高運動員在比賽中戰術運用的自信心。

5. 賽前的恢復訓練非常重要，應予高度重視。

其中心任務就是要保證前一階段訓練積累的疲勞得以充分消除，使體力得到恢復，創傷儘量治癒，從而使運動員能夠身強力壯、精力充沛、信心十足地投入比賽。

6. 結合比賽實際加強智力訓練。

對比賽中可能會碰到的各種情況進行相關知識的教育，如減體重、比賽時間安排、賽前的生理反應、熟悉規則、競賽場地內外變化、心理自我調整等。

7.制定科學的訓練計畫。

賽前要給運動員一個恰當而明確的目標，如果目標含糊、不明確，即使訓練計畫制定得再好，步驟安排得再得當，也會讓運動員感到無所適從。訓練計畫是為目標服務的，目標要得到運動員的認可，不可憑空想像。為實現目標運動員和教練員要密切配合，擰成一股繩，齊心協力。當然，在實現目標過程中會出現這樣那樣的困難和矛盾，這就要及時分析採取對策，加強引導，減輕運動員的思想顧慮。

訓練計畫是死的，怎樣把它活起來，是把握尺度的問題，它體現出一個教練員的水準。制定科學的訓練計畫主要要點是：總負荷要減少，強度適當提高；輔助動作要減少，競賽動作適當增加；完成動作要輕鬆自如，留有餘地；練後要有一定的疲勞感，但疲勞不深，到下一次訓練課前疲勞就能消除。

8. 建立科學的訓練平台。

賽前應把訓練平台建築在科學合理的高度上。高度過低，只會消耗運動員的體力和精神，激發不起運動員訓練的積極性，達不到量的積累；而高度過高，運動員很容易出現傷病或興奮點出現過早。

多年的實踐證明，這個高度在 90%～100%為最合適，但 100%的重量要儘量少做或不做。在這一區間裏，做多少次數、多少組數、什麼時候上強度、什麼時候調整和間隔多長，這些都要根據運動員的個體差異，如恢復的速度、承受重量的能力等因素而區別對待。

二、確定參賽級別

運動員參加的比賽級別應儘早確定，以便在思想、訓練、物質及控制體重上早做準備。如何確定比賽級別，可以根據比賽需要而定，是升一級比賽有利，還是降一級比賽有利，這不僅會影響運動員的個人名次，而且直接關係到團體總分的排序，安排得當，有時弱隊可以戰勝強隊。

確定運動員級別時，主要應注意下列幾點：

第一，要充分瞭解對方參加比賽人員的名單、級別、體重和成績，然後根據對對手的分析判斷，再做出本隊的安排。

第二，個人的級別安排要服從於對團體取勝是否有利。

第三，體重如超過級別標準太多，則應服從長遠利益，以升一級比賽為妥。

三、制定開把重量

確定開把重量這是主觀判斷的問題，然而判斷的依據是客觀存在著的各種因素。因此，開把重量選得是否恰當，就是主觀判斷是否符合客觀實際情況，開把重量的制定符合客觀實際情況就能使運動員的技術水準得到充分的發揮，反之就會起限制作用，打亂自己的節奏。要使主觀和客觀相一致，確定開把重量之前，必須認真分析各種有關因素。

（一）平時訓練

平時訓練的水準是確定開把重量首選考慮的因素，特別是賽前一個月訓練的各種情況，包括訓練最高成績、技術動作的成功率、體力好壞與疲勞消除情況、賽前訓練節奏的把握、生理綜合反映情況，以及競技狀態的形成情況等。一般來說，賽前訓練情況比較好的，比賽成績也往往比較好。

（二）心理狀態

心理狀態也是開把重量應考慮的重要因素之一，尤其是運動員的信心。運動員這方面的表現主要有以下三種情況：

1.賽前緊張、害怕、信心不足。

此種情況多見於新手或者是幾次比賽失敗以後的運動員。解決的辦法有：

（1）查找心理原因，進行心理輔導，創造條件讓運動員參與更多的比賽。

（2）用鼓勵的語言，消除運動員的心理障礙以增強信心。

（3）試舉重量採用保守的重量，儘量穩一些。

2.賽前信心很足，但對自己的能力估計過高。

大多數運動員都是屬於這一類，訓練了幾年但還不是很成熟，在以往的比賽中都有良好的表現，會主動與教練吵著要比較高的試舉重量，自己信心很足，但較少

考慮不利因素，如賽前睡眠是否正常、是否減體重和減多少、賽中等待試舉時間是否比較長、比賽環境是否有利等因素，對此，教練員應做好以下工作：

（1）應避免頭腦發熱，要考慮運動員體力和精神狀態。

（2）以肯定和鼓勵運動員的信心為主，把自信心引導到試舉的高成功率上，而不挫傷運動員的積極性。

（3）要以我為主，採取主動，發揮自己的最高水準。

3.既充滿信心，頭腦又比較冷靜清醒，對自己的估計比較客觀。

這些運動員往往是比賽經驗較豐富的老選手，經歷過各種大賽的鍛鍊，對自己賽前狀態能較準確地判斷，教練員應多聽他們的情況反映和對試舉重量的建議，但不要過分遷就，要與自己對情況的分析判斷綜合起來考慮，以確定試舉方案。

（三）運動員是否減體重

減體重對運動員的體力影響是顯而易見的，但也存在著個體差異，有的影響較大，除體力下降外，甚至會出現肌肉抽筋的情況；而有的則影響較小。教練員只能在比賽中摸索和總結每個運動員的特殊規律，以確定試舉的重量。但還有以下幾個因素需考慮：

（1）減體重多者影響大些，而少者影響小些甚至不受影響。

（2）輕級別影響大些，重級別影響少些。

（3）脂肪少者影響大些，而多者影響小些。

（4）力量小而技術好者影響大些，力量大而技術差者影響小些。

（5）快速減體重且多者影響大些，而小者影響小些甚至不受影響。

（四）比賽經驗及以往比賽的發揮情況

運動員參賽越多，其參賽經驗就越豐富，越善於控制好抓、挺的體力分配，越能發揮平時的最好成績。但也有些運動員雖參賽多次，仍難以在比賽中穩定地發揮平時應有的水準，因此，參賽多與水準的發揮未必都能成正比。

參賽不多、經驗不足的新手，試舉重量一般應力求穩一些，要以我為中心，穩紮穩打，保證試舉的成功率，以成功率取勝。

當然，也有些初生牛犢不怕虎的新手能發揮平時的最好成績，甚至超出平時的最好成績，但這僅是個別現象。

認清賽場對手情況也是非常必要的，這也是確定試舉重量應考慮的因素之一。如運動員拚搏能進入前八名或前五名，甚至能進入前三名的試舉重量，也要把握機會，頑強拚搏，爭取創造較好成績。

四、熟悉比賽環境

熟悉參賽環境是運動員賽前不可忽視的重要部分，對運動員增強信心並做到心

中有數有著積極的作用。

運動員熟悉參賽環境主要從以下幾個方面考慮：

（1）賽前的熱身場地與比賽台的距離有多遠，大概要走多少時間。

（2）比賽台大概有多高、與觀眾看台有多遠距離，比賽台的燈光設置或光線是否會刺眼。

（3）熱身場地與比賽場地是否有溫差，溫差大概有多少。特別在夏天比賽，有時在熱身場地室溫較高，而競賽場地開冷氣室溫較低，身體感覺有點涼，由於溫差的變化，會降低運動員的興奮性。

（4）比賽台的台階設置是否合理，穩固程度如何等等，這些對運動員的心理因素都有一定的影響。

（5）槓鈴桿的轉動性能。

（6）舉重台組裝的平整性。

（7）舉重台表面油漆的光滑性如何，是否要用松香。

（8）熱身場地與比賽場地之間的通道是否平整。

（9）洗手間及更衣室位置。

（10）運動員休息室的位置及設備。

（11）稱量體重室的位置。

（12）賽場出入口的位置。

（13）接送運動員到賽場的車輛安排及往返車輛的等候位置。

（14）賽會新聞廳位置。

（15）興奮劑檢查中心位置。

（16）要適應地點、氣候、時差、溫度、飲食等自然因素。不同地點之間各方面情況差異是很大的，地點的改變可能會帶來因氣候造成的乾濕、氣溫的變化，還可能會帶來時差及飲食習慣等各方面的改變，如不事先熟悉參賽環境，有可能會給運動員生理和心理上帶來不利的影響。

第四節　比賽發揮

比賽發揮主要指運動員在比賽中競技水準的發揮和展示程度。充分發揮競技水準，創造優異成績是運動員參加比賽的重要目標。

與比賽發揮有關的因素有運動員自身競技水準、教練員的臨場指導能力、比賽中突發因素的影響等。

一、運動員自身競技水準的發揮

運動員競技水準的發揮要靠賽前有序的訓練節奏、充分的熱身活動準備以及良好的心理狀態來實現。

（一）賽前有序的訓練節奏

賽前有序的訓練節奏是保證在比賽中正常發揮的基礎，只有透過訓練量的積累，才有厚實堅固的技術的發揮。有些運動員在賽前訓練中，往往過分貪求大強度，其原因主要有：興奮性高，競技狀態已逐步形成；信心不足，自己覺得心裏沒有底。但不管是出於哪一種原因，教練員都應講清楚道理，嚴格控制計畫外的大強度練習。

一般來說，賽前對技術強度控制嚴一點為好，這樣，一方面可防止運動員過度興奮，防止競技狀態的過早出現；另一方面能夠保證到比賽時運動員有舉大重量的強烈慾望。這時的技術訓練，除一般要求協調、準確外，應強調速度和節奏。

（二）充分的熱身活動準備

熱身活動準備充分是保證比賽正常發揮的基本要求，熱身活動要有張有弛，不要太過急促，以免給運動員造成緊張。

在比賽中，常會出現對手改變試舉重量或者試舉棄權的情況，這勢必影響出場的次序和時間的變化。因此，教練員要及時注意場上情況的變化，及時調整運動員準備活動的節奏，以免措手不及或使運動員等待試舉太久。

（三）良好的心理狀態

良好的心理狀態是保證比賽正常發揮的根本，參加比賽的目的要明確，是練兵、透過運動員技術等級、破紀錄還是拿名次，教練員要與運動員在賽前溝通好，讓運動員在思想上有所準備；其次擺正自己的位置，在參賽級別中處於什麼位置，在保證試舉成功率基礎上，提要求出成績；最後要發揚頑強拚搏、奮力爭奪的精神，在爭奪較好名次時，運動員要放下包袱，有敢於拚搏的意志。

二、教練員的臨場指導

賽場比賽情況往往是錯綜複雜、千變萬化，臨場指導工作非常重要。比賽勝負除取決於選手的訓練水準及實力外，還取決於教練員的臨場指揮，要揚長避短，出其不意地打亂對手出場節奏，以抑制對手的興奮點，使自己取得主動和優勢。特別是在勢均力敵的情況下，正確的臨場指導是取得比賽勝利的關鍵。

臨場指導的基本要求：

1.充分調動運動員的參賽能力、克服困難、頑強拚搏是臨場指導的核心工作。

比賽是教練和運動員共同參與的實踐活動，教練員制定方案、戰術要透過運動員的實戰運用才能實現，否則只是紙上談兵。決定比賽的勝負，主要還是要靠運動員克服困難、臨場發揮和頑強拚搏。

因此，充分調動運動員的參賽能力，發揮運動員的聰明才智乃是臨場指導工作

的核心問題。

2.有的放矢，知己知彼。這是實現正確指導的前提。

賽前教練員要對運動員參賽級別做全面分析，例如瞭解對手的訓練成績、是否降體重和降多少、以往的比賽及成功率、運動員是否有傷病等，只有深入瞭解情況摸清底細，指導工作才能有預見性，才能按照賽前計畫，逐步實施，比賽才能爭得主動和優勢。

3.及時調整運動員的心理狀態是臨場指導工作的中心環節。

比賽現場是錯綜複雜的，對手的情況有時是不能完全準確預測的，會碰到這樣那樣的問題。有的運動員第一次試舉成功後，第二次試舉增加重量較多，或者運動員連續試舉失敗，這樣就會打亂運動員的試舉安排，此時教練員要及時地做出正確的決斷。及時調整運動員心理狀態，進行安撫和正確的引導，增強運動員的自信心。

4.保持清醒頭腦，靈活運用戰術是取勝的關鍵。

對於賽場的變化，運動員和教練員要保持清醒頭腦，沉著應對，而不要隨意改變原來的計畫，打亂自己的步驟。隨著比賽的深入，適當調整比賽計畫在所難免，教練員要隨時應對，多謀善斷，及時更改自己的戰術方案，運用兩次更改試舉重量的機會，靈活運用戰術。

三、比賽中的突發因素

在激烈的比賽中，難免會出現一些突發事件，此時教練員應遇事不亂，果斷應對。

（一）比賽中的主觀突發因素

（1）運動員對比賽激烈程度準備不足，產生肌肉僵硬，技術動作變形。
（2）想贏怕輸的心理壓力，使自己無法放下包袱。
（3）由於緊張產生尿頻尿急。
（4）抓舉比賽結束後，運動員產生飢餓感。
（5）降體重太多，肌肉抽筋。
（6）肌肉受傷。
（7）比賽服裝或護具不符合規則要求，裁判員要求運動員重新整理。

（二）比賽中的客觀突發因素

（1）走道或場地不平整，使運動員絆腳或摔倒。
（2）運動員突然減輕槓鈴重量，使自己等候試舉時間過長。
（3）運動員突然加大重量，使自己準備活動不足。
（4）舉重台太滑。

（5）比賽槓鈴桿有血跡，使運動員有厭惡情緒。

（6）由於裁判員的失誤，叫錯運動員出場，而要重新出場。

（7）由於裁判員的失誤，槓鈴兩端加的重量不平均或加的重量輕於所要的重量，需重舉一次。

（三）應對突發事件的措施

教練員在賽前應做好應對突發事件的充分準備，無論是主體還是客體，各方面都要考慮周全，做到應對有方寸，具體措施如下：

（1）對於主體引起的突發事件，影響運動員賽前最佳狀態的心理變化，教練員要在賽前做好充足的準備並給予足夠的重視。對於比賽中緊張的運動員，要加強心理輔導，不施加壓力，儘量少談或避談比賽結果，創造一種寬鬆愉悅環境，儘量滿足運動員的賽前要求和習慣；充分發揮隊醫和輔助教練的作用，做好物質上的準備。

（2）對比賽前和比賽中運動員出現的傷病，以及抽筋和頭暈等不適現象，首先教練員要保持冷靜，切勿驚慌失措，手忙腳亂。其次要採取應急措施，對出現的小傷病要及時止痛，恢復功能；對出現的大傷病或急性損傷，不要隨意處置，要請醫生仔細檢查，送醫院治療，以免耽誤醫治的時機。同時對運動員進行安慰和鼓勵，儘量解除其顧慮，克服恐懼心理，並徵詢其意見，是否繼續參賽，不要草率決定放棄比賽。

（3）運動員的比賽服裝或護具，在賽前的準備活動時就要穿戴齊整，以便儘早進入角色並適應穿戴後進行活動的感覺。切忌出場前草草著裝馬虎了事，結果被裁判員要求重新整理，從而影響運動員的賽前狀態。

（4）對於比賽前興奮性太低或情緒不振的運動員，教練員可用重手法快速按摩其肌肉群或塗抹刺激性油質，刺激神經中樞，以提高其興奮性，並用激將法或鼓勵的言語加以鞭策；對於運動員賽前習慣性行為遭遇破壞，教練員可用事例或安撫言語、動作給予鼓勵，甚至採用強烈批評，促醒運動員。

對於興奮性很高，出現過分高估自己或因著急而手忙腳亂的隊員，教練員可讓其輕微閉目一二十秒，使其情緒安定一下，然後簡單提示一兩點動作要領，再讓其從容不迫地上台試舉。

（5）由於客體引起的突發事件，往往會影響運動員最佳競技狀態的發揮。為減少此類事情的發生，教練員和運動員在賽前尤其要熟悉比賽場地，對比賽中要行走的路段要進行認真仔細地觀察並試走一下，避免比賽時絆腳或摔倒而影響情緒。

（6）在比賽中，對對手突然加大或降低試舉重量，教練員應早有預防和準備。對後場準備活動時間的掌握，應充分考慮運動員的習慣。一般來說，準備活動是宜早不宜遲，如各類基層比賽和全國青少年比賽，因比賽進程較快，故在掌握準備活動時間上，要有一定的提前量；而對於全國錦標賽、冠軍賽和國際大賽，由於

試舉重量的戰術運用較多，故在活動的過程中，可根據場上的比賽進程，適當調整自己的間歇時間。

正常情況下，離上場還有 20～25 次試舉時，開始準備活動較為合適；最後一次準備活動與自己上場時間控制在 2～3 分鐘。如果準備活動做得太早，則每隔 3 分鐘用中等重量再活動一次，以防止身體變涼和興奮性降低；如果準備活動做得太晚，則可適當縮短間歇時間或增大加重的幅度來調節。

（7）教練員在運動員每次試舉後，要向運動員詢問試舉的情況，如發現場地、器材及器材擺放位置等存在問題，則應在運動員下次試舉前向技術監督提出，以保證運動員的良好心態和最佳水準的發揮。

（8）比賽中出現裁判員錯判、誤判等問題時，教練員要保持頭腦冷靜，心平氣和地向技術監督提出質疑，向仲裁委員會提出申訴，即使得不到滿意的解決，也不要牢騷滿腹，甚至出現罷賽、不參加頒獎儀式等情況，應尊重裁判、顧全大局。

第五節　賽後總結與恢復訓練

賽後總結和及時進行恢復訓練是舉重運動不可忽視的重要內容。

一、賽後總結

每場比賽以後，教練員要及時小結；全部比賽結束後，全隊要及時總結。

（一）每場或每天總結

對比賽的級別進行實力分析，有哪些運動員是該級別的競爭對手，應該採取何種策略應對？

對自己的參賽隊員技、戰術的運用是否合理，各方面的協助有無待改進的地方，賽前的準備情況如何，運動員的發揮水準情況如何等進行總結。

（二）全部比賽結束後的總結

比賽結束後全隊要實事求是地及時總結，對比賽成績好、表現好的運動員要進行表揚和鼓勵；對存在的問題要從根本上查找原因；在比賽中暴露出的技術、戰術、訓練、思想教育、生活管理等各方面的不足要聯繫實際進行總結，做到比賽一次，提高一次，以利再戰。

二、恢復訓練

（一）賽後恢復訓練的要求

賽後恢復訓練能儘快促進有機體恢復過程，消除疲勞，以便迎接新的訓練和比

賽任務。具體有以下幾個方面的要求：

第一，恢復訓練也應遵循訓練原則。

第二，恢復手段的內容、數量和時間的安排，應與運動量的特點和運動員機體的反應相適應。運動員機體的疲勞反應是由運動負荷的特點所決定的，身體某部分負荷量越大，反應也越大，因而對於恢復手段和方法的選用，在內容、數量和時間的安排上也就應該與其一致，這樣才有針對性，才能收到好的效果。

第三，恢復訓練應該有計畫地進行。應將恢復手段和方法作為完整訓練計畫的一部分來安排。

（二）賽後恢復訓練的手段與方法

一套完整的恢復手段應該是綜合利用教育學、醫學、生物學和心理學等方面的一些方法。下面根據國內外舉重運動訓練實踐，介紹一些常用的恢復手段與方法。

1. 一般的恢復手段與方法

一般的恢復手段與方法是直接貫穿在運動訓練的全過程中，其主要內容有：

（1）改變各次訓練課之間、比賽之間和練習之間的休息時間，以達到調整恢復的目的。

（2）改變週、月、年訓練計畫，調整負荷。例如，休整期的安排，大、中、小運動量的節奏等。

（3）合理安排作息制度，其中重要的是保證運動員要有足夠睡眠。

2. 放鬆練習

訓練以後採用放鬆練習對運動員的恢復有良好作用，這些練習應作為計畫的一部分安排在訓練的結束部分。具體手段和方法有：

（1）慢跑步：

0.8～1.2 千公尺的放鬆慢跑能全面促進有機體的恢復，並且能預防舉重運動員的膝關節損傷。放鬆慢跑能增加局部疲勞肌肉群（特別是下肢）的血液循環，而且由於改變了工作節奏和呼吸室外的新鮮空氣（從舉重館內的大重量負荷到室外操場上的輕鬆自如的慢跑），這些都能起到良好的恢復作用。慢跑步可安排在訓練課的結束部分和早操時進行。

（2）反向拉長練習：

舉重訓練的顯著特點是長時間的大重量負荷，練習時機體的某些器官特別是脊椎，經常處於被壓迫的狀態，據測量，練習後的身高比練習前平均低 1 公分左右。因此，在訓練課的結束部分，安排各種與主要訓練內容方向相反的拉長性練習，是很有必要的。這些練習可以使有關器官得到拉長和伸展，使其恢復到原來的機能狀態，這對加速機體恢復和預防運動損傷都是有好處的。這些練習有：

① 懸垂屈膝舉腿和懸垂直腿左右和前後擺動。這一動作可以在肋木或單槓上練習。

② 斜板仰臥起坐（腳在上頭在下）。

③ 倒懸垂。這也是反向拉長練習的一種，對於消除腰部疲勞和預防腰部損傷有較好的效果。

做法是：將雙腳套在特製的倒懸垂保護帶內，然後自己或者依靠別人的幫助，將身體倒吊在單槓上，再利用自我暗示使自己的神經系統、肌肉特別是脊柱充分放鬆。倒懸垂時，由於人體的自身重力作用，脊柱被牽拉而恢復到正常的狀態，神經系統和全身肌肉也得到了放鬆。

練習時間一般為 4～7 分鐘比較合適，這時基本上可使身高恢復到訓練前的水準。如時間太長，則關節囊及韌帶由於受到過分的牽拉，反而會引起肌肉產生自我保護的牽張反射，從而使肌肉韌帶處於緊張狀態而不能放鬆。

3. 按摩

按摩是舉重運動員用來消除疲勞和預防運動損傷的一個重要手段。各種按摩能夠改善神經系統的調節機能，使肌肉內毛細血管開放增多，加強局部的血液供給，改善營養的供應；能改善物質代謝過程，促進代謝產物（如乳酸）消散，使肌肉放鬆；還能加速靜脈回流，減輕心臟負擔。

目前國內外舉重訓練中使用的按摩手段和方法主要有：

（1）徒手按摩：

這是主要的一種。以消除疲勞為目的的恢復性按摩，主要是在訓練課的結束部分或課後、浴後、睡前進行。主要應按摩負擔量最大的身體部位，如腰背、肩部周圍、大腿和臀部。

按摩的手法，在關節部位以揉為主，開始時先做幾次輕推，然後用揉與重推交替進行，有時可加按壓，最後以輕推、運拉結束。在肌肉部位則以揉為主（占總時間的 60%～70%），同樣以輕推開始，再以揉捏與重推、按壓、叩打、抖動等手法交替進行，最後以輕推、抖動結束。總的說手法應輕一些，時間應長一些，以起到鎮靜作用。

按摩時應先按摩大肌群，後按摩小肌群，做完一個部位再做另一部位，順序進行。應使被按摩者處於舒適的位置，被按摩的肌肉要充分放鬆。一次按摩的時間為 20～30 分鐘。

有條件的可以由運動醫生按摩，沒有條件的可以由運動員相互按摩。自己也可以揉捏、拍打、抖動等手法對主要部位進行一些自我按摩。

（2）振動按摩：

這是利用電顫動對主要肌肉群進行按摩，有手槍式的按摩器等。

（3）水按摩：

這是利用高壓水流的沖力對負擔重的部位進行按摩或進行休閒游泳。

4. 沐浴

沐浴能消除皮膚上的排泄物，促進血液循環，使肌肉放鬆，達到消除疲勞的目

的。

（1）熱水沐浴：

有沐浴設備者應在每次訓練以後進行。

（2）冷熱交替沐浴：

先進行幾分鐘熱水沐浴，接著進行 30 秒鐘冷水沐浴，交替進行。

（3）漩渦浴：

這是一種把水按摩和熱水浴結合起來的一種方法。

（4）蒸氣浴：

一般每週進行兩次，每次 15 分鐘（在蒸氣浴室的時間）。

5. 紫外線照射和吸取氧氣

舉重訓練一直是在室內進行，接受陽光照射的機會較少，適當安排紫外線照射可以促進恢復。每週可以安排 3 次，每次 5 分鐘。舉重動作多在憋氣狀態下進行，因此，訓練中總是存在著一定的氧債，訓練後補充一些氧氣，可以加快疲勞的消除和機體的恢復。

6. 氣功

練習氣功可以調節神經系統的活動，加深抑制過程；以腹式呼吸為主的深呼吸，可以改善氣體代謝過程；在下意識狀態下引起的一些自發性的拍打動作，還能起到扣擊按摩的作用。某些舉重運動員採用「自發動功」，對消除疲勞、加快恢復起了一定的積極作用。

7. 營養

營養既是生活和增進健康的必須，也是最重要的恢復手段之一。它是一切運動活動所消耗的能量的最主要補充來源，也是細胞組織結構再合成所需物質的最主要來源。因此，每天必須供給運動員以豐富的營養物質。食物中應有必須的碳水化合物，以補充運動員所消耗的能量物質。

但是，舉重運動員的主要特點之一就是發展肌肉力量，增加肌肉體積是力量增長的主要物質基礎之一，而構成肌肉組織的主要成分是蛋白質，因此，在舉重運動員的飲食中必須供給比其他運動員更多的蛋白質（尤其是動物蛋白質），這對於增進健康和促進運動成績的提高，都有著直接的關係。

舉重訓練以後，所引起的疲勞是比較深層的，往往需要更多的恢復時間。因此，應加多維生素 B_1、維生素 C 和維生素 E 以及一些礦物質的攝取量，應多吃一些水果和蔬菜，以幫助消除疲勞和促進恢復。

某些營養性或者調理性的藥物，也能起到祛疲強身的作用，可以促進恢復過程的進行。現在常用的有人參蜂皇漿、人參精、營養要素、祛疲丸以及各種維生素製劑等。

8. 心理恢復手段

包括心理調整、自我暗示、放鬆訓練，以及組織豐富多彩的業餘文化生活等。

專門組織的心理機能恢復可以一週安排 1 次，每次 30 分鐘，一般是在大運動量訓練日的晚間進行。

思考題

1. 舉重競賽的意義和任務是什麼？
2. 舉重競賽的制勝因素有哪些？
3. 如何科學合理地進行賽前訓練？
4. 如何確定參賽級別及開把重量？
5. 如何使運動員的競技水準在比賽中得到最好的發揮？
6. 賽後恢復訓練的手段與方法有哪些？

第七章
舉重技術規則與競賽的組織

內容提要：

本章主要介紹舉重技術規則與競賽的組織。其中規則部分包括舉重競賽器材、場地、服裝、護具，抓舉技術規則，挺舉技術規則，兩種舉式通則，犯規動作；競賽的組織部分包括競賽進程、競賽的年齡分組和級別、裁判員職責、舉重競賽裁判設備等。掌握上述基本理論，培養舉重競賽能力，以勝任一般舉重競賽的組織和裁判工作。

每四年頒佈一次的《國際舉重聯合會手冊》，將舉重競賽規則統稱為技術和競賽規則（IWF Technicl and Competition Rules & Regulations，簡稱技術規則）。技術規則是舉重競賽的法，是舉重競賽必須遵守的規定、技術標準和行為規範。其宗旨是提倡公正競賽，限制不規範的技術和行為，保證和促進舉重運動的健康發展。

我國的舉重競賽均按照國際舉重聯合會的技術規則執行。舉重技術規則具有一定的穩定性和連續性。

但這種穩定性與連續性是相對的，隨著舉重運動的發展，技術規則也在相應地修改和變化，以便及時反映和適應舉重發展的客觀需求，並透過規則的修改與完善，促進舉重運動的普及和提高，從而保持舉重運動的鍛鍊價值，增加比賽的觀賞性，提高舉重運動的吸引力。國際舉重聯合會是制定與修改舉重技術規則的唯一機構，通常每隔 4 年修改一次。

掌握舉重技術規則與競賽組織工作的基本程序和規範，是做好舉重競賽的重要前提和基本要求。

第一節　競賽器材、場地及服裝

競賽器材、場地是承辦舉重競賽的前提條件，服裝與護具則是對運動員參賽的要求。

一、競賽器材

舉重比賽用的器材為槓鈴，它是由槓鈴桿、槓鈴片及卡箍三部分組成。

（一）槓鈴桿

男子槓鈴桿重 20 公斤，槓鈴桿長為 2200 毫米（公釐），槓鈴桿的直徑為 28 毫米；女子槓鈴桿重 15 公斤，長 2010 毫米，槓鈴桿直徑 25 毫米。

槓鈴桿上必須有彩色標記以便於辨認。男子槓鈴桿橫槓用藍色標記，女子槓鈴桿橫槓用黃色標記。這兩種顏色分別與 20 公斤和 15 公斤的槓鈴片顏色相同。

（二）槓鈴片

槓鈴片最大直徑為 450 毫米，允許誤差±1 毫米。槓鈴片外面用彩色塑膠包裹，兩面均塗有永久性顏色或至少在邊緣塗色，槓鈴片重量和顏色如下：

30 公斤——黑色[1]

25 公斤——紅色	20 公斤——藍色
15 公斤——黃色	10 公斤——綠色
5 公斤——白色	2.5 公斤——紅色
2 公斤——藍色	1.5 公斤——黃色
1 公斤——綠色	0.5 公斤——黑色

（三）卡箍

為使槓鈴片固定在槓鈴桿上，每根槓鈴必須配備有兩個重 2.5 公斤的卡箍（男、女相同）。

二、競賽場地

（一）舉重台

舉重台（設置於大台之上）為正方形，邊長 4 公尺，高 10 公分，周圍 1 公尺之內不得放置物品，包括槓鈴。舉重台可用木料、塑膠或其他堅固的材料製成，表面可覆蓋防滑材料。如果舉重台周邊的地板顏色與舉重台的顏色相似或相同，則台的邊緣須用一條不同顏色的線標明。

（二）大台

大台最小尺寸為 10 公尺×10 公尺，必須連接有標準尺寸的台階。舉重台頂部高度距地面不得超過 1 公尺。必須在運動員入場一側靠近舉重台的位置上提供松香和鎂粉，並在大台附近為加重員放置槓鈴清潔材料和工具。

---

[1] 國際舉重聯合會決定：從 2013 年開始，在國際比賽中可以使用 30 公斤的槓鈴片。詳見 World Weightlifting〔J〕.TheInternational Weightlifting Federation.Hungary，2012（4）：30.

（三）準備活動室

比賽時，必須為運動員在賽區附近提供一個準備活動室，並根據運動員人數配備一定數量的舉重台[2]、槓鈴、鎂粉等。另外，還需配備擴音器、計時顯示器及計分板。計分板上顯示按照順序號排列的運動員名字、體重，並註明每位運動員賽前要求試舉的重量。

三、競賽服裝與護具

（一）舉重服

舉重服可以是上下連體也可以是分開的，但必須為緊身衣，且能遮住軀幹部分，顏色不限，不得有衣領，不得遮住肘部和膝部；舉重服內可穿一件 T 恤，但袖長不得遮住肘部，同時還不能有衣領。舉重服裏面或外面可穿緊身連衣褲，但不得遮住膝部。

（二）舉重鞋

舉重鞋的鞋底不得超過鞋幫 5 毫米，鞋幫高不超過 130 毫米，不能穿高跟鞋，鞋底厚度不限；允許腳背處有一根扣帶，鞋幫部分可重點加固。

（三）舉重腰帶

舉重腰帶必須繫在舉重服外面，其最寬處不得超過 120 毫米。

（四）繃帶、線帶和橡皮膏

手腕、膝部和手部可纏用繃帶、線帶或橡皮膏。手指或拇指上也可纏線帶或橡皮膏。繃帶可用紗布、醫用縐絲或皮革製成。膝部可纏不影響活動的整條彈性繃帶或膠皮護膝，但護膝不能以任何方式加厚。手腕上的繃帶寬度不超過 100 毫米，膝部繃帶寬度不超過 300 毫米，長度不限。橡皮膏、線帶或繃帶可繫在手腕上，但不得纏縈在橫槓上。允許戴特製的無指手套，但只可蓋住手指的第一指骨。肘部、軀幹、大腿、脛部和手臂不允許使用繃帶或繃帶的代用品。身體任何部位只准使用同一種類型的繃帶。比賽服裝與繃帶之間必須分離明顯。

╫ 第二節　競賽動作規則

競賽動作規則包括抓舉、挺舉技術規則，兩種舉式通則，犯規動作等內容。

---

[2] 訓練或準備活動區使用的舉重台為寬 3 公尺，長 2.5～3 公尺。

一、抓舉技術規則

槓鈴平行地放在兩腿前。兩手掌心向下握住槓鈴桿，以一個連續的動作將槓鈴從舉重台上提起舉過頭頂並以直臂支撐，雙腿可採用下蹲或其他方式。在這個連續動作中，槓鈴可沿膝和大腿向上滑行。除兩腳外，身體其他部位不得觸及舉重台。槓鈴舉起後，兩臂和兩腿完全伸直，雙腳站在與槓鈴和身體平面相平行的同一條橫線上，全身保持靜止和穩定，待裁判員發出信號後，將槓鈴放回到舉重台上。一旦運動員身體呈靜止狀態，裁判員應立即發出信號。

二、挺舉技術規則

（一）提鈴至胸

槓鈴平行地放在兩腿前。兩手掌心向下握住槓鈴桿，以一個連續動作將槓鈴從舉重台上提至肩部，兩腿可採用下蹲或其他方式。槓鈴可沿膝和大腿向上滑行。提到肩部前不得觸及胸部。可將槓鈴接放在鎖骨、乳頭以上的前胸或全屈的兩臂上。然後起立，兩腳收回站到與槓鈴和身體平面相平行的同一條橫線上，兩腿伸直。全身保持靜止。

（二）上 挺

兩腿先屈膝預蹲，然後用伸腿、伸臂動作將槓鈴舉至兩臂完全伸直。兩腳站在與槓鈴和身體平面相平行的同一橫線上，全身保持靜止穩定，裁判員發令後將槓鈴放回到舉重台上。

提鈴至胸後、上挺前，運動員可調整槓鈴位置。但這並不表示可以多次預蹲，只是允許運動員：

（1）如採用鎖握技術，可收回拇指改成普通握。
（2）如槓鈴位置過高妨礙呼吸或引起疼痛，可降低槓鈴落在肩上。
（3）改變握距。

三、兩種舉式通則

允許採用鎖握技術，即握桿時其他手指扣壓住拇指的最後一個指關節。

比賽中，運動員提鈴後超過膝蓋高度，即為一次試舉。

當裁判員發令放下槓鈴後，運動員必須從身體前面將槓鈴放下，不得有意或無意讓其掉下。在槓鈴降至腰線以下時兩手方可鬆開。

運動員如因肘部生理缺陷不能完全伸直手臂時，應在比賽前向 3 名裁判員和仲裁委員會報告。

採用下蹲式抓舉、挺舉或提鈴至胸時，運動員可藉助身體的彈動起立，次數、時間不限。

禁止運動員在大腿使用潤滑脂、油、水、滑石粉或任何類似的潤滑劑。到達賽場時，腿上不允許有任何東西。對使用潤滑劑的運動員，裁判員將令其擦掉。此時，計時繼續。

上場後允許在手和大腿等處使用鎂粉。

四、犯規動作

（一）所有舉式中

（1）懸垂提鈴以及提拉槓鈴向上的動作過程中有停頓。
（2）除兩腳外，身體其他部位觸及舉重檯面。
（3）伸展臂部過程中有停頓。
（4）用推舉完成動作。
（5）起立時，肘部有屈伸。
（6）試舉時身體任何部位觸及舉重台以外的地方。
（7）試舉完成時，從肩部以上的身體部位扔下槓鈴。
（8）放下槓鈴時，槓鈴未整體接觸舉重台。
（9）試舉開始時沒有面對中間裁判。
（10）在裁判員發令前放下槓鈴。

（二）抓舉犯規動作

（1）試舉過程中有停頓。
（2）橫槓觸及頭部（包括頭髮和頭上飾品）。

（三）挺舉犯規動作

1. 提鈴至胸
（1）槓鈴提到肩部前橫桿放置胸部並調鈴。
（2）肘部或上臂觸及大腿或膝部。

2. 上挺
（1）任何明顯用力上鋌而未完成的動作，包括下降身體或屈膝。
（2）上挺前任何有意使槓鈴顫動及運動員與槓鈴未處於靜止狀態。

（四）沒有完成的動作位置

（1）完成試舉時，兩臂伸展不平均或不完全。
（2）完成動作時，未能使兩腳站在與槓鈴和身體平面相平行的同一條橫線上。
（3）完成試舉時，膝關節沒有完全伸直。

⊪H 第三節　競賽的組織

競賽的組織主要指舉重競賽的組織機構、比賽進程及其基本程序，包括舉重競賽的有關組織工作、競賽進程、競賽級別、裁判員職責、舉重競賽裁判設備等。

一、競賽的組織工作

（一）成立競賽組織機構

賽前要成立競賽組織機構，負責進行賽前、賽後的一切工作。競賽組織機構大小應根據競賽的規模決定，下設辦公室、競賽組、後勤保障組、場地組及仲裁委員會、裁判員等。

（二）制定競賽規程

競賽規程的內容應包括競賽名稱、競賽時間、舉辦地點、競賽項目、參加辦法、競賽辦法、名次評定、獎勵辦法、裁判員要求、報名和接待以及其他相關規定等。

以下為競賽規程示例（供參考）。

全國舉重錦標賽規程
一、主辦單位
國家體育總局舉重摔跤柔道運動管理中心
二、承辦單位（略）
三、競賽日期和地點（略）
四、參加單位
（一）解放軍、北京市、天津市、河北省、山西省、內蒙古自治區、遼寧省、吉林省、黑龍江省、上海市、江蘇省、浙江省、安徽省、福建省、江西省、山東省、江西省、河南省、湖北省、湖南省、廣東省、廣西壯族自治區、四川省、貴州省。
（二）各體育院校、瀋陽、大連、哈爾濱、武漢、廣州、南寧、海口、大慶市。
五、競賽項目和級別
女子進行 48、53、58、63、69、75 和 75 公斤以上級的抓舉、挺舉和總成績的比賽。
男子進行 56、62、69、77、85、94、105 和 105 公斤以上級的抓舉、挺舉和總成績的比賽。
六、參加辦法
（一）必須是按規定註冊的運動員。
（二）報名人數

1. 女子每單位最多只能報 10 名運動員。運動員在 6 名以上（含 6 名）的單位，可報領隊 1 人、教練員 2 人、醫生 1 人；運動員 5 名以下（含 5 名）的單位只能報教練員 2 人。

2. 男子每單位最多只能報 11 名運動員。運動員在 6 名以上（含 6 名）的單位，可報領隊 1 人、教練員 2 人、醫生 1 人；運動員 5 名以下（含 5 名）的單位只能報教練員 2 人。

七、競賽辦法

（一）採用中國舉重協會審定的最新《舉重競賽規則》。

（二）仲裁委員會對執行裁判進行現場評估。出現兩次明顯錯誤即撤換。

（三）運動員報名後不能升降級參加比賽。

（四）男子比賽運動員抓舉、挺舉的第一次試舉重量之和不得低於報名總成績的 20 公斤，女子不得低於報名總成績的 15 公斤，否則不得參加比賽。

（五）運動員稱量體重時，須向裁判員出示註冊證，否則取消其參賽資格。

八、錄取名次、計分及獎懲辦法

（一）個人：各級別總成績錄取前 15 名，抓舉、挺舉、總成績前 8 名給予獎勵。

（二）團體：前 6 名給予獎勵。計分辦法為：以各級別總成績名次分和創、超紀錄分之和計名次。各級別總成績取前 15 名，按 16、14、13、12、11、10、9、8、7、6、5、4、3、2、1 分計；創、超紀錄加分為：創全國總成績紀錄加 10 分，超亞洲總成績紀錄加 20 分，平世界總成績紀錄加 30 分，超世界總成績紀錄加 45 分。如同時創全國、超亞洲和世界紀錄，只加最高分。

九、經費

參賽運動員和候補、測驗運動員及編外教練員、隨隊官員交納包干經費 650 元（任何人必須食宿於大會指定的飯店，否則不予參賽）。

十、報名和報到

（一）各單位須按規定填寫正式報名單一式兩份，於賽前 30 天（以郵戳為準）分別寄到國家體育總局舉摔柔運動管理中心舉重部和承辦單位體育局。報名後，替補隊員可按報名級別遞補。

（二）代表隊報名後因故無法參加比賽，必須提前向國家體育總局舉摔柔運動管理中心舉重部和承辦單位出具書面說明。

（三）各代表隊於賽前兩天、裁判員於賽前 3 天開始報到。提前報到者，費用自理。所有參賽人員須於賽後第一天離會。

（四）技術會議於賽前一天召開，將最後確認參賽運動員名單，教練員或領隊簽字後生效。

（三）接受報名

根據競賽規程要求，確定比賽運動隊及隊員。

（四）制定工作計畫、編寫秩序冊

競賽組織機構各部門根據職責範圍，分頭制定訂工作計畫，按期落實，並定期檢查工作進展情況。各處（組）間既要分工明確，又要協調配合。

秩序冊是組織競賽的主要文件，是各代表隊和有關部門瞭解競賽日程安排的主要依據。其內容主要包括以下幾個方面：

（1）舉重競賽規程。

（2）組織委員會及競賽組織機構人員名單。

（3）裁判員名單。

（4）各代表隊名單。

（5）大會活動日程表。

（6）競賽日程表。

（7）舉重各項紀錄。

（8）運動員等級標準。

（五）賽前準備工作

1. 組織賽前訓練

在各隊運動員按規定到達比賽場地前，應先制定好賽前訓練安排表，組織各隊運動員根據安排的時間表進行賽前訓練。

2. 召開技術會議

賽前一天應召開有仲裁委員會主任、競賽秘書長、競賽秘書和各隊教練員參加的技術會議。在技術會議上競賽秘書長將就競賽和技術規則的有關事宜進行說明，並進行最終報名的確認。各參賽單位在會議上將收到一份表格，並可在此表上進行如下確認或修改：運動員姓名、出生日期、體重級別、報名總成績等。但是不允許更換運動員。最終報名表確認後，表格上最多只能有 7 名女運動員和 8 名男運動員，每個級別最多 2 名運動員。最終報名表確認簽字並返回後，即為最終報名。

最終報名確認後將進行抽籤。抽籤可用電腦進行，也可進行人工抽籤。在整個比賽中，運動員都將使用該籤號。籤號決定稱重、比賽試舉順序以及運動員的分組。

3. 編排比賽場次

根據抽籤結果，確定每場比賽人員。主要遵循以下原則：

（1）先女後男，先小級別後大級別。

（2）每場比賽人數 15 人左右為宜，超過 18 人即可分組進行。

（3）每級的分組，按報名總成績的高低依次排列，報名總成績較高的運動員盡量安排在後一組。

（4）一個級別要在一天內比賽完畢，而且要在同一舉重台上進行。

（5）如遇參賽人數較少等情況，也可以將兩個級別或多個級別合併進行。

4. 稱量體重

（1）每場比賽稱量體重均於賽前 2 小時開始，為時 1 小時。

（2）稱量體重前 5 分鐘發放運動員卡片（表 7-1）。

表 7-1 運動員卡片（僅供參考）

序號		單位		姓名		籤號		
出生年月		體重		級別		報名成績		
項目	第一次試舉		第二次試舉		第三次試舉	成績	名次	總成績	名次
抓舉									
挺舉									

教練員簽名：

（3）每位運動員必須在至少 2 名裁判員及競賽秘書（長）面前稱量體重。本隊可有一名官員在場。

（4）稱量時由裁判員確認體重，競賽秘書（長）記錄。體重必須如實紀錄。

（5）運動員按抽籤號碼順序逐一稱量，並同時向競賽秘書（長）出示參賽證（護照或身分證）。按順序稱量體重時，不在現場的運動員，應安排到最後稱量。

（6）如不同級別的選手安排在同一場比賽，稱重順序必須分級別進行。

（7）運動員可在同性別的裁判員面前裸體或穿內衣褲稱量體重。如競賽秘書（長）是異性，可在實際稱量時適當遮擋。

（8）運動員體重在參賽級別範圍內的只稱量一次。不足或超重的可根據要求多次稱量。

（9）在稱重時間內，運動員達不到報名參賽級別的體重要求，將被取消比賽資格。

（10）稱量體重時，教練員須在運動員卡片上寫明抓舉和挺舉的第一次試舉重量並簽名。

（11）每位運動員稱重結束後，可得到 3 張進入準備活動區通行證。若一個隊有兩名運動員參加同一級別比賽，第二名運動員稱重結束後可再得到一張進入準備活動區的通行證。只有持通行證的人員才能進入準備活動區。

（12）稱重後，根據每位運動員的比賽序號將發一個號碼布，運動員必須將此號碼布黏貼在舉重服上，直至該場比賽結束。

（13）稱量體重的結果和運動員的第一次試舉重量將由競賽秘書填寫到稱量體重表上（表7-2）。所有運動員稱量完畢後才能公佈體重表。

表 7-2 稱量體重表

（男、女）___ 子___ 公斤級___ 組　時間：___ 年___ 月___ 日

比賽序號	籤號	單位	姓名	體重	預報重量		原報名成績
					抓舉	挺舉	

技術監督：_____　執行裁判員：_____　_____　_____　競賽秘書：_____

5. 制定比賽記錄表

競賽秘書根據運動員卡片的籤號順序填寫比賽記錄表，以備比賽中使用。記錄表格式如表 7-3 所示（僅供參考）。

表 7-3 ＿＿＿年＿＿＿舉重錦標賽第＿＿＿場第＿＿＿組子＿＿＿組比賽記錄表

日期：年　月　日　　開始時間：　　　結束時間：　　　地點：

序號	單位	姓名	出生年月日	體重	級別	抓舉 1	抓舉 2	抓舉 3	挺舉 1	挺舉 2	挺舉 3	抓舉 成績	抓舉 名次	挺舉 成績	挺舉 名次	總成績	名次	備註

仲裁委員：　　　競賽秘書長：　　　1 號裁判員：　　　2 號裁判員：　　　3 號裁判員：　　　競賽秘書：

227

（六）賽後工作

比賽結束後組織頒獎儀式，宣佈團體名次以及體育道德風尚獎的評選結果，組織閉幕式，印發成績冊，安排和辦理各隊及裁判員離會有關事宜，完成賽會總結並向領導部門匯報。

二、競賽的進程

（一）檢　錄

檢錄員於賽前 15 分鐘點名，集合參加該場比賽的運動員，並檢查其服裝、護具等，準備入場。

（二）介紹運動員、技術官員

每場比賽時，先按簽號順序介紹運動員，然後介紹技術官員[3]。

（三）開始比賽

比賽時，先進行抓舉，廣播員根據記錄表點名運動員進行試舉，由 3 名執行裁判員判定試舉成敗。抓舉比賽結束，休息 10 分鐘後再進行挺舉。運動員抓舉和挺舉的次數各 3 次。

（四）頒獎儀式

頒獎儀式在每個級別比賽結束後進行，頒獎順序為：第三名→第二名→第一名。

（五）競賽過程中的若干規定

1. 試舉時間

運動員從點名到試舉開始有 60 秒鐘的時間。30 秒鐘後，發出警鈴聲。連續試舉有 120 秒鐘時間。規定時間 30 秒後或者規定時間結束前 30 秒鐘，發出警鈴聲。如果時間結束時運動員未能將槓鈴從舉重台上提起，則 3 名裁判員判該次試舉失敗。計時從廣播員宣佈完畢或從槓鈴加重完畢後開始，以較晚結束者為準。

2. 試舉重量

（1）槓鈴重量是逐漸增加的。運動員從最輕的重量開始試舉，凡已宣佈的重量加上槓鈴後，就不得再減輕。

（2）槓鈴重量必須是 1 公斤的倍數。

---

❸ 世界錦標賽等重大國際比賽介紹的技術官員及其順序是：中間裁判員、側裁判員、候補裁判員、檢錄長、計時員、技術監督、醫務監督、仲裁。

（3）運動員第 1 次、第 2 次試舉成功後，槓鈴自動增加的重量必須至少為 1 公斤。

（4）男子比賽可試舉的最低重量為 26 公斤；女子比賽可試舉的最低重量為 21 公斤。

（5）抓舉和挺舉中的起始重量，男子不得低於報名總成績 20 公斤以上，女子不得低於報名總成績 15 公斤以上。競賽秘書、稱重裁判以及檢錄長、技術監督和仲裁負責監督執行這一規則。

例如，一名男運動員報名參加比賽，他所報的總成績為 200 公斤。他抓舉和挺舉中第一次試舉的重量之和任何情況下都不得低於 180 公斤（80 公斤和 100 公斤、70 公斤和 110 公斤或者任何其他組合）。

3. 更改試舉重量

教練員或運動員有兩次機會更改試舉重量，但必須在最後點名（30 秒）前進行更改。

若運動員進行連續試舉（120 秒的規定時間），運動員／教練員必須在點名後的前 30 秒更改重量。否則將失去兩次更改重量的權利。

更改重量時計時停止。如運動員要求更改重量後，由另一名運動員試舉，則下一試舉時間為 60 秒。

若某名連續試舉的運動員因改重量而改變試舉順序，被點名的另一名運動員已經開始走表後又要求更改重量，從而導致第一名運動員再次被點名，那麼這名運動員有 1 分鐘的試舉時間。

4. 試舉順序

運動員上場試舉的順序取決於以下因素：

（1）槓鈴重量（重量輕的先試舉）。

（2）試舉次數（試舉次數少的先試舉）。

（3）之前試舉的順序（先試舉的排在前面）。

（4）抽籤號碼（籤號小的先試舉）。

具體運用為：重量輕的先舉；如果第一次試舉重量相同，則籤號小的先舉。如果第二、三次試舉重量相同，則試舉次數少的先舉；如果試舉次數也一樣，則按之前試舉的順序上場試舉。示例表 7-4。

5. 槓鈴重量加錯或報錯的處理

當加重員在加裝槓鈴片時出錯或廣播報錯時，仲裁委員會將視情況做不同處理，總的原則是試舉失敗重獲一次試舉機會，試舉成功可選擇承認重量或重舉一次，槓鈴重量只承認 1 公斤的倍數。

例 1：加完鈴片後槓鈴的重量未達到運動員的要求，而運動員試舉又獲得了成功，並且槓鈴增加的重量為 1 公斤的倍數。此時，運動員可根據自己的意願承認這次試舉有效，也可拒絕接受錯誤重量。如拒絕，則允許其按原先要求的重量增加一

表 7-4　試舉順序示例

	抓舉（公斤）			挺舉（公斤）		
運動員 A	102	106	107	135	140	141
運動員 B	100	105	107	135	140×	143
運動員 C	102	106	107	134	142	143

（註：×表示試舉失敗）以下是試舉順序：

抓舉 B-A-C，B-A-C，B-A-C

挺舉 C-A-B，A-B-A，C-B-C

次試舉。

例 2：槓鈴的重量未按 1 公斤的倍數增加，而該次試舉又獲得了成功。運動員可將該重量視作減去不足 1 公斤倍數後的重量而承認試舉有效。

例 3：槓鈴以 1 公斤的重量遞增，但最後重量超過了運動員的要求，而試舉又獲得了成功。運動員可根據自己的意願承認試舉有效或拒絕接受。若拒絕，則允許根據原先要求的重量增加一次試舉。如發生錯誤時的試舉失敗，或者槓鈴未以 1 公斤的倍數增加重量，則運動員自動獲得機會按照原先要求的重量增加一次試舉。

例 4：試舉失敗是因為槓鈴兩端的重量增加得不均衡，或舉重台設置有誤，可根據運動員或其教練員的要求允許增加一次試舉。

例 5：廣播員在宣佈試舉重量時報錯了重量，仲裁委員會應按槓鈴重量錯誤的做法允許運動員增加一次試舉。

例 6：比賽中，因運動員沒在舉重台附近而未能看見其他選手比賽情況，而廣播員又在該他上場試舉時漏報，則必須減輕槓鈴的重量。

6. 混合級別或組別比賽的規定

在兩名運動員或兩個隊之間進行的不同級別的比賽，運動員可輪流試舉。試舉重量輕的運動員先舉，並在每次試舉中保持這一順序。

7. 休息時間

抓舉比賽結束後有 10 分鐘的休息時間。仲裁可延長或縮短休息時間，在此情況下要進行宣告。

8. 試舉成敗的判定

試舉成敗以兩個或兩個以上白燈（白旗）為成功，兩個或兩個以上紅燈（紅旗）為失敗。

9. 名次評定

（1）個人名次評定

奧運會、亞運會、全運會及其他綜合性運動會的舉重比賽，是以抓舉和挺舉的總成績來確定名次的；而舉重錦標賽則計算抓舉、挺舉和總成績的 3 項成績。與名

次有關的因素有：最好成績，體重，完成最好成績的時間，籤號等。表 7-5 為名次評定示例。

表 7-5　名次評定示例

籤號	姓名	體重	抓舉			挺舉			總成績					
			1	2	3	1	2	3	抓舉	名次	挺舉	名次	總成績	名次
5	A	62.00	134	140	142×	160	164	167×	140	2	164	3	304	3
99	B	62.00	140	142×	142×	165	171	173×	140	1	171	2	311	1
44	C	62.00	130	135	138	165	173	175×	138	3	173	1	311	2

（註：×表示試舉失敗。）

單項名次：在抓舉或挺舉的 3 次試舉中，舉起的最高一次重量為單項成績，單項名次按單項成績確定。

總成績名次：以抓舉和挺舉兩項成績的總和來確定。

單項成績或總成績相等時，以賽前體重輕者名次列前；如成績和體重均相等，則先舉起該重量的運動員名次列前；若都相同，則以籤號小者排名在前。

（2）團體名次評定

根據各參賽單位運動員得分總和確定團體名次。

取前 6 名計分辦法：分別得分 7、5、4、3、2、1。取前 10 名計分辦法：分別得分 12、9、8、7、6、5、4、3、2、1。取前 15 名計分辦法：分別得分 16、14、13、12、11、10、9、8、7、6、5、4、3、2、1。

在世界和洲際錦標賽及根據國際舉重聯合會競賽計畫進行的比賽，分別取前 25 名進行抓舉、挺舉、總成績排名計分，即分別得分 28、25、23、22、21、20、19、18、17、16、15、14、13、12、11、10、9、8、7、6、5、4、3、2、1。最後根據得分多少確定團體名次，得分多的團體名次列前。

團體計分辦法只計總成績得分，或者還計單項得分，可由競賽規程規定。

團體得分相等時，以獲得第 1 名較多的團體名次列前；如仍相等，則以獲得第 2 名較多的團體名次列前；餘類推。如仍相等則名次並列。

在計單項名次的比賽中，即使運動員抓舉全部失敗，也允許參加挺舉比賽。如挺舉獲得名次則應計入相應得分，但總成績不能得分。若比賽僅以總成績頒發獎牌，則抓舉全部失敗的運動員不能繼續參賽。

抓舉獲得成功但挺舉全部失敗的運動員，可根據抓舉名次計分，但總成績不能計分。

表 7-6、表 7-7 為男、女團體總分表示例。

表 7-6　舉重競賽男子團體總分表

單位 \ 得分 \ 項目 \ 級別	56公斤			62公斤			69公斤			77公斤			85公斤			94公斤			105公斤			+105公斤			總分	名次
	抓舉	挺舉	總成績	抓舉	挺舉	總成績	抓舉	挺舉	總成績	抓舉	挺舉	總成績	抓舉	挺舉	總成績	抓舉	挺舉	總成績	抓舉	挺舉	總成績	抓舉	挺舉	總成績		

（可按實際參賽隊單位數設計表格）

表 7-7　舉重競賽女子團體總分表

單位 \ 得分 \ 項目 \ 級別	48公斤			53公斤			58公斤			63公斤			69公斤			75公斤			+75公斤			總分	名次
	抓舉	挺舉	總成績	抓舉	挺舉	總成績	抓舉	挺舉	總成績	抓舉	挺舉	總成績	抓舉	挺舉	總成績	抓舉	挺舉	總成績	抓舉	挺舉	總成績		

（可按實際參賽隊單位數設計表格）

10. 破紀錄的規定

（1）國際舉聯承認男子 8 個和女子 7 個級別的世界成年、青年、少年和奧運會抓舉、挺舉、總成績紀錄。

（2）少年運動員可以打破世界少年、青年和成年紀錄；青年運動員可以打破世界青年和成年紀錄；成年運動員可以打破成年世界紀錄。

（3）世界紀錄只能在列入國際舉聯賽事表的競賽中創造。

（4）奧運會紀錄只能在奧運會比賽中創造。

（5）只有透過興奮劑檢查的運動員其新紀錄才會得到承認。

（6）創造世界紀錄時必須有 3 名國際級裁判員臨場執裁。

（7）只有超過原紀錄至少 1 公斤時才承認為新紀錄；新紀錄一旦創造，其他人不得以同樣重量破該紀錄。如遇兩名或以上運動員均以同樣重量超過原紀錄，則先舉起該重量的運動員為新紀錄創造者。

（8）只有按規定參加競賽的運動員才能做破紀錄的試舉（不參加抓舉競賽的運動員不能參加挺舉比賽，包括破挺舉紀錄試舉）。

（9）亞洲紀錄只能在列入國際舉重聯合會和亞洲舉重聯合會賽事表的競賽中創造，並必須有 3 名國際級裁判員臨場執裁。全國紀錄可以在國際比賽、全國比賽和經國家體育總局核准的比賽中創造，並必須有 3 名國家級或以上裁判員臨場執裁。只有透過興奮劑檢查的運動員其新紀錄才會得到承認。

三、競賽的年齡分組和級別

國際舉聯承認 4 個年齡組，即少年組（17 歲以下，含 17 歲）、青年組（20 歲以下，含 20 歲）、成年組和大師組。參加世界成年錦標賽、世界青年錦標賽、世界大學生錦標賽等賽事的男女運動員，最低年齡為 15 歲；參加奧運會的男女運動員，最低年齡為 16 歲；參加青少年奧運會的男女運動員年齡為 14～18 歲[4]；參加少年賽事的最小年齡是 13 歲；參加大師組的最小年齡不低於 35 歲。

運動員的年齡組別按照出生年計算。

（一）成年和青年男子組設 8 個級別

56 公斤級（體重 56 公斤或以下）

62 公斤級（體重 56.01～62 公斤）

69 公斤級（體重 62.01～69 公斤）

77 公斤級（體重 69.01～77 公斤）

85 公斤級（體重 77.01～85 公斤）

94 公斤級（體重 85.01～94 公斤）

105 公斤級（體重 94.01～105 公斤）

＋105 公斤級（體重 105.01 公斤以上）

---

[4] 青少年奧運會男子設 6 個級別，即 56、62、69、77、85、＋85 公斤級，女子設 5 個級別，即 48、53、58、63、＋63 公斤級。

（二）成年和青年女子組設 7 個級別

48 公斤級（體重 48 公斤或以下）

53 公斤級（體重 48.01～53 公斤）

58 公斤級（體重 53.01～58 公斤）

63 公斤級（體重 58.01～63 公斤）

69 公斤級（體重 63.01～69 公斤）

75 公斤級（體重 69.01～75 公斤）

＋75 公斤級（體重 75 公斤以上）

（三）少年男子組設 8 個級別

50 公斤級（體重 50 公斤或以下）

56 公斤級（體重 50.01～56 公斤）

62 公斤級（體重 56.01～62 公斤）

69 公斤級（體重 62.01～69 公斤）

77 公斤級（體重 69.01～77 公斤）

85 公斤級（體重 77.01～85 公斤）

94 公斤級（體重 85.01～94 公斤）

＋94 公斤級（體重 94.01 公斤以上）

（四）少年女子組設 7 個級別

44 公斤級（體重 44 公斤或以下）

48 公斤級（體重 44.01～48 公斤）

53 公斤級（體重 48.01～53 公斤）

58 公斤級（體重 53.01～58 公斤）

63 公斤級（體重 58.01～63 公斤）

69 公斤級（體重 63.01～69 公斤）

＋69 公斤級（體重 69.01 公斤以上）

四、裁判員的職責

舉重競賽設有競賽秘書長、仲裁、技術監督、裁判員、競賽秘書、計時員、檢錄員、加重員、廣播員、醫務監督等。他們既相互配合又各司其責進行工作。

（一）競賽秘書長（裁判長）

（1）負責整個比賽進程，並與仲裁委員會和技術監督密切合作。

（2）領導裁判人員學習和工作，制定競賽程序，明確裁判分工，使裁判工作

順利進行。

（3）召開技術會議，核實運動員名單，監督抽籤過程（若未進行電子抽籤），必要時根據各參賽單位最終報名時確認的最好成績進行分組。

（4）競賽前檢查訓練、競賽場地和器材設備，領取並核對各項紀錄。

（5）監督稱重以及分配稱重室內的官員（國際舉聯技術規則及國際賽事對此有專門要求）。

（6）比賽時監督試舉順序，包括競賽管理系統的運作以及有關競賽文件的確認與簽發。

（7）每級、每項比賽結束後，審核競賽成績和名次，宣佈獲獎運動員名單。

（8）大會結束後，做好工作總結。

（二）仲裁委員

（1）保證比賽按照技術規則的要求進行。

（2）比賽前，接受裁判員遞交的裁判證書。比賽後，仲裁主任須在執行任務裁判員的證書上簽字，待一個級別比賽結束後退還給執行裁判員。

（3）比賽過程中，發出首次警告後，仲裁可透過表決一致決定更換有錯判行為的裁判員。

（4）觀察裁判員在整個比賽中的工作後，仲裁委員填寫表格（可填寫比賽過程中的任何事件）。仲裁主任將表格上交。

（5）當多數仲裁判定裁判員評判出現技術性錯誤，仲裁經討論後一致認為裁判員的判定有誤時，有權撤銷這一判定。以上決定須在仲裁主任的指揮下由技術監督或其他官員與相關運動員（教練員）進行溝通，並由廣播員進行現場播報。

（6）為應用上述規則，仲裁委員必須使用仲裁桌上的設備對運動員每次試舉做出他們的決定。這個設備必須配備 5 個綠色的二極管燈、5 個白色二極管燈和 5 個紅色二極管燈，每位仲裁都有一個帶有紅色和白色按扭裝置的部件。當仲裁委員按其中一個按鈕時，綠燈先亮。當所有的仲裁做出他們的決定時，白色或紅色二極管燈才會顯示。

（7）仲裁在頒獎時必須坐在各自的座位上，同時還應監督所有裁判員都留在原地。

（三）技術監督（副裁判長）

（1）檢查舉重台、槓鈴、磅秤、電子裁判燈系統、計時鐘、準備活動室及其他比賽設施。

（2）檢查裁判員著裝是否正確。

（3）比賽前將裁判員的證書放在仲裁主席面前，並於賽後負責收回。

（4）賽前檢查運動員服裝。

（5）在比賽過程中，保證只有持通行證的官員才可陪同運動員在賽區和活動區內。

（6）保證當運動員比賽時任何人（包括技術監督本人）不能出現在舉重台區域內。

（7）比賽期間，保證成績公佈板的訊息（運動員、試舉次數、重量、時間、紀錄等）準確，並待廣播員宣佈完畢後才允許運動員上台試舉。

（8）保證槓鈴桿和舉重台的清潔。

（9）協助競賽秘書長的有關工作。

（四）裁判員

（1）參加稱量運動員體重。比賽前參加了介紹技術官員以後，將裁判證書遞交仲裁主任。

（2）確保槓鈴的重量與廣播員宣佈的重量相符。

（3）確保比賽過程中，除運動員外，其他人不得接觸槓鈴。

（4）裁判員必須透過裁判燈信號表明判定結果。白燈（旗）表示成功，紅燈（旗）表示失敗。

（5）試舉動作完成後發出信號讓運動員放下槓鈴。

（6）若未使用電子裁判燈系統，側裁判員發現運動員試舉過程中明顯犯規，可舉起手臂示意有犯規動作。如另一名側裁判員或中間裁判員同意他（她）的意見，則中間裁判員應立即發令停止試舉，並示意運動員放下槓鈴。

（7）若未使用電子裁判燈系統，可用紅、白旗代替紅、白燈。裁判員透過舉起相應的旗子表示自己的判定。

（8）比賽期間，裁判員不得試圖影響其他裁判員的決定。

（9）如破紀錄，在比賽記錄單上簽署。

（10）頒獎儀式時應留在原座位上。比賽結束後從仲裁席上收回由仲裁主任簽名的裁判員證書。

（五）競賽秘書（記錄長）

（1）參加技術會議，負責做好抽籤工作。

（2）準備好比賽所需要的各種紀錄和表格。

（3）協同競賽組根據技術會議確定的運動員參賽名單，編製比賽秩序單，送競賽組審核付印。

（4）稱量體重時，協同檢錄員發放運動員卡片，在稱量體重表上準確記錄稱量的運動員體重，編寫比賽記錄表。

（5）比賽中審核試舉順序，記錄運動員每次試舉的成敗和裁判員的判定，及時處理記錄工作中發生的問題。

（6）每級各項比賽結束時，審核獲獎運動員名次，經競賽秘書長審批，立即分送檢錄員。

（7）比賽結束後，按總成績整理該級成績單，填寫好破紀錄成績證明單和等級運動員成績證明單等。

（8）統計獲獎運動員成績及名次，協助競賽組審核成績記錄表和團體總分表。

（9）協助競賽組編印成績冊，整理比賽資料送競賽組歸檔。

（六）計時員

（1）賽前認真檢查、核準計時表。在每次試舉開始前設置 1 分鐘或 2 分鐘（連續試舉）並啟動表。在播音員宣佈試舉後或槓鈴片增加後開始計時，計時以兩者之中後結束者為準。

（2）槓鈴提離舉重台後即刻停止計時。

（3）若槓鈴未達到膝蓋高度，則重新開表計時。

（4）當出現改變試舉重量或發生問題需要進行研究時，應立即停表，在仲裁委員會決定繼續計時時，立即開表。

（七）檢錄員（長）

（1）稱量體重前 5 分鐘發放運動員卡片。

（2）賽前兩小時，按籤號通知運動員進入稱量體重室，按參賽運動員名單發給相應的進入準備活動室入場證。

（3）介紹運動員前集合運動員講解注意事項，發現棄權運動員立即通知競賽秘書。

（4）比賽開始前介紹運動員時，帶領運動員入場、退場。

（5）按廣播員的點名，督促運動員出場試舉和準備試舉。

（6）檢查運動員出場時的服裝、護具。

（7）督促教練員在運動員試舉結束後填寫下一次試舉重量。

（8）用手勢或通訊工具向競賽秘書（廣播員或後場公佈員）通報下一次試舉重量，運動員更改試舉重量後也應及時通報。

（9）比賽結束後如需發獎，應及時向競賽秘書長索取獲獎運動員名單，召集並帶領獲獎運動員出場領獎。

（10）協助通知有關興奮劑的檢查工作。

（八）廣播員

廣播員的職責是為了使比賽進行順利和提高效率而進行恰如其分的廣播，包括點名運動員試舉和通知下一位運動員準備等。廣播員助手的職責是接受檢錄員通知

的重量（試舉重量）變化訊息並告訴廣播員。

（1）賽前掌握運動員情況、技術官員等級情況，瞭解裁判員分工。

（2）比賽開始前 15 分鐘，根據抽籤號碼順序介紹運動員，運動員退場後介紹技術官員。

（3）比賽開始後，宣佈槓鈴重量，點名（籤號、單位、姓名和第幾次試舉）運動員出場，預告下一位運動員準備。

（4）記錄運動員每次試舉的成敗和裁判員的判定。

（5）競賽中介紹舉重常識和優秀運動員情況，活躍賽場氣氛，鼓勵運動員創造優異成績。

（6）協同主持頒獎儀式。

附：舉重比賽廣播程序示例（僅供參考）

1. ××××年×××××舉重錦標賽×子××公斤級第×組比賽，現在開始。

2. 運動員入場（奏運動員進行曲）。

3. 介紹運動員（籤號、單位、姓名）。

4. 介紹完畢，運動員退場（奏運動員進行曲）。

5. 請技術官員入場（奏運動員進行曲）。介紹技術官員

6. 中間裁判員：×××（先生、女士）××級（裁判等級）

　 側裁判員：×××（先生、女士）××級（裁判等級）

　 側裁判員：×××（先生、女士）××級（裁判等級）

　 候補裁判員：×××（先生、女士）××級（裁判等級）

　 技術監督：×××（先生、女士）××級（裁判等級）

　 醫務監督：×××（先生、女士）

7. 介紹完畢，請技術官員退場（奏運動員進行曲，播放輕音樂或介紹一些舉重比賽常識）。

8. 介紹仲裁委員會成員（比賽還有 3 分鐘時開始介紹）。

　 仲裁委員會主任×××（先生、女士）××（裁判等級）

　 仲裁委員×××（先生、女士）××（裁判等級）

　 仲裁委員×××（先生、女士）××（裁判等級）

9. 介紹競賽秘書長：競賽秘書長×××（先生、女士）××（裁判等級）

10. 請裁判員向仲裁委員會遞交裁判員證書。

11. 抓舉比賽現在開始。

12. 槓鈴重量××公斤，請××號××（單位）×××（姓名）第 1 次試舉，××號×××（單位）×××（姓名）準備。

13. 抓舉比賽結束，休息 10 分鐘（播放輕音樂或介紹一些舉重常識）。

14. 挺舉比賽即將開始，請裁判員、工作人員就位。

15. 槓鈴重量××公斤，請××號×××（單位）×××（姓名）第 1 次試舉，××號×××（單位）×××（姓名）準備。

16. 挺舉比賽結束。

17. 本級別（本場、第 1 組、今天下午、今天晚上）比賽全部結束，下面將舉行頒獎儀式。

附：舉重比賽頒獎程序示例（僅供參考）

廣播員：

1. ×××××（比賽名稱）舉重比賽××公斤級頒獎儀式現在開始，請頒獎官員和獲獎運動員入場（音樂伴奏）。

2. 請競賽秘書長×××（先生／女士）宣佈抓舉（或挺舉、總成績）比賽成績。

競賽秘書長：

1. 第 3 名，×××××（單位）×××（姓名）成績××公斤（若前 3 名有成績相同者，則補充宣佈體重。運動員上領獎台，站在冠軍獎台的右側）。

2. 第 2 名，×××××（單位）×××（姓名）成績××公斤（若前 3 名有成績相同者，則補充宣佈體重。運動員上領獎台，站在冠軍獎台的左側）。

1. 第 1 名，×××××（單位）×××（姓名）成績××公斤（若前 3 名有成績相同者，則補充宣佈體重。運動員上領獎台）。

廣播員：

1. 請×××（宣佈職務、姓名，先生／女士）為榮獲第 3 名的運動員頒獎。

2. 請×××（宣佈職務、姓名，先生／女士）為榮獲第 2 名的運動員頒獎。

3. 請×××（宣佈職務、姓名，先生／女士）為榮獲第 1 名的運動員頒獎。

（註：若是國際比賽，對總成績優勝者頒獎後，運動員站立在領獎台上，奏冠軍國家的國歌，升前 3 名選手國家的國旗）

4. 請頒獎官員和獲獎運動員合影留念。

5. 謝謝！請頒獎官員和獲獎運動員退場（音樂伴奏）。頒獎儀式結束。

（九）加重員

（1）賽前協助核查比賽使用的槓鈴重量。

（2）按廣播員報告的重量準確地加好槓鈴重量。必須對稱地把最重的鈴片加在最裏面，其他按重量大小依次向外加。鈴片擺放的位置須能讓裁判員看清上面標明的重量，所有鈴片都必須用卡箍固定在橫桿上。檢查槓鈴片是否加緊、卡箍是否鬆動，以及槓鈴位置是否合適。

（3）競賽中注意保護運動員安全。

（4）隨時保持舉重台和槓鈴的整潔。

（十）公佈員

重大比賽一般均採用國際舉重聯合會規定的技術和訊息系統，因此，前場和後場公佈均採用電子顯示屏進行，不設公佈員。但是一般的基層舉重比賽設置前場公佈員和後場公佈員。

（1）用記錄牌（黑板）或其他方式公佈運動員的籤號、單位、姓名、體重、試舉重量、試舉次數、試舉成敗及各項紀錄等。

（2）注意槓鈴重量是否與公佈的相符。

（十一）醫務監督（值班醫生）

（1）從稱量體重開始直至比賽結束始終在現場。

（2）瞭解並熟練使用醫療設備，協助興奮劑檢查工作。

（3）運動員出現傷病時，及時提供醫療保健服務；與隨隊醫生合作，並向教練員、官員和運動員建議受傷後是否適合繼續比賽。

（4）比賽期間根據規則要求，決定是否對受傷選手增加額外的橡皮膏和繃帶。

（5）若出現受傷，須酌情決定是否由隊醫進行治療。若無隊醫，應及時協助向醫療機構轉移進行治療。

五、競賽裁判的設備

國際舉重聯合會技術規則規定：在奧運會、世界錦標賽、洲際和地區性運動會、洲際和地區性錦標賽，以及其他國際舉重聯合會主辦的大獎賽、國際邀請賽等比賽中，必須使用國際舉重聯合會規定的技術和訊息系統（IWF Technology and Information System.簡稱 TIS）。在國內高水準的大型舉重比賽中，也會部分地採用這些技術和訊息設備。這些設備包括競賽管理軟體、記分板、試舉訊息板、電子裁判燈系統、仲裁控制裝置、計時鐘、體重秤等。

（一）電子裁判燈系統

1.電子裁判燈系統由下列部件組成：

（1）3 名裁判員每人一個控製器。控製器配有紅、白兩個按鈕和一個信號鈕。

（2）舉重台前最小高度 500 毫米的地方安裝一個「放下槓鈴」的聲光信號器。

（3）兩套或三套裁判燈，每套配有 3 個紅燈和 3 個白燈，並排放置在場內，向運動員和觀眾顯示裁判員的判定。

（4）一個或多個裝有 3 個紅燈、3 個白燈和 3 個呼叫按鈕的控制器放在仲裁委員的桌上供仲裁監控，並可召集某位或所有裁判員到仲裁委員桌前。

2. 系統操作

（1）3 名裁判員對運動員的試舉動作擁有同等的裁判權。

（2）每一個裁判員都必須根據有關的規則在按下白燈表示成功或按下紅燈表示失敗時給出「放下」的信號。

（3）當裁判員判定一次試舉為「成功」時應當立即按下控制器上的白色按鈕。

（4）當裁判員判定一次試舉為「失敗」時應當立即按下控制器上的紅色按鈕。當裁判員在運動員試舉過程中看到錯誤或失敗動作時，應立即按下紅色按鈕。

（5）當兩個裁判員給出相同的裁定時，聲光信號器將發出「放下」的信號示意運動員將槓鈴放回舉重台。

（6）如果一名裁判員按下白色按鈕，另一名按下紅色按鈕，而第三名尚未按下，此時這名裁判員的控制器會間歇發出一種聲音信號催促其速做決定。同樣，如果兩名裁判員按下相同顏色按鈕，並且「放下」信號已發出，此時控制器也會發出間歇性的聲音信號提醒第三名裁判員速做判定。

（7）3 名裁判員作出判定 3 秒鐘後，裁判燈亮起，分別以相應的顏色表示每名裁判員的判定。燈亮持續至少 3 秒鐘。

（8）在聲光「放下」信號發出後裁判燈尚未亮起時，裁判員有 3 秒鐘的時間可以改變自己的裁定。如在成功完成一次試舉後，運動員扔下了槓鈴，則裁判員必須立即改按紅色按鈕，裁判燈隨即亮起表示「失敗」。如果來不及改變燈的顏色，裁判員應舉起一面小紅旗示意自己改變了裁定。

（9）當「放下」信號發出，裁判燈已亮，而運動員尚未放下槓鈴時，中間裁判員應發出「下」的口令示意其將槓鈴放回舉重台。

（二）仲裁控制裝置

比賽期間，仲裁可透過觀看控制器監控裁判員工作。當裁判員做出判定後，控制器上相應顏色的燈亮起，仲裁委員能立即看到裁判員的裁決。如果仲裁主席擬召集某位或全體裁判員到自己的桌前詢問，則只需按下相應按鈕，被叫裁判員即能聽到呼叫信號。

（三）磅秤

磅秤必須能稱到 200 公斤的重量，並精確到 10 克。稱量體重室附近須配備一個精度相同的磅秤（試稱磅秤），以便運動員隨時查看自己的體重。磅秤檢驗合格證上的日期距離比賽之日不得超過 3 個月。

（四）計時鐘

計時鐘的功能為至少能連續運轉 15 分鐘的倒計時，能最少顯示 1 秒鐘的間隔

進度，在運動員試舉時間結束前 90 秒和 30 秒鐘能自動發出聲音信號。比賽現場和準備活動區的 3 部計時鐘必須同步顯示，並且一部面對觀眾，一部面對台上運動員，另一部在準備活動區內。

（五）試舉訊息板和計分板

以下訊息必須顯示在試舉訊息板上：姓名，國際舉聯／國家／地區奧委會國家代碼（國內比賽則顯示單位名稱），體重，試舉次數，試舉序號。

記分板必須設在競賽區的醒目之處，以便顯示比賽的程序和比賽成績。記分板必須在比賽全程顯示所有這一組參賽人員的訊息，包括下列內容：序號，按照抽籤順序排列每位運動員單位，姓名，出生年，體重，3 次抓舉試舉，3 次挺舉試舉，總成績，最後名次。

（六）視頻屏幕

必須在比賽區域和熱身區域配備提供訊息的視頻屏幕。

圖 7-1——圖 7-5 所示，為不同級別比賽的場地佈局、後場訊息公佈系統及視頻屏幕。

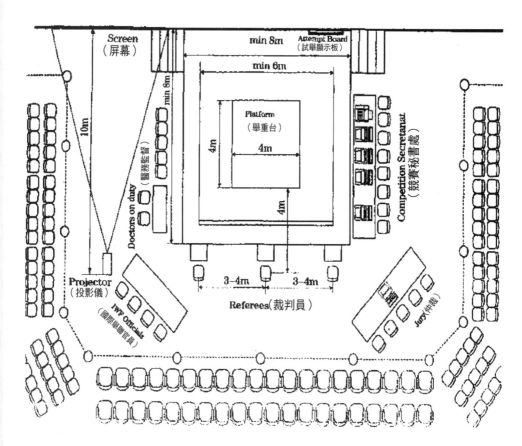

圖 7-1 重大國際舉重比賽場地佈局

圖 7-2 全國大學生舉重錦標賽場地設備佈局

圖 7-3 國際比賽採用的視頻屏幕

圖 7-4 國際比賽採用的後場訊息公佈系統

圖 7-5 國際比賽場地設備佈局

　　國內基層舉重比賽以及社區群眾性舉重競賽活動中，舉重比賽器材、場地和裁判設備要因人、因時、因地而異。在缺乏標準場地器材設備和電子裁判燈光系統的情況下，可以製作並使用小白旗、小紅旗代替電子裁判燈光系統的白燈、紅燈來顯示試舉成功或失敗；可以在堅硬的地面上繪出 4 公尺見方的白線區域，替代舉重台進行比賽；在可以移動的黑板上繪製並及時填寫比賽訊息，以替代試舉訊息板和計分板的功能及時顯示比賽進程和成績等。這些簡便易行的方法有利於群眾性舉重活動的開展。

　　思考題

1. 簡述舉重競賽對器材、場地的要求。

2. 舉重犯規動作有哪些？

3. 簡述稱量體重的基本要求。

4. 簡述試舉重量的規定。

5. 運動員在比賽中可以更改幾次試舉重量？哪種情況下可以更改試舉重量？哪種情況下不能更改試舉重量？

6. 怎樣評定團體比賽名次？

7. 請簡述裁判員的職責。

8. 開展群眾性舉重競賽應注意哪些問題？

附錄一
舉重專業英語摘要

1. Terms and expressions	1. 術語和詞句
IWF（International Weightlifting Federation）	國際舉重聯合會
AWF（Asian Weightlifting Federation）	亞洲舉重聯合會
CWA（Weightlifting Association of the People's Republic of China）	中國舉重協會
weightlifting competition	舉重競賽
World（Asian）Weightlifting Championships	世界（亞洲）舉重錦標賽
Junior World Weightlifting Championships	世界青年舉重錦標賽
drawing lots	抽籤
lot number	籤號
scale	磅秤
doping control room	興奮劑檢查室
training hall	訓練館
competition hall	比賽館
2. Weightlifting apparatus	**2. 舉重器材**
bar（bell）	橫槓（鈴）
barbell	槓鈴
discs（plates）	槓鈴片
collar	卡箍
sleeves	套筒
kilograms	公斤
platform	舉重台
electronic referee light signal system	電子裁判燈光信號系統
timing clock	計時器
red light	紅燈，失敗
white light	白燈，成功
squat rack	深蹲架
press bench	臥推凳
score display board	計分顯示牌

record board	記錄牌
magnesium	鎂粉，氧化鎂
magnesium powder box	鎂粉盒
eolophony powder	松香粉
lifting belt	舉重皮帶（腰帶）
bandages	綁帶
plaster	膠帶
leather wrist	皮護腕
colo（u）r	顏色
25kg red	25 公斤紅色
20kg blue	20 公斤藍色
15kg yellow	15 公斤黃色
10kg green	10 公斤綠色
5kg white	5 公斤白色
2.5kg red	2.5 公斤紅色
3.（competition）officials	**3.（競賽）官員**
IWF executive board	國際舉重聯合會執委
president（chairman）	主席
general secretary	秘書長
assistant secretary	副秘書長
technical committee	技術委員會
medical committee	醫務委員會
scientific and research committee	科研委員會
competition secretary	競賽秘書
technical controller	技術監督
chairman of the jury	仲裁委員會主席
jury member	仲裁委員
coach	教練員
Weightlifter（lifter）	舉重運動員
chief referee	主裁判
side（left-side，right-side）referee	側裁判（左側，右側）
doctor on duty	值班醫生（醫務監督）
referee card（licence）	裁判證（執照）
loader	加重員
marshal	檢錄員

續表

scorer	記錄員
Time keeper	計時員
announcer	報告員，廣播員
4. Lift and movement	**4. 舉式與動作**
snatch	抓舉
clean and jerk	挺舉
power snatch	高抓
split jerk	箭步挺
powerlifting	力量舉
squat（back squat）	深蹲（後深蹲）
front squat	前深蹲
half squat	半蹲
power jerk	半挺
press	推舉
standing clean	高翻
dead lift	硬拉，硬舉
Pulling	提鈴（拉）
press behind neck	頸後推
jerk from the rack	架上挺
power jerk	借力挺
jerk press	借力推
abdominal curl	仰臥起坐
two-hand curl	雙手彎舉
peak power；maximun force	最大力量
first pull	第一次發力
second pull	第二次發力
assitance movement	輔助動作
assitance exercise	輔助練習
lifting costume	舉重服
lifting boots	舉重鞋
press from the bench	臥推
method of grip	握法
hook grip	鎖握
thumbs around grip	普通握
pmnated grip	正握

under grip	反握
ahemate grip	正反握
broad grip（narrow grip）	寬握（窄握）
squat snatch（squat clean）	下蹲抓（下蹲翻）
competition order	比賽順序
result sheet（result book）	成績單（成績冊）
first（1st，2nd，3rd）attempt	第 1（第 1，2，3）次試舉
record lift	破紀錄的試舉
down	放下
good lift（no lift）	成功（失敗）
result of snatch（C&J）	抓舉（挺舉）成績
result of total	總成績
zero	零分
incease（decrease）weight	增加（減少）重量
add	加（加重）
form（card, list）	表格（卡片，一覽表）
competitor's card	運動員卡片，賽員卡
pass for the warming up room	準備活動室出入證
competition protocal	競賽記錄表
record certificate	破紀錄證書
group	組
incorrect movement	犯規動作
pulling form the hang	懸垂式提鈴
pause	停住，間歇

附錄二 舉重運動大事

時　間	事　件
公元前 550 年—— 公元前 500 年	1.古代中國出現舉關（舉重）練習力量的形式 2.古希臘出現舉重活動記載
公元前 475 年	古代中國出現扛鼎的舉重活動
公元前 307 年	秦武王舉鼎絕臏
公元前 206 年—— 公元 220 年	1.西漢時期出現舉手鼎、轉石、舞輪、翹關等新的舉重形式 2.中國漢代設「鼎官」負責扛鼎事宜，勝者封為「武力鼎士」 3.漢代「百戲」中出現舉重活動，並有翹關、扛鼎等舉重表演 4.《後漢書》「逸民列傳·梁鴻篇」載：孟光「力舉石臼」。這是女子舉重的最早記載
702 年	唐朝設置武舉。翹關、負重為武舉取士考試項目
960——1279 年	宋代臨安民間舉重表演中出現「掇石礅」項目
1368——1644 年	1.明朝承唐宋武舉制選拔武官，並以舉石、舞刀、負重為選士項目 2.明朝出現石擔的舉重練習形式
1644——1901 年	清代實行武舉制，並以開弓、武刀、掇石為考試項目
1800——1911 年	1.中國出現舉石鎖的練習形式 2.清代民間雜技藝術中，有與舉重有關的表演項目，如「千斤石」「五花飛石」等
18 世紀末	競技舉重開始興起，最初盛行於歐洲。在倫敦的音樂廳和馬戲班裏，經常有大力士表演各種舉重活動
1882 年	英國《體育生活》雜誌在倫敦組織了「世界舉重冠軍賽」
1891 年	第 1 屆世界舉重錦標賽在倫敦舉行
1896 年	第 1 屆現代奧林匹克運動會在雅典舉行，舉重為正式比賽項目。比賽不分體重級別，競賽動作為單手舉或雙手任意舉
1899 年	舉重競賽動作改為雙手推舉、雙手抓舉和雙手挺舉
1905 年	1.1905 年 6 月 10 日，國際舉重聯合會（IWF）在德國杜伊斯堡成立 2.舉重比賽級別分為輕量級（70 公斤級）、中量級（80 公斤級）和重量級（80 公斤以上級）

時　　間	事　　件
1910 年	1. 舉重級別分為 4 個，增加了次輕量級（60 公斤級） 2. 紐倫堡人卡斯・貝格在法蘭克福體育遊戲展覽會上首次展出了片槓鈴
1920 年	舉重級別分為 5 個，增加了輕重量級。分別為次輕量級（60 公斤級）、輕量級（67.5 公斤級）、中量級（75 公斤級）、重量級（82.5 公斤級）和重量級（82.5 公斤以上級）
1922 年	競賽動作改為單手抓舉、單手挺舉、雙手推舉、雙手抓舉和雙手挺舉 5 項
1928 年	競賽動作改為雙手推舉、雙手抓舉、雙手挺舉 3 種，沿用至 1973 年
1929 年	上海精武體育會設置了一副鐵製槓鈴，現代競技舉重在中國開展
1931 年	第一本宣傳舉重健身運動的雜誌在上海出版（《健力美》，趙竹光主編）
1935 年	1935 年 6 月 25 日中國加入國際舉重聯合會
1936 年	中國派出 3 名男子（黃社基、沈良、翁康庭）參加在柏林舉行的第 11 屆奧運會舉重比賽
20 世紀 40 年代	美國開始舉辦女子舉重比賽
1947 年	舉重級別分為 6 個，增加了最輕量級（56 公斤級）
1948 年	中華民國第 7 屆運動會在上海舉行，女子舉重為表演項目
1951 年	舉重級別分為 7 個，增加了次重量級（90 公斤），重量級體重限度改 為 90 公斤以上
1953年	台灣男子舉重開始發展，剛開始的時候是由各縣市組成舉重委員分會，在每年 10 月下旬在各縣市舉行台灣省運動會，而期間參加過多次的國際性比賽，但都未獲得好成績。
1950年至1970年	台灣參加了多次的國際性舉重比賽，在第16屆到20屆的奧林匹克運動會取得最佳成績為60公斤級第10名。
1956 年 6 月 7 日	陳鏡開在上海以 133 公斤的成績打破 56 公斤級挺舉世界紀錄，舉重成為中國體育史上第一個創造世界紀錄的項目
1958 年	中國宣布退出國際舉重聯合會
1969 年	舉重級別分為 9 個，增加了次最輕量級（52 公斤級）和特重量級（110 公斤以上級），重量級體重限度改為 90.01 公斤到 110 公斤
1973 年	1. 中華民國體育運動會成立中華民國舉重協會 2. 競賽動作改為抓舉、挺舉兩項。推舉比賽取消 3. 中國加入亞洲舉重聯合會
1974 年	國際舉重聯合會恢復中國的合法席位

續表

1977 年	舉重級別分為 10 個，增加 100 公斤級
1979 年	吳數德獲世界錦標賽 52 公斤級抓舉金牌，成為中國第一位舉重世界冠軍
1981 年	3 月 23 日 IOC 同意中華台北奧會模式重返國際體壇
1982 年	9 月 17 日國際舉重總會成立（IWF）及亞洲舉重聯合會相繼接納台灣舉重為正式委員及會員
1983 年	教育部訂定「國光體育獎章頒行要點」，以激勵更多選手參加國際競賽
1984 年	1.美國洛杉磯舉辦的第 23 屆奧林匹克運動會中，60 公斤台灣選手蔡溫義，獲得了一面銅牌，這是台灣舉重在奧運的第一面獎牌 2.曾國強、吳數德、陳傳強、姚景遠分別獲奧運會 52、56、60、67.5 公斤級冠軍 3.女子舉重列入世界比賽並設 9 個級別，即 44、48、52、56、60、67.5、 75、82.5、+82.5 公斤級
1985 年	美國主辦的全美舉重錦標賽暨女子舉重邀請賽。中國女子舉重隊表現優異
1987 年	中國獲第 1 屆世界女子舉重錦標賽 22 項冠軍，並創造 22 項世界紀錄，蔡軍為中國獲得第 1 個女子舉重世界冠軍
1993 年	國際舉重聯合會將男子級別改 54、59、64、70、76、83、91、99、108、+108 公斤級，女子改為 46、50、54、59、64、70、76、83、+83 公斤級
1996 年	中國隊唐靈生、占旭剛分獲奧運會 59 公斤級冠軍，70 公斤級冠軍
1998 年	男女舉重級別從 19 個減到 15 個，即男子設 56、62、69、77、85、94、105、+105 公斤級，女子設 48、53、58、63、69、75、+75 公斤級
2000 年	1.澳洲雪梨奧運，女子舉重被列為正式項目 2.女子 53kg 級黎鋒英銀牌、女子 75kg 級郭羿含銅牌、男子 56kg 級王信淵第 4 名、楊景翊第 8 名 3.楊霞、陳曉敏、林傳寧、丁美媛分別獲奧運會女子 53、58、63、+75 公斤級冠軍；占旭剛獲奧運會男子 77 公斤級冠軍，成為中國級重首位兩屆奧運會冠軍
2004 年	中國隊在第 28 屆奧運會上獲 5 枚金牌：石智勇、張國政分別獲男子 62、69 公斤級冠軍；陳艷青、劉春紅、唐功紅分別獲女子 58、69、+75 公斤級冠軍
2005 年	國際舉重聯合會實行「1 公斤」技術規則
2008 年	1.中國首次承辦奧運會舉重比賽 2.中國隊在北京舉行的第 29 屆奧運會上榮獲 8 枚金牌：龍清泉、張湘祥、廖輝、陸永分別獲男子 56、62、69、85 公斤級冠軍；陳燮霞、 陳艷青、劉春紅、曹磊分別獲女子 48、58、69、75 公斤級冠軍

2008 年	3.第 29 屆北京奧運會舉重在歷經一番的淬鍊，5 位參賽選手在整個團隊的合作下，每位參賽的選手均有佳績；女子組陳葦綾 48kg 級及盧映錡 63kg 級均獲銅牌，男子組楊景翊 56kg 級第 4 名、王信淵 56kg 級第 7 名，楊勝雄 62kg 級第 9 名
2009 年	1.世界青年舉重錦標賽女子 53kg 級許淑淨榮獲第一面青年組金牌 2.中國舉重協會主席馬文廣首次當選為國際舉重聯合會秘書長
2010 年	第一屆青年奧林匹克運動會女子 58kg 級郭婞淳榮獲銀牌
2012 年	1.舉重奧運再創佳績女子 53kg 級許淑淨銀牌，58kg 級郭婞淳第 8 名，69kg 級黃釋緒第 7 名；男子+105kg 級陳士杰第 10 名成績三破全國男子組紀錄 2.奧運男子+105kg 級的參賽更是創下我舉重的新歷程，在此之前各賽會台灣男子舉重均以輕量級參賽而得牌，而今+105kg 級的參賽更代表舉重運動發展已進入全方位的推展 3.中國隊在倫敦舉行的第 30 屆奧運會上榮獲 5 枚金牌；林清峰、呂小軍分別獲男子 69、77 公斤級冠軍；王明娟、李學英、周璐璐分別獲女子 48、58、+75 公斤級冠軍 4.舉重運動在世界廣泛開展，國際舉重聯合會有會員協會 189 個
2014 年	韓國仁川亞洲運動會許淑淨、林子琦打破中華台北女子組無金牌紀錄。 53kg 級許淑淨總和 233kg 榮獲金牌，總和破亞洲、亞運、世界原紀錄 230kg； 63kg 級林子琦成績 116、145、261kg 榮獲金牌，三破亞運原紀錄 115、142、252kg，挺舉、總和破亞洲、世界原紀錄 143、257kg

參考文獻

〔1〕楊世勇. 女子舉重史話〔N〕. 中國體育報，1987-03-21.

〔2〕Mihal Aptaker· The History of World Weightlifting Championships〔J〕· World Weightlifting，1983（2）.

〔3〕體育學院通用教材 舉重〔M〕. 北京：人民體育出版社，1991：17.

〔4〕Gottfried Schodl. The Lost Past——A Story of The International Weightlifting Federation〔M〕. The International Weightlifting Federation，1992.

〔5〕錢光鑑、楊世勇. 中國舉重運動史〔M〕. 武漢：武漢出版社，1996：19.

〔6〕傅起鳳、傅騰龍. 中國雜技〔M〕. 天津：天津科技出版社，1983：148.

〔7〕楊世勇. 奧運會舉重冠軍成績增長規律的年齡特徵研究〔J〕· 成都體育學院學報，1999（1）.

〔8〕郭廷棟. 競技舉重運動〔M〕. 北京：人民體育出版社，1990.

〔9〕沃羅比耶夫· 現代訓練的某些構想〔J〕· 郭廷棟，譯· 體育與科學，1981（2）·

〔10〕德沃爾金· 不同年齡肌肉力量和速度力量素質的變化〔J〕· 彭可洗，譯· 中國體育科技，1986（6）·

〔11〕李岳生. 靜力練習法發展肌肉力量的生物學基礎與實踐運用〔J〕. 中國體育科技，1981（1）：35.

〔12〕多勃雷夫. 舉重運動員的力量、戰術和意志訓練〔J〕. 郭金榮，譯. 中國體育科技，1984（24）.

〔13〕黎湧明. 論核心力量及其在競技體育中的訓練、起源、問題、發展〔J〕. 體育科學，2008（4）.

〔14〕David Webster.The Iran Game-An Illustrated of Weightlifting〔M〕. Great Britain，1976.

〔15〕Gottfried Schodl. The Lost Past-A Story of the International Weightlifting Federation〔M〕. IWF.Hungary，1992.

〔16〕Ture Widlund.Weightlifting at the Olympic Games 1896——1988〔M〕. IWF. Hungary，1989.

〔17〕Yang shiyong. Resarch on the Age Characteristics of Olympic Champions in Men Weightlifting. Proceedings of 2004. Pre-Olympic Congress. Volume 1——2. Aristotle University of Thessaloniki，Greece.

〔18〕Yang shiyong. A Brief History of Weightlifting in Ancient China. Asian Weightlifting〔J〕. The Asian Weightlifting Federation.Singapore，1996（4）.

〔19〕International Weightlifting Federation HANDBOOK 2013-2016〔M〕.

Hungary：IWF. 2013.

〔20〕Yang shiyong.Research on the Age Characteristics of the Olympic Champions in Womem Weightlifting〔C〕. ICSEMIS 2012 International Convention on Science，Education & Medicine in Sport. Final Programme：132. Glasgow，United Kingdom.

〔21〕Yang shiyong.Research on Chinese Weightlifting Make More Glorious Achievements〔C〕. ICSEMIS 2012 International Convention on Science，Education & Medicine in Sport. Final Programme：142. Glasgow，United Kingdom.

〔22〕楊世勇.中國舉重史〔M〕.成都：成都體育學院，1987.

〔23〕楊世勇，董生輝，錢光鑑，等. 舉重世界紀錄和奧運會舉重概覽〔M〕. 成都：四川省科學技術出版社，2007.

〔24〕錢光鑑，楊世勇.中國舉重運動史〔M〕.武漢：武漢出版社，1996.

〔25〕錢光鑑，楊世勇. 舉重手冊〔M〕.北京：人民體育出版社，1996.

〔26〕錢光鑑、楊世勇.亞洲舉重史〔M〕.北京：人民體育出版社，1996.

〔27〕楊世勇.體育科研方法概論〔M〕.北京：人民體育出版社，2006.

〔28〕楊世勇，李遵，唐照華，等. 體能訓練學〔M〕.成都：四川省科學技術出版社，2002.

〔29〕唐思宗，楊世勇.身體訓練學〔M〕.成都：四川科學技術出版社，1992.

〔30〕楊世勇.體育科研方法論〔M〕.成都：成都科技大學出版社，1989.

〔31〕萬德光.現代力量訓練法〔M〕.北京：北京體育大學出版社，1988.

〔32〕錢光鑑，楊世勇. 舉重經典手冊〔M〕.濟南：山東電子音像出版社，2008.

〔33〕于學嶺、楊世勇，等. 一百位體育世界冠軍〔M〕.北京：中國青年出版社，1994.

〔34〕楊世勇. 中國體育為何強大〔N〕. 馬來西亞.CHINA PRESS（中國報），2002-11-29.

〔35〕楊世勇. 奧運會舉重冠軍成績增長規律的年齡特徵研究〔J〕.體育科學，1999（1）.

〔36〕楊世勇，張婕，楊棠勳，等. 第 29 屆奧運會舉重比賽的調研〔J〕.中國體育科技，2009（2）.

〔37〕楊世勇. 優秀舉重運動員減體重戰術的研究〔J〕.成都體育學院學報，2003（4）.

〔38〕王清.力量訓練研究綜述〔J〕.中國體育科技，1989（3）.

〔39〕楊世勇，等.論發展舉重運動員最大力量的訓練方法〔J〕.成都體育學院學報，1992（3）.

〔40〕王寶成，等. EMS 技術在國家舉重隊奧運攻關與科技服務中的應用研究

〔J〕.北京體育大學學報，2001（2）.

〔41〕郭慶芳，等.從舉重運動員的肌力與肌電的關係看其力量訓練的特點〔C〕.1981年中國運動醫學學術會議論文彙編，1981.

〔42〕楊世勇.提高舉重運動員比賽成功率的探索〔J〕.成都體育學院學報，1999（4）.

〔43〕楊世勇、唐照華.舉重創破世界紀錄的歷史探索〔J〕.成都體育學院學報，1995（4）.

〔44〕楊世勇.世界舉重大賽獲獎牌國家的情況分析〔J〕.成都體育學院學報，1995（1）.

〔45〕楊世勇.歷年創舉重世界紀錄的國家（地區）述評〔J〕.中國體育科技，1994（12）.

〔46〕萬德光、萬猛.現代力量訓練〔M〕.北京：人民體育出版社，2003.

〔47〕劉北湘.運動生物力學——運動技術分析與評價〔M〕.成都：四川科學技術出版社，2008.

〔48〕楊世勇.第27屆奧運會中國女子舉重述評〔J〕.成都體育學院學報，2000.6.

〔49〕楊世勇.舉重運動史略〔J〕.體育與科學，1987（6）.

〔50〕楊世勇，錢光鑑，張婕.優秀男子舉重運動員專項體能評價指標體系的綜合研究〔J〕.成都體育學院學報，2012（10）.

〔51〕楊世勇.保加利亞舉重訓練法在我國的試用〔J〕.成都體育學院學報，1985（1）.

〔52〕楊世勇，張婕，楊棠勳，等.力拔千斤——重競技運動〔M〕.北京：世界圖書出版公司，2010.

〔53〕楊世勇.中國舉重再續輝煌的研究〔J〕.成都體育學院學報，2009（11）.

〔54〕黃強輝.談舉重訓練方法的改革〔J〕.中國體育科技，1984（21）.

〔55〕福爾納傑夫，阿巴傑耶夫.談保加利亞舉重運動員的訓練〔J〕.郭廷棟，譯.中國體育科技，1983（25）.

〔56〕多勃雷夫.舉重運動員的力量、戰術和意志訓練〔M〕.索菲亞體育與運動出版社，1983（保加利亞文版）.

〔57〕王雲德，等.舉重技術的生物力學特徵〔J〕.體育科學，1984（4）.

〔58〕李岳生，齊世聞.上挺動作的動力學特徵與技術分析〔J〕.中國體育科技，1981（27）.

〔59〕楊世勇.淺談中國古代的舉重運動〔J〕.四川體育科學學報，1983（4）.

〔60〕楊世勇.體育院校通用教材 體能訓練〔M〕.北京：人民體育出版社，2012.

舉重運動教程

主　　編｜楊世勇

責任編輯｜叢明禮

發 行 人｜蔡森明

出 版 者｜大展出版社有限公司

社　　址｜臺北市北投區（石牌）致遠一路 2 段 12 巷 1 號

電　　話｜（02）28236031，28236033，28233123

傳　　真｜（02）28272069

郵政劃撥｜01669551

網　　址｜www.dah-jaan.com.tw

E - m a i l｜service@dah-jaan.com.tw

登 記 證｜局版臺業字第 2171 號

承 印 者｜傳興印刷有限公司

裝　　訂｜佳昇興業有限公司

排 版 者｜菩薩蠻數位文化有限公司

授 權 者｜北京人民體育出版社

初版 1 刷｜2016 年　4 月

初版 2 刷｜2020 年 11 月

定　　價｜480 元

國家圖書館出版品預行編目（CIP）資料

舉重運動教程 / 楊世勇主編
——初版——臺北市，大展出版社有限公司，2016.04
面；　　公分—（體育教材：13）
ISBN　978-986-346-109-8（平裝）
1.CST:舉重
528.949　　　　　　　　　　　　105001828